D1734488

ОБОЖЖЕННЫЕ ЗОНОЙ

АЛЕКСАНДР ТАРАСОВ

УБИЙЦЫ В РОССИИ

ИЗДАТЕЛЬСТВО
АСТРЕЛЬ
МОСКВА
2004

УДК 821.161.1-312.4
ББК 84(2Рос=Рус)6-44
Т74

Серия основана в 1998 году

Серийное оформление *А. А. Кудрявцев*
Компьютерный дизайн *А. В. Тихомиров*
В оформлении книги использованы фотоматериалы Романа Горелова

Подписано в печать с готовых диапозитивов 20.04.2004.
Формат 84×108^1/$_{32}$. Гарнитура «Петербург».
Бумага типографская. Печать высокая с ФПФ.
Усл. печ. л. 21,84. Тираж 10 000 экз. Заказ 1366.

Санитарно-эпидемиологическое заключение
№ 77.99.02.953.Д.000577.02.04 от 03.02.2004

Общероссийский классификатор продукции ОК-005-93,
том 2; 953000 – книги, брошюры

Тарасов А.Д.

Т74   Убийцы в России / А.Д. Тарасов. — М.: ООО «Издательство Астрель»: ООО «Издательство АСТ», 2004. — 414, [2] с. — (Обожженные зоной).

ISBN 5-17-024726-5 (ООО «Издательство АСТ»)
ISBN 5-271-09263-1 (ООО «Издательство Астрель»)

УБИЙСТВА.
Убийства с целью грабежа...
Жестокая, нелепая «бытовуха»...
«Кровавое искусство» маньяков...
«Заказная» работа профессиональных киллеров...
Сейчас в нашей стране, наверное, нет НИ ОДНОГО ЧЕЛОВЕКА, ощущающего себя в безопасности.
Когда ЭТО НАЧАЛОСЬ?!
Что с ЭТИМ ДЕЛАТЬ?!..

УДК 821.161.1-312.4
ББК 84(2Рос=Рус)6-44

ПРЕДИСЛОВИЕ

«Убийства становятся все более часты, совершаются хладнокровнее и приобретают страшный, вычурный характер. В них наблюдается что-то надуманное, показное, как будто убийцы видят себя спортсменами, стремятся установить фантастические рекорды холодной жестокости. Нет сомнения в том, что в газетах иногда из убийц делаются герои, из преступлений — подвиги. Обнаруживаются острый интерес к преступнику и полное равнодушие к его жертве, на той же медной трубе сенсации играют господа авторы детективных романов, которые правильнее именовать «дефективными». Этим двум влияниям успешно помогает кинематограф. Воспроизводя картины преступлений, он возбуждает зоологические эмоции одних людей, развращает воображение других и, наконец, притупляет у третьих чувство отвращения к фактам преступности. Все это делается только для того, чтобы развлечь скучающую публику.

Я склонен думать, что для многих преступление становится путем к славе, а для некоторых даже простым развлечением — легко доступным и поощряемым, — можно поощрять и порицанием, если к нему присоединить удивление. И что может быть проще и глупее убийства человека человеком после того, как на полях Франции уничтожены — чего ради — миллионы европейцев?

Если идиот разрежет ближнего на куски и пожрет его, о нем будут целый месяц говорить и писать, как о человеке исключительном, но о том, что хирург Оппель трижды, приемом массажа сердца, воскрешал людей, умерших на операционном столе, — не знают и не пишут.

...Убийцы всегда вызывали у меня ощущение воплощенной глупости. И как бы чисто ни был одет убийца, он всегда возбуждает подозрения в его физической нечистоплотности. Первый убийца, встреченный мною, жил в Казани, на окраинной Задней Мокрой улице, его звали Назар. Старик 67 лет, высокий, сутулый, с большим плоским лицом, в огромной белой бороде, с широким раздавленным носом и длинными, до коленных чашечек, руками он отдаленно напоминал обезьяну. В молодости он был пастухом и уличен в скотоложстве; над ним издевались, и особенно сильно — семья его дяди. В день апостолов Петра и Павла он вырезал всю эту семью отточенным обломком косы. Дядю — не позволяй смеяться! Брата и жену его — не смейтесь! Племянницу свою, девяти лет: чтобы молчала! И батрака-рабочего: просто так, под руку попал!

Так он сам рассказывал мне и приятелю моему, улыбаясь улыбкой человека, который вспоминает самое крупное и удачное дело своей жизни. За это дело он был бит кнутом и получил 20 лет каторги, бежал из рудника, через три месяца добровольно вернулся на работы, снова был наказан кнутом и ему набавили срок...»

Так начинается ныне малоизвестная публицистическая работа Алексея Максимовича Горького — очерк «Убийцы», который был впервые напечатан в девятом номере журнала «Суд идет!» за 1926 год. Тот первый убийца Назар, который встретился на жизненном пути Алеше Пешкову, когда он «был мальчишкой семнадцати лет», крепко засел в его памяти.

Мысленно возвращаясь в свою юность, Горький откровенен перед читателями: «Хорошо помню, что я находил нечто лестное для себя в знакомстве с необыкновенным человеком, с убийцей». Рассказывая дальше о бывшем каторжнике, автор очерка выделяет, какое из рассуждений разговорчивого казанского жителя будто царапнуло по сердцу: «Кажется, именно из его уст я впервые услышал характерно русские слова: «До греха я жил как тень, а ушиб меня бес, тут я и себе и людям стал приметен». Впоследствии иные люди и русская литература неоднократно подновляли и подчеркивали жалкую, уродливую мысль, заключенную в этих словах. Теперь мне кажется, что именно наши расспросы будили в старике гордость его собою, наше любопытство возвеличивало убийцу в его глазах».

По признанию Горького, из всех встреченных им убийц «наиболее отвратительное впечатление оставили двое». Торговец битой птицей, собравшийся войти зятем «в богатейший дом», расправился со своей сестрой, чтобы она ненароком не помешала его — брата — благополучию. Подпоив ее, эгоистично-бессердечный преступник убил единокровную жертву «ударом молотка по голове». Выступая на судебном процессе, один из свидетелей презрительно отозвался об убийце как об «оловянной душе».

Выражая свое личное отношение ко второму криминальному субъекту — неудачнику из богемной среды, Алексей Максимович представил в своем очерке «Убийцы» и другую разновидность тщеславного злодея. В отличие от довольствовавшегося самовозвеличиванием старика-убийцы Назара с окраинной казанской улицы Задней Мокрой, ревнивый «творческий человек» прямо-таки жаждал книжной славы — назойливо рекомендовал себя в качестве подходящего прототипа для «очень хорошего романа», о чем и поведал Горький:

«Еще более противен был художник М., убивший известного артиста Р. Он выстрелил Р. в затылок, когда артист умывался. Убийцу судили, но, кажется, он был оправдан или понес легкое наказание. В начале 900-х годов он был свободен и собирался приложить свои знания художника к гончарному делу. Кто-то привел его ко мне. Я наблюдал, как солидно, неторопливо раздевается в прихожей какой-то брюнет, явно довольный жизнью. Стоя перед зеркалом, он сначала причесал волосы гладко и придал лицу выражение мечтательной задумчивости. Но это не удовлетворило его, он растрепал прическу, сдвинул брови, опустил углы губ — получилось лицо скорбное. Здороваясь со мною, он имел уже третье лицо — лицо мальчика, который, помня, что он вчера нашалил, считает, однако, что наказан свыше меры и поэтому требует особенно усиленного внимания к себе. Он решил «послужить народу, отдать ему всю свою жизнь, весь свой талант».

— Вы, конечно, понимаете, что личной жизни у меня не может быть, я человек с разбитым сердцем...

Его разбитое сердце помещалось в теле, хорошо упитанном и одетом в новенький костюм солидного покроя.

— Да, — говорил он, покорно вздыхая, — надо «сеять разумное, доброе, вечное», как завещал нам Николай Некрасов.

После Николая Некрасова он вспомнил о Федоре Достоевском, спросил, люблю ли я Федора.

— Нет, я Федора не люблю.

Тогда он любезно и внушительно напомнил мне, что Федор Достоевский — глубокий психолог. Мне показалось, что этому человеку особенно приятно называть литераторов по именам: Николай, Федор, Лев, как будто они — люди, служащие ему. Шекспира он тоже назвал дружески: Вильям. Затем он сказал, что «Преступление и наказание» — в сущности, вредная книга. Ее тенденцию можно понять так: убивать человека — грех, но чтобы почувствовать это, все-таки необходимо убить хотя бы какую-нибудь паршивую старушку.

Выговорив это, он подумал, что ему удалось сказать нечто необычное, надул щеки и победоносно посмотрел на меня темными глазами, белки которых были расписаны розоватым узором жилок.

После этого им овладел легкий припадок гуманизма: увидав на окне в клетках чижа и коноплянку, он лирически заговорил о том, что ему всегда жалко видеть птиц в клетках. Выпив рюмку водки и закусив маринованным грибом, он вдохновенно, очень дешевыми и мертвыми словами сообщил мне о своей любви к природе. А затем пожаловался на газеты:

— Всего мучительнее был для меня газетный шум. Писали так много! Вот, посмотрите!

Он вынул из бокового кармана пиджака толстенькую книжку, в ней были аккуратно наклеены вырезки из газет.

— Не хотите ли воспользоваться? — предложил он. — Убийство из ревности — тема для очень хорошего романа.

Я сказал, что не умею писать очень хороших романов. Похлопывая книжкой по мягкой своей ладони, он, вздохнув, продолжал:

— Я бы очень много рассказал вам, добавил. Интересная среда: художники, артисты, соблазнительные женщины...

Руки у него короткие сравнительно с туловищем, на руках — тупые и очень коротенькие пальцы бездарного человека, а нижняя губа формой своей напоминала пиявку, но — красную, каких нет в природе...»

Однако еще за несколько лет до этого печатного выступления знаменитого пролетарского писателя представители властных структур молодого государства уже всерьез задумались, как для более эффективного противодействия свирепствовавшей тогда уголовщине подметить ее характерные типажи и, наоборот, явно выделяющиеся из однородной массы преступников опасные личности. Так, весной 1923 года начальник Административного отдела Московского Совета В. Л. Орлеанский обратился с интереснейшим предложением к группе столичных специалистов, в том числе к криминологам и психиатрам, а также к некоторым практикам Мосздравотдела и своим подопечным. Созвав столь представительный состав профессионалов, Орлеанский заговорил с присутствующими «о важности в целях наиболее успешной борьбы с преступностью в Москве всестороннего научного ознакомления с преступным миром» города. Собравшиеся согласились, что от «широкого анкетного обследования содержавшихся во всех арестных домах г. Москвы обитателей» будет несомненная польза.

Проведя в апреле и мае 1923 года по специальной методике анкетирование арестантов, участники научно-экспериментальной акции подготовили коллективный труд — сборник «Преступный мир Москвы». В предисловии к этой книге, изданной в городе Ржеве в 1924 году по согласованию со столичным Кабинетом по изучению личности преступника и преступности, профессор Михаил Гернет отмечал:

«...У современных убийств есть характерная особенность — это поразительное спокойствие, продуманная методичность если не самого убийства, то сокрытия следов его. Она сказывается в целом ряде дел об убийствах. Стоит ли говорить, что в этом отношении самым удивительным является дело Комарова-Петрова, во всех убийствах которого, кажется, не было ни одного лишнего движения, когда убийца действовал так размеренно, каждый раз воспроизводя точную копию предшествовавшего убийства, когда он, человек, становился какой-то машиной, весьма точно и исправно действовавшею, для убийства, машиною для увязки трупа, машиною для своеобразной его упаковки в мешок... Такая черта методичности, спокойствия становится общею для убийц, независимо от их пола, возраста, социального положения. Сын доктора-психиатра, студент Ч., юная девушка — дочь мелкого рыночного торговца, разрезавшая на куски свою подругу, молодая женщина Ш., дочь немца-помещика, любовавшаяся освобожденным от мяса черепом убитой ею проститутки, сын сапожника Мишка Культяпый, даже малолетняя 14-летняя матереубийца Таня М., прочитывающая перед своим преступлением страницы Достоевского с описанием убийства студентом Раскольниковым ростовщицы-старухи, — все они в той или другой степени носят в себе черты, сказавшиеся более всего в Комарове-Петрове, которого нередко зовут «человеком-зверем» и который скорее заслуживает имя «человека-машины». В иностранной и русской литературе еще до начала (Первой. — *А. Т.*) мировой войны указывалось на обычное возрастание кровавых преступлений после войн как в странах победительницах, так и в странах побежденных. Уже приводились указания на рост убийств после войны. Если вспомнить ее чрезвычайную продолжительность (и особенно в России, где империалистическая война сменилась гражданской), если представить себе необъятное пространство кровавых полей сражения, всю массу населения всех возрастов и обоего пола, ставшего очевидцем ужаса войны со всеми ее новейшими изобретениями уничтожения и калечения, то невольно приходит на мысль искать объяснения жестокости и методичности убийств отчасти и во влиянии войны...»

Знакомясь с экспозицией Центрального музея МВД России, в одном из залов я обратил внимание на стенд с фотоматериалами и информацией о шайках налетчиков, действовавших в стране после революции. Над многочисленными ватагами грабителей и убийц тогда как бы доминировали по мнению научных сотрудников музея следующие шесть преступных групп:

«Банда Кошелькова (1918—1919) — массовые уличные ограбления прохожих, 15 вооруженных налетов на учреждения, убийства сотрудников милиции, ЧК и конвоиров.

Банда Сафонова (1918—1919) — 9 вооруженных налетов на учреждения, 33 убийства, из них — 19 убийств милиционеров.

Банда Котова (1919—1922) — ею убито 116 человек, в том числе малолетние дети.

Банда Панаретова (1919—1924) — 15 самочинных обысков, 17 крупных афер, 7 уличных грабежей, 61 вооруженный налет на учреждения и квартиры, организация 3 фабрик фальшивых денег, убийство работника угрозыска.

Банда Глобы (1921—1929) — 10 уличных вооруженных грабежей, 80 вооруженных ограблений поездов, учреждений и квартир, 41 убийство, из них — 9 убийств работников милиции и ГПУ.

Банда Трошина (1926—1931) — 62 вооруженных налета на кооперацию и крестьян, 2 убийства соучастников-бандитов, 3 террористических акта на селе».

Чтобы вычислить, выследить и выловить только этих преступников, понадобилось немало усилий.

Так, схватить 55-летнего извозчика Василия Комарова-Петрова — «человека-машину», проживавшего в доме № 26 по улице Шаболовке, московским стражам правопорядка удалось не сразу. Когда 17 марта 1923 года в расположенную на втором этаже квартиру подозреваемого Комарова-Петрова милиционеры нагрянули с обыском, хозяину жилища удалось выпрыгнуть в окно и улизнуть. Между тем при осмотре пристанища сбежавшего в чулане обнаружили труп — последнюю жертву душегуба. Но уже в ту же ночь начальник столичного уголовного розыска Иван Николаев и его заместитель Григорий Никулин задержали Комарова-Петрова в нескольких верстах от Москвы — в селе Никольском по старой Калужской дороге.

Своим бандитским промыслом Василий Комаров-Петров начал заниматься с февраля 1921 года. Под предлогом продажи лошади или продуктов злодей знакомился на Конной площади с крестьянами, затем приводил обреченного к себе домой, где сначала угощал вином или водкой, а затем убивал доверчивую жертву ударом тяжелого молотка по голове. И только за один тот год таким образом им было убито и, естественно, ограблено 17 человек.

Ему помогала жена, которая каждый раз при появлении супруга с незнакомым человеком уводила из дома детей, а его с гостем запирала снаружи на ключ. Далее, по-особому связав труп, Комаров-Петров укладывал его в мешок. Пятнадцать жертв бросил в полуразрушенном помещении в Конном переулке и в доме № 24 на родной улице — то есть рядом со своим домом, еще шестерых убитых зарыл во владении Орлова на Шаболовке, а остальных пострадавших, когда уже обзавелся лошадью, вывозил и сбрасывал в разных местах в каналы и в Москву-реку.

По данным следствия, жертв было не менее 33, но официально Василий Комаров-Петров был обвинен в убийстве 29 человек. На суде, не раскаиваясь в совершенных им злодействах, преступник равнодушно заявил, что если бы ему «привалило» еще 60 человек, то он убил бы и их. А поведав о подробностях одного из убийств, заключил: «А там раз и — квас».

Отвечая на вопрос о мотивах преступлений, «человек-машина» с усмешкой пояснил:

— Жена моя любила сладко кушать, а я — горько пить. — И добавил: — Лошадь кормила, а выпить не давала...

Родившийся в Витебской губернии в многодетной семье рабочего — горького пьяницы, Василий Комаров с 15 лет начал заглядывать в стакан и тоже стал алкоголиком. Пила и его мать, а из шести братьев, которых Василий помнил, пятеро и вовсе не знали удержу при возлияниях. Один из них, убив спьяну какого-то начальника, попал на Сахалин. Василий, отбыв четырехлетнюю воинскую повинность, в 28 лет женился. Но семейная жизнь не заладилась: оба супруга пьянствовали, то и дело скандалили.

Первое преступление Комаров совершил в 40-летнем возрасте, обворовав вверенный ему склад. За кражу яблок его покарали 12-месячным заключением. Пока он находился в тюрьме, его жену свела в могилу холера, но вдовец не очень-то долго оставался одиноким, вторично женившись в Риге на вдове-польке с двумя детьми.

Эвакуировавшись в 1915 году из Риги, Василий с семьей осел у Волги. Беженец трудился грузчиком и в ту пору особенно много пил. Причем во время Первой мировой войны вливал в себя почти все, что булькало: хлебал не только спиртные напитки, но и неразбавленный денатурат, политуру.

Однако в 1917 году добровольно вступив в Красную гвардию и выучившись грамоте, Василий выбился в начальники — был назначен взводным командиром. Приобретя боевой опыт, Комаров оказался вовлеченным в палачество: командовал взводом при расстреле приговоренного, которому вменили в вину шпионаж, а также стал участником голосования, проводившегося для вынесения смертного наказания пленному белому офицеру. Когда же на Деникинском фронте Комаров сам уго-

13

дил в плен, то, чтобы избежать казни, назвался чужой фамилией — Петровым.

Избежав «расстрельной пули», после всех фронтовых передряг, в 1920 году, Комаров-Петров перебрался в Москву, нанялся ломовым извозчиком в Центроэвак и украденное оттуда сбывал на рынке. А уже со следующего года стал промышлять присвоением имущества своих жертв.

На следствии преступник заявил, что до начала зимы 1922 года жена даже не подозревала о его злодействах. Когда же узнала, заплакала, однако он ее приструнил, буркнув как о чем-то обыденном:

— Ну, что поделаешь, давай теперь привыкать к этому делу...

И без того затерроризированная мужем-деспотом покорная женщина, у которой «голова не проходила от побоев», стала его подручной и начала помогать ему избавляться от трупов.

За укрывательство и пособничество супруга «человека-машины» была казнена вместе с ним.

В книге «Век российского бандитизма», изданной в Москве в 2001 году, я подробно рассказал о самых-самых опасных преступниках-душегубах, оставивших еще более страшный след в истории отечественной криминалистики, нежели извозчик-упырь Комаров-Петров.

Осенью 1922 года помощник начальника Московского управления уголовного розыска Панов и инспектор губотдела Лепилкин задержали в городе Нежине главаря банды Василия Котова-Смирнова и его преступную помощницу Серафиму Винокурову. Впоследствии, в декабре 1922 года, они и их сообщники Крылов, Гаврилов и Володин предстали перед судом.

Всего за несколько лет члены этой бандитской шайки совершили в Москве, Подмосковье, Смоленской и Курской губерниях 116 убийств! Но на процессе, который проходил в Московском военном (революционном) трибунале, отсутствовал один из членов банды — Григорий Морозов-Саврасов по кличке Рубака, который собственноручно расправился со многими жертвами. Дело в том, что от Гришки Рубаки, которого еще при царизме приговорили к 15-летней каторге за убийство городового, избавился сам главарь Котов-Смирнов — застрелил из револьвера, разуверившись в надежности своего главного подельника из-за его неуравновешенности и хмельных куражей.

Начав действовать с 1917 года, шайка заявила о себе как о банде позже — уже в 1919-м. И особенно позверствовала в 1922 году. Именно на это время приходится подавляющая часть ее жертв. Преступники отправляли на тот свет целые семьи, причем большинство были зарублены Морозовым-Саврасовым, обычно достававшим топор из-под полы длинного серого армяка. После самочинного расстрела Гришки Рубаки главарь Котов-Смирнов подался с курской сожительницей-подельницей Винокуровой на Украину, где позже муровцы их и выследили.

На следующий год, в сентябре 1923-го, милицейским работникам удалось схватить в Уфе участника вооруженного налета на комиссионный магазин. Задержанный грабитель назвался Ершовым, однако вскоре следствие дозналось, что под стражу в Уфимский исправительный дом был заключен «король бандитов» Михаил Осипов, которого в преступном мире знали под кличками Мишка Культяпый и Интеллигент.

В угрозыске имелись сведения, что шайкой, которой заправлял родившийся в селе Березово Пермской губернии «король бандитов», совершено не менее 78 убийств. Убежища банды Мишки Культяпого усиленно разыскивали сыщики Москвы и ряда регионов страны — Орловской губернии, Башкирии и Сибири.

Культяповцы убивали людей во время каждого преступления, но однажды устроили настоящую бойню, умертвив сразу 22 человека! А Михаил Осипов-Культяпый и подавно выделялся в уголовной среде своим жутким персональным нововведением — бандитским «веером». Перед осуществлением неслыханной поточной расправы преступник укладывал связанные жертвы так, чтобы ноги одного обреченного находились поверх ног другого обреченного, а туловища несчастных расходились под углом. Затем, неспешно продвигаясь вдоль этого живого «веера», поочередно дробил головы топором.

На состоявшемся в Москве суде над бандитами-культяповцами главаря-«веерщика» Михаила Осипова-Ершова и восьмерых его основных сообщников приговорили к смертной казни. Остальных членов шайки, обвиненных в бескровных преступлениях, покарали различными сроками лишения свободы.

В ночь на 9 января 1932 года в городе Армавире в милицейскую засаду, организованную в квартире некоего Ефимова, попал вместе с одним из своих подельников преступный заправила Устин Башкатов-Демидов. Он возглавлял, судя по известным на сегодня сведениям, самую кровожадную банду нашей страны. Как признался сам Башкатов-Демидов, он лично и совместно с сообщниками, орудуя с марта 1922 года в Северо-Кавказском крае, Московской и Центрально-Черноземной областях, убил 459 человек! Смерть от рук профессиональных грабителей-убийц приняли 390 мужчин и 69 женщин.

Бандиты заманивали людей, организовав лжевербовку на работу, а затем где-нибудь в глухих местах умерщвляли их, применив оригинальное орудие убийства. Это бандитское приспособление, фигурирующее в материалах следствия как «микстура», представляло собой мешок с вложенным в него камнем весом до двух килограммов.

Уже 30 ноября 1932 года уполномоченным Ильей Ермаковым было составлено обстоятельное обвинительное заключение по следственному делу № 125 о шайке грабителей-убийц, которое подлежало рассмотрению краевой коллегией ОГПУ. В бандитизме, а также в пособничестве преступникам и их укрывательстве обвинили 26 подследственных, среди которых было пять женщин.

Огромная работа, проделанная Оперативным отделом Управления рабоче-крестьянской милиции Северо-Кавказского края по сбору доказательств и воссозданию чудовищной криминальной эпопеи «микстурщика» и его подручных, позволила уличить уголовных преступников и сурово их покарать. При назначении наказания, естественно, учитывалась степень вины каждого из бандитов, пособников и укрывателей, и так называемая «высшая мера социальной защиты», то есть смертная казнь, была вынесена Башкатову-Демидову и его наиболее рьяным помощникам-преступникам.

В первые месяцы Великой Отечественной войны стало очевидно, что, как и гораздо-гораздо раньше, серьезным внутренним дестабилизирующим фактором в стране является уголовщина. Причем впоследствии произошел резкий скачок тяжких преступлений. Если в 1941 году было зафиксировано 7499 разбоев и грабежей, то в 1944-м их стало больше почти втрое — 20 124. Что касается статистики зарегистрированных умышленных убийств, то, по сравнению с тем же 1941-м, в 1944 году их общее количество возросло более чем в 2,5 раза: с 3317 кровавых преступлений до 8369 уголовных расправ.

К примеру, ленинградские сыщики, чьей служебно-оперативной деятельностью превосходно руководили «в условиях систематических бомбардировок, артиллерийских обстрелов, блокады и голода» опытнейшие работники — комиссары милиции 3-го ранга (генерал-майоры) Е. С. Грушко, И. А. Аверкиев и М. П. Назаров, провели ликвидацию ряда крупных вооруженных преступных групп. Так, в 1943 году была арестована большая шайка бандитов, которую возглавлял дезертир. Банда совершала убийства и грабежи граждан, а для прикрытия главарь уголовников-налетчиков открыл по подложным документам фиктивную контору по ремонту автотранспорта. Активных участников бандгруппы приговорили к расстрелу, а их пособников осудили к различным срокам заключения в места лишения свободы. В течение октября—ноября того же года сотрудниками угрозыска Приморского районного отдела милиции Ленинграда была арестована преступная группа, которая совершила пять убийств на территории города.

Безусловно, в ходе операций по задержанию бандитов и дезертиров зачастую завязывались ожесточенные перестрелки. В таких боевых стычках милицейские работники, решительно бросаясь на захват вооруженных преступников, нередко получали тяжелые ранения, порой и смертельные. В частности, на территории Адыгейской автономной области в 1944 году старший оперуполномоченный подразделения угрозыска по борьбе с бандитизмом И. Ивахненко, носивший звание старшего лейтенанта милиции, погиб при задержании преступника. Им оказался матерый уголовник — главарь банды.

По приказу командующего Сталинградским фронтом был награжден медалью «За отвагу» Глеб Сергеевич Афанасьев, который прежде являлся учителем и в течение двух лет заведовал школой первой ступени. Отсчет правоохранительского стажа Афанасьева начался с 1932 года, когда 22-летний уроженец города Серафимовича стал участковым инспектором 3-го отделения милиции Сталинграда. Пройдя за 1941—1943 годы все должностные ступеньки, Глеб Сергеевич был назначен начальником отделения угрозыска. Под его непосредственным руководством оперативные работники пресекли в 1944 году деятельность бандитской группы дезертиров под предводительством Парамонова, которая в Сталинградской и Ростовской областях с целью завладения автомашинами убивала шоферов и грабила колхозные склады.

Понятно, во время войны в стране происходило столько разнообразных кровавых преступлений, что одно лишь их перечисление заняло бы очень-очень много страниц. Да и в наступившее после окончания Великой Отечественной мирное время уголовники продолжали бандитствовать, из-за чего не спадало криминальное напряжение в наших городах и весях.

Так, серийный убийца Н. Бучек, мотаясь по территории Ростовской области, знакомился с женщинами в залах ожидания железнодорожных вокзалов, на перронах, в вагонах, входил к ним в доверие, а затем под различными предлогами уводил намеченные жертвы куда-нибудь в безлюдные места, где безжалостно с ними разделывался, чтобы присвоить носильные вещи и деньги несчастных.

Таким образом только в феврале 1947 года, поочередно появляясь на станциях Буграево, Грачи, Зверево и в городе Верхнем, Бучек отнял жизни у четырех женщин, а всего за полгода им было отправлено на тот свет восемь женщин, совершено несколько ограблений и изнасилований. Ростовские сыщики выследили преступника, его постигло суровое, но справедливое законное возмездие.

Бандит Филипп Тюрин начал злодействовать в самом конце войны — с апреля 1945 года, а к декабрю следующего года на его счету было уже 21 убийство. Этот уроженец рязанского села Сумерки, используя в качестве орудия убийства топор с неаккуратно обструганным топорищем, охотился в Ленинграде, где один за другим стали исчезать люди.

Следствие выявило, что большинство пропавших посещали Смоленский или Предтеченский рынки города. Оттуда, по рассказам свидетелей, неизвестный гражданин, предлагавший продать или обменять на вещи картофель, уводил их в направлении завода «Большевик».

Милицейские работники Володарского района, на территории которого действовал этот подозрительный картофельный сбытчик, проводили разнообразные поисковые мероприятия, но все было безрезультатно, пока так же бесследно не исчез рабочий этого завода Дмитрий Бараев. Находясь в отпуске, Дмитрий зашел в цех узнать, когда ему выходить на смену, а перед уходом домой известил товарищей, что ему еще надо встретиться с земляком у магазина ОРСа завода «Большевик». После этой беседы никто больше не видел Бараева, не вернувшегося и в общежитие, где он жил.

Сотрудники уголовного розыска решили как можно тщательнее проверить весь ОРС — отдел рабочего снабжения завода. Изучив, кто и кем трудился в его подсобном хозяйстве, они взяли на особую заметку 36-летнего возника Филиппа Тюрина, который незадолго перед этим уехал из Ленинграда в свои родные края.

Отправившись в командировку на Рязанщину, сыщики задержали Тюрина в Кадомском районе. В его избе нашлось награбленное: обувь, одежда, головные уборы, несколько патефонов...

Пока оперативники, командированные в Рязанскую область, выполняли свою задачу, другие ленинградские розыскники продолжали искать пропавших без вести горожан. И вскоре рядом с пустующей столовой полевого стана, где еще недавно обитал возник Тюрин, нашли тайное погребение. Из присыпанного снегом дзота, сохранившегося с военного времени, вытащили два трупа числившихся в списке безвестно пропавших мужчин.

Доставленный в Ленинград арестант Тюрин признался в убийстве 21 человека. Тела 14 он захоронил на территории подсобного хозяйства ОРСа завода «Большевик», а еще семь трупов сбросил в Уткину Заводь реки Невы.

«Тюринское» уголовное дело рассматривалось Ленгорсудом на закрытом процессе, и убийца был приговорен к расстрелу.

Четырнадцатого июня 1947 года в Льговский райотдел милиции сообщили, что на хуторе Жилище обворована пасека местного крестьянина. Обсудив случившееся, руководство районного милицейского подразделения пришло к выводу, что преступление совершено бандой Еремы.

Однако в тот летний день в райотделе не оказалось никого из боевого резерва — все сотрудники уже выполняли различные служебные задания. И тогда участковый уполномоченный по Банищанскому сельсовету Льговского района Курской области Федор Федорович Романов, на территории обслуживания которого и произошла эта пасечная кража, отправился на место происшествия один. Домой он не вернулся, и только через трое суток участкового нашли застреленным неподалеку от хутора Зябкино.

Спустя полгода под Полтавой арестовали главаря банды Ерему, которого этапировали в Курск. На предварительном следствии подтвердилось: участкового уполномоченного Ф. Романова убили бандиты из шайки, в которой главенствовал Е. Заулин, он же — Ерема. Позже все его подручные были также задержаны, попали на скамью подсудимых и понесли соответствующие наказания.

В служебной характеристике на сотрудника подмосковного угрозыска Александра Чарикова по-канцелярски сухо перечисляются профессиональные достижения красногорского сыщика-руководителя:

«...С 1 мая 1952 года выдвинут на должность начальника уголовного розыска (сыска) райотдела. Работая в этой должности, Чариков совместно с оперативным составом в 1952—1954 годах раскрыл ряд опасных преступлений, в том числе 2 убийства, более 50 уличных грабежей, 8 краж.

По данным, полученным Чариковым, ликвидирована бандитская группировка в количестве 11 человек, которые совершили 11 убийств, свыше 20 вооруженных грабежей...»

Между тем за этой бандитской группировкой, орудовавшей в столичном регионе, сыщики охотились несколько лет начиная с 1950 года. Первого февраля 1951 года, когда преступники пытались ограбить магазин в Ховрине, один из налетчиков застрелил сотрудника угрозыска Кочкина, оказавшегося непосредственным очевидцем бандитского нападения.

К февралю 1953 года опаснейшая шайка награбила в торговых заведениях и сберкассах около 300 тысяч рублей и совершила 11 убийств, в том числе нанеся смертельные огнестрельные ранения и четырем работникам милиции. Но однажды Чариков обратил внимание на, казалось бы, не слишком значительный инцидент — компания красногорских парней, покуражившись у местного Дома культуры, укатила бочку с пивом. Причем, как только продавщица пригрозила, что она заявит об этом в милицию, парни поспешили полностью возместить причиненный ими ущерб.

Набедокуривших было трое: трудившийся в Красногорске мастером Митин и его дружки — рабочий

Базаев и бывший студент Лукин. По рекомендации начальника отделения уголовного сыска Красногорского района Александра Чарикова за ними было установлено наблюдение, и вскоре оперативники убедились, что вышли на след разыскиваемых бандитов.

Под утро одной из февральских ночей 1953 года подозреваемых грабителей-убийц задержали, а вслед за Митиным и его ближайшими красногорскими подручными арестовали и их сообщников: в частности, с Украины доставили перебравшегося туда на жительство Самарина, замешанного в убийстве сотрудника милиции при ограблении у сельскохозяйственной академии.

Все непосредственные участники изобличения банды Митина были удостоены государственных наград, денежных премий и других поощрений. Начальнику Красногорского уголовного сыска Александру Митрофановичу Чарикову вручили медаль «За боевые заслуги».

В ночь на 29 января 1964 года на улице Крылова в городе Свердловске произошло ужасное преступление. Загорелся, как позже выяснилось, явно подожженный частный дом, а когда пожар потушили, в нем обнаружили семерых убитых.

Поскольку свердловские оперативники в течение недели с лишним не смогли напасть на след убийц-грабителей, им на помощь направили бригаду муровцев под руководством полковника милиции Павла Благовидова. В эту специальную выездную опергруппу МУРа вошли Владимир Чванов, его тезка Арапов, Вячеслав Кривенко и другие столичные сыщики, от министерства к московской бригаде подключился Юрий Иванников.

Среди прочих была выдвинута версия, что бандиты проникли в дом под видом представителей какой-либо из правоохранительных структур, и одним из ключевых подозреваемых муровцы вычислили дружинника.

Уже к вечеру 13 февраля были арестованы четверо ранее судимых: братья Владимир и Георгий Коровины, Арнольд Щекалев и двурушный член ДНД — добровольной народной дружины — Герман Патрушев, который оставил на калитке записку с провокационным содержанием, чтобы сбить следствие с верного пути. Однако потуги преступников создать себе искусственное алиби провалились, они были разоблачены: при обысках у них нашли похищенные у пострадавших деньги, облигации «золотого займа» и вещи. Был также изъят пистолет «ТТ» с патронами, что позволило доказать причастность членов этой банды к происшедшему ранее близ автовокзала убийству участкового милиционера. С ним уголовники расправились, чтобы завладеть его табельным оружием.

Раздобыв «ТТ» и заготовив особое бандитское спецсредство — начиненные металлом резиновые шланги, бандиты учинили ставшее известным далеко за пределами уральского региона исключительное по жестокости кровавое ограбление. В доме, принадлежавшем зажиточной семье, они расправились с больной хозяйкой и ее супругом, их дочерью, зятем, 15-летним внуком, а также с навещавшим их в это время врачом и с пожилой домработницей.

Расследование этого нашумевшего уголовного дела держалось под особым контролем, так как решение о направлении муровцев в Свердловск принималось тогда на самом высоком уровне — в ЦК партии. К чести московских сыщиков, выездная опергруппа МУРа блестяще справилась со сложнейшей профессиональной задачей: за непродолжительное время была раскрыта не только бандитская расправа над семью пострадавшими в доме № 66 по улице Крылова, но и предшествовавшее этому громкому криминальному делу убийство участкового.

Между прочим, с подобным сугубо служебным поручением государственной важности муровцам приходилось сталкиваться еще в довоенное время, когда прибывшая в декабре 1936 года в город Мелекесс (ныне г. Димитровград) Куйбышевской области спецбригада из лучших столичных оперативных работников во главе с начальником Московского уголовного розыска Виктором Петровичем Овчинниковым всего за три дня вычислила бандитов Розова, Федотова и Ещеркина, зверски убивших с целью ограбления именитую учительницу Марию Владимировну Пронину — делегата Чрезвычайного VIII Всесоюзного съезда Советов, являвшуюся еще и членом его редакционной комиссии.

При этом называвший себя «царем Мелекесса» Розов, который в присутствии двух сообщников зарезал Пронину, был уличен и еще в одном убийстве. Он около двух лет назад кортиком заколол потерпевшего Малова, а затем вместе с соучастником по этому кровавому ограблению Федотовым четырежды дерзко нападал на прохожих, нанеся во время одного из этих преступлений тяжелые ножевые ранения пострадавшему Салазкину.

В 1937 году в Мелекессе прошел открытый судебный процесс, на котором бандиты-грабители Розов,

Федотов и Ещеркин были приговорены к смертной казни и впоследствии расстреляны.

Остается только горько сожалеть, что дальнейшая судьба В. Овчинникова, которого за «мелекесское дело» наградили орденом Красной Звезды, оказалась крайне трагичной. Руководя МУРом, Виктор Петрович и его подчиненные за 1933—1937 годы ликвидировали 210 бандитских и воровских групп в столичном регионе, однако в августе 1938-го начальник Московского уголовного розыска был скоропалительно уволен из органов милиции, а затем по надуманным обвинениям арестован и позднее расстрелян. Лишь спустя 20 лет семье необоснованно репрессированного В. П. Овчинникова после его реабилитации оформили пенсию.

Двенадцать лет, начиная с 1978 года, длилась самая шокирующая современная серия душегубств, совершенных маньяком Андреем Чикатило — жителем города Новочеркасска. Наконец ростовского монстра «взяли» в ходе проведения крупномасштабной милицейской операции «Лесополоса», которая прогремела на весь мир.

Тринадцатого ноября 1990 года была найдена последняя жертва маньяка — Светлана Коростик. Когда определили, что она убита с неделю назад, то сразу же проверили, что было задокументировано по «Лесополосе» в предположительный день гибели женщины.

Сержант милиции Игорь Рыбаков, который 6 ноября «прикрывал» станцию Лесхоз, после дежурства написал рапорт. В нем добросовестный сотрудник указал, что в дневное время он проверил документы у вышедшего из леса к платформе мужчины, у которого оказалась на редкость необычная фамилия — Чикатило. Чикатило объяснил, что направляется в Ростов-на-Дону, побывав с утра у приятеля в городе Шахты, а по пути надумал прогуляться по лесу, подышать свежим воздухом. У сержанта Рыбакова не было оснований задерживать проверенного им 54-летнего уроженца села Яблочное Ахтырского района Сумской области Андрея Романовича Чикатило, и тот уехал на подошедшей электричке.

Покопавшись в «лесополосном» банке данных, участники следствия установили, что Чикатило уже задерживался в начале осени 1984 года. Тогда двое сотрудников Первомайского отделения милиции, участковый инспектор Александр Заносовский и его напарник Шайх-Ахмед Ахматханов, после скрытного наблюдения за приставававшим к девушкам высоким мужчиной в очках проследовали за ним от нового ростовского автовокзала до центра города. Выйдя из трамвая вслед за «объектом» на Буденновском проспекте, милицейские работники нагнали его у входа на Центральный рынок.

Капитан Заносовский, будто не узнавая мужчину, у которого несколько дней назад уже проверял на ростовском автовокзале документы, преднамеренно взял его на испуг:

— Приплыли, гражданин... — Затем, выдержав паузу, потребовал предъявить документы.

В паспорте было записано, что родившийся 16 октября 1936 года украинец Чикатило женат, имеет двоих детей и прописан в городе Шахты. На сей раз отпускать «командировочного» участковый инспектор, ответственно выполнявший порученную ему профессиональную задачу в рамках операции «Лесополоса», явно не собирался.

Задержанного доставили в милицейское подразделение при Центральном рынке и там открыли изъятый у него портфель, содержимое которого насторожило бы кого угодно. Еще бы! Там лежали моток шпагата, баночка вазелина, испачканное полотенце, кухонный нож с пластмассовой ручкой и... удостоверение внештатного сотрудника милиции.

Увидев этот «дорожный набор», Заносовский и вовсе убедился, что ему и Ахматханову попался именно «лесополосный» сексуальный маньяк-убийца, которого ищут уже не один год. Ведь жертв преступника-серийника находили не только в Шахтах, но и в Ростове, где работал Чикатило. С января по сентябрь 1984 года произошло 15 «лесополосных» убийств, 11 из которых пришлись на летнюю пору.

Очутившись в камере и взглянув на парашу с небрежно проставленным на ней номером «32», Чикатило неожиданно сильно занервничал. Как выяснилось значительно позже, он вдруг вообразил, что милиция вот так нетривиально выставила напоказ точное число его жертв, чтобы посмотреть, как он отреагирует на такой тонкий выпад. К сожалению, это были лишь его домыслы, на которые подвигло случайное совпадение обычного инвентарного номера саноборудования камеры со сложившейся к тому времени скорбной двухзначной цифрой. Правда, Чикатило все же просидел в следственном изоляторе три месяца. А 12 декабря 1984 года, приговорив снабженца к 12 месяцам исправительных работ за хищение аккумулятора, его освободили прямо в зале суда.

Несмотря же на ситуативную обоснованность сентябрьского задержания Чикатило, с этого момента работники угрозыска фактически потеряли к нему интерес. Дело в том, что они искали серийного преступника с четвертой группой крови, а у снабженца Чикатило она оказалась второй. И только после его ареста в 1990 году выяснится, что участники операции «Лесополоса» были введены в заблуждение из-за биологической особенности организма Чикатило, у которого группы крови и выделений не совпадали. На жертвах обнаруживали сперму, относящуюся к четвертой группе, а потому посчитали, что и кровь преступника-убийцы должна соответствовать той же классификации. Из-за этой роковой ошибки следствия Чикатило и вырвался тогда из «лесополосного» капкана.

Душегубу элементарно повезло, и все же он сменил «дислокацию», перебравшись на жительство в Новочеркасск, где в 1985 году устроился трудиться опять же по снабженческой части на местном электровозостроительном заводе. И с маниакальной ненасытностью продолжил убивать — в подмосковном Домодедовском районе, в лесопосадках у Шахтинского автовокзала, на Урале, на окраине Запорожья, в Ленинградской области...

В 1990 году, перебравшись опять же в должности снабженца на Ростовский электровозоремонтный завод, Чикатило совершил еще девять убийств. И только благодаря бдительности сержанта милиции Игоря Рыбакова, остановившего маньяка у платформы «Лесхоз», его кровавым деяниям пришел конец. Оперативная группа Управления внутренних дел Ростовской области вновь «примерила» новочеркасского снабженца к расследуемым убийствам с характерным «лесополосным почерком». Чикатило решено было брать, и поскорее.

В книге «Товарищ убийца», выпущенной в Москве издательством «Текст» в 1992 году, приводится рассказ майора милиции Анатолия Ивановича Евсеева о том, как это происходило:

«С гражданином Чикатило я познакомился одним из первых. Могу назвать точную дату и время знакомства: 20 ноября 1990 года, 15 часов 40 минут.

Все было прозаично. Брали его в Новочеркасске, прямо на улице. Мы шли ему навстречу. Я — с правой стороны, Владимир Семенович Першиков — слева. Владимир Ильич Колесников — посередине. Колесников спросил фамилию, Чикатило ответил. Мы с Першиковым перехватили его руки и защелкнули наручники. Арестованный не сделал ни малейшей попытки к сопротивлению, не вымолвил ни единого слова. Даже не удивился.

Молчал он и в машине. Складывалось впечатление, что Чикатило ко всему безразличен и его не интересует, почему его задержали. Как будто полностью ушел в себя. Первые слова он произнес по дороге в Ростов, когда мы проезжали поселок «Рассвет». Вдруг сказал: «Это лишний раз говорит о том, что не надо ссориться с начальством».

Мы запретили ему разговаривать, но через некоторое время он повторил: «Все-таки с начальством ссориться нельзя». И замолчал. Больше в машине не произнес ни слова.

Его провели прямо в кабинет Михаила Григорьевича Фетисова, начальника областного УВД...»

На первых допросах Чикатило не признавался ни в чем, даже пытался оспаривать, что милицейский работник проверял у него документы у платформы «Лесхоз». И лишь после многочасовых бесед с врачом — психиатром Александром Бухановским кардинально изменил свое дальнейшее поведение с представителями правоохранительных органов. Наконец-то стал давать откровенные и подробнейшие показания.

Сам Чикатило признался, что в период с 1978 по ноябрь 1990 года он убил 55 человек. Однако три эпизода его расправ с пострадавшими суды различных инстанций нашли недостаточно доказанными.

Суд над признанным вменяемым Андреем Чикатило, получивший название «процесса века», длился с апреля по октябрь 1992 года. Ведь материалы этого кошмарнейшего «лесополосного» уголовного дела были подытожены в 222 томах! К чтению многостраничного приговора председательствовавший член Ростоблсуда Леонид Акубжанов приступил 14 октября, и лишь на другой день в ростовском Доме правосудия прозвучали слова, что преступнику, убившему 52 человека, вынесена исключительная мера наказания — смертная казнь.

Так закончилась эта жуткая история. В связи с ней остается добавить лишь следующее. За время проведения операции «Лесополоса» были раскрыты 1062 преступления, включая 40 убийств, совершенных другими людьми. Не обошлось, к большому сожалению, и без серьезных промахов.

По самому первому убийству Чикатило второклассницы Лены Закотновой, совершенному им в декабре 1978 года в Межевом переулке города Шахты, вследствие судебной ошибки был приговорен к исключительной мере наказания и расстрелян в 29-летнем возрасте Александр Кравченко. Этот человек уже имел судимость за изнасилование и убийство, отсидел срок и проживал в том самом Межевом переулке. Вот почему он и был заподозрен в первую очередь. Причем новое уголовное дело Александра Кравченко служители Фемиды изучали несколько раз. После того как Ростовским областным судом он был приговорен к смертной казни, в декабре 1980 года коллегия Верховного суда РСФСР заменила осужденному расстрел на 15-летний срок лишения свободы. Затем, в августе 1981-го, Президиум Верховного суда направил дело на доследование, а потом на новом процессе коллегией Ростоблсуда во главе с другим председательствующим подсудимому опять назначили «вышку». Повторный смертный приговор, вынесенный Кравченко, Верховный суд оставил без изменения, а его Президиум отклонил ходатайство о помиловании. И только через восемь лет Александр Кравченко был посмертно реабилитирован. Увы, «процесс века» не положил конец «серийным» убийствам. Только в 2000 году в ГУУРе на особый контроль было поставлено 33 серийных убийства, зарегистрированных на территории России. Пять лет назад их было меньше — 15.

«Что ожидает нас в XXI веке?» — так называлась прошедшая осенью 2001 года в Ростове-на-Дону третья международная конференция «Серийные убийства и социальная агрессия». На этот форум прибыли ученые из 22 стран, и лишь американские специалисты вынуждены были отказаться от участия в столь представительной международной встрече криминологов: из-за происшедших в США в сентябре 2001-го чудовищнейших террористических актов. На конференции прозвучало, что в 2001 году в российские суды передали материалы предварительного следствия по 24 серийным убийствам. Среди преступников на скамью подсудимых попал и врач, который немотивированно убил 12 пожилых людей, сделав им смертельные инъекции.

Поведали участники международной конференции и о заграничных криминальных кошмарах. В частности, профессор из Великобритании Джон Прайс сообщил о разоблачении работавшей в детской больнице санитарки Эллит, одного за другим умерщвлявшей маленьких пациентов. Она стала серийной убийцей вследствие развития психоза.

Один из наиболее активных участников следствия по делу маньяка Сергея Головкина Виктор Зайцев, возглавляющий ныне отдел экстрадиции Международно-правового управления Генпрокуратуры РФ и имеющий звание государственного советника юстиции 3-го класса, проинформировал меня о том, сколько в 2000 году было принято решений о выдаче задержанных лиц из России в другие государства. Всего из нашей страны экстрадировали тогда 157 убийц, из которых 39 преступников выдали Украине, 35 — Казахстану, 18 — Грузии, по 13 — Азербайджану и Армении... Между прочим, и в 2001 году в Генеральную прокуратуру Российской Федерации поступило по соответствующим официальным каналам опять же из Украины, Казахстана, Армении, Грузии и некоторых других бывших республик Союза немало обращений по поводу выдачи им граждан, обвиненных в совершении убийств у себя на родине. Когда я попросил Виктора Игнатьевича привести какой-нибудь конкретный пример, он вспомнил о выдаче подданного Болгарии, привлеченного там к уголовной ответственности по обвинению в совершении заказного убийства.

Завершая вступление, возвращусь к третьей международной конференции «Серийные убийства и социальная агрессия». Ученые-криминологи прогнозируют, что географические координаты новых наиболее крупных всплесков маниакальной кроваво-жестокой уголовщины наверняка совпадут с теми обжитыми местностями, где чаще всего случались в недавнем прошлом теракты с тяжелейшими трагическими последствиями. Для Российской Федерации к таким наиболее вероятным регионам появления «рожденных терроризмом» преступников-убийц XXI века отнесли в первую очередь Ставрополье, Краснодарский край, Ростовскую область, Северную Осетию, Дагестан, Москву... Но как бы там ни получилось на самом деле, никогда нельзя забывать, что, образно говоря, дамоклов меч убийц продолжает угрожающе нависать над всей страной, и наше общество обязано для своей защиты адекватно бороться с ними.

Часть I
ГРОМКИЕ УГОЛОВНЫЕ ДЕЛА

УБИЙЦЫ ГЕРОЕВ

В июле 1983 года вся страна была потрясена особо тяжким преступлением, произошедшим в Москве. В квартире на Тверском бульваре были убиты прославленный вице-адмирал в отставке Георгий Никитич Холостяков и его жена Наталья Васильевна — вдова легендарного командира 3-го боевого участка противодесантной обороны Новороссийской военно-морской базы Цезаря Львовича Куникова, посмертно удостоенного в 1943 году звания Героя Советского Союза. К слову, именем отважного майора Цезаря Куникова названа улица в Ростове-на-Дону, проспект в Новороссийске и одна из площадей в Москве, а бюст Героя установлен в Азове у школы № 3.

...Утром 18 июля тела жертв обнаружила их взрослая внучка, которая в момент злодеяния мирно спала в соседней комнате и проснулась лишь от стука сильно захлопнувшейся двери. Вскоре было установлено, что, помимо всего прочего, преступники похитили мундир с наградами Героя Советского Союза Георгия Холостякова.

Уголовное дело о двойном убийстве было взято на контроль руководством страны, поэтому на заседание коллегии Прокуратуры СССР пригласили ответственных участников следственно-оперативной группы. Генеральный прокурор Александр Михайлович Рекунков въедливо выпытывал, считает ли себя профессионалом заместитель начальника МУРа Анатолий Николаевич Егоров, который был старшим оперативной группы при работе по расследуемому громкому делу. Муровец-руководитель сдержанно ответил, что предпочитает сам себя не оценивать, а жизнь покажет степень его профессионализма. Забегая вперед, не могу не упомянуть, что Анатолий Николаевич впоследствии станет первым заместителем начальника ГУВД Москвы, будет награжден орденом Красной Звезды и орденом «За личное мужество» и удостоится звания заслуженного работника МВД.

К раскрытию преступления были подключены самые опытные сыщики Московского уголовного розыска, в отработке целого ряда версий участвовали и сотрудники других служб столичной милиции. Кроме того, разнообразные следственные поручения выполняли милицейские работники из периферийных регионов страны.

Понятно, одна из основных версий предполагала, что к убийству вице-адмирала Холостякова и его супруги могут быть причастны лица, целенаправленно охотящиеся за ценными наградными регалиями. Причем по этой версии имелась весьма существенная зацепка. Двое мошенников, парень с девушкой, уже умыкнули у нескольких ветеранов войны их боевые награды.

Представляясь студентами факультета журналистики МГУ, эти молодые люди объясняли доверчивым старикам, что должны выполнить задание педагогов — написать о прошедших дорогами войны фронтовиках. Ветераны охотно соглашались побеседовать с «начинающими журналистами» у себя дома, чаевничали с ними и, вспоминая о боях с гитлеровцами, показывали гостям-«практикантам» свои ратные знаки отличия. Когда же довольные радушием хозяев визитеры откланивались, старики с горечью обнаруживали, что они самым бессовестным образом обворованы, лишились дорогих им символов боевой доблести. Для воров же похищенное было ничем иным, как товаром для подпольного рынка наград, содержащим драгоценные металлы. Потерпевшим больше запомнилась девушка, и вскоре у милицейских работников появилась пара фотороботов девицы в большущих очках. Одна из муровских бригад, которую возглавил Алексей Сидоров, принялась за тщательную проверку журфака МГУ, но искомой «ниточки» к раскрытию преступлений там не нашла.

Стекавшиеся отовсюду сведения анализировались по полной программе, при необходимости скрупулезно перепроверялись, однако, как выяснялось, к двойному убийству на Тверском бульваре они никакого отношения не имели. И все-таки в конце концов удалось выудить любопытную адресную оперативную информацию. Некоторое время назад на вокзале в Москве некий Гена пытался разузнать у своего земляка-уголовника, специализировавшегося на кражах икон, про пожилую учительницу из их областного центра, награжденную двумя орденами Ленина. От информатора стало также известно, что этот подозрительный Гена прежде якобы учился в Ивановском университете, но с третьего курса его отчислили.

Старший опергруппы Анатолий Егоров, будущий милицейский генерал, срочно командировал в Иваново высококвалифицированных специалистов по борьбе с мошенничеством Алексея Сидорова и Владимира Погребняка. Там первый взялся поискать «университетский след» загадочного Гены, а второй нанес деловой визит в отдел народного образования, чтобы разузнать об учительнице, чей педагогический труд был так высоко оценен государством. Обоим сыщикам сразу же повезло: в архиве высшего учебного заведения нашлась папка с документами на «подходящего» экс-студента Геннадия, а трудившиеся на ниве просвещения чиновники подсказали адрес старенькой учительницы.

Отправившись туда, оперативники узнали от дедушки весьма почтенных лет, что его жена-учительница вот уже год как умерла. Разговор со старичком ничего не прояснил насчет кражи у его супруги, зато их сын оказался памятливее. Он вспомнил, что присутствовал при разговоре матери с наведавшимися к ней в гости парнем и девушкой, представившимися студентами журфака. Но только после ее смерти обнаружили, что никто из близких больше не видел наград учительницы как раз со дня нашествия той «студенческой парочки». Поначалу отец с сыном хотели даже заявить о пропаже в милицию, но потом отказались от этого намерения, так как не были уверены, что «студенты» действительно совершили кражу. Престарелая учительница вполне могла и... подарить им свои ордена. Зачем же бросать тень на молодых людей? Когда же совестливому очевидцу показали фотографию Геннадия, он тотчас его опознал.

Дальнейшие действия милицейских сыщиков напрашивались сами собой, так как к этому времени стало уже известно, что у Геннадия Калинина есть жена Инна, учащаяся техникума. И, стоило только нацепить ей на нос «представительные» очки, как она точь-в-точь становилась похожей на составленный фоторобот преступницы. Правда, теперь следовало действовать наверняка, чтобы преждевременно не спугнуть Геннадия, который хотя и был прописан у родителей, но обитал где-то в других местах. Поэтому и Инну пока решили не задерживать, установив за ней наблюдение.

Расчет сыщиков оправдался: Геннадий появился-таки в городе, однако вел себя предельно осторожно. На удивление, он хорошо помотал за собой «наружку» по городу и даже сумел от нее ускользнуть. Два дня ушли на поиски потерявшегося фигуранта, но наконец к нему опять приклеилось милицейское «сопровождение».

В буднее утро, когда подозреваемый вышел чистеньким из бани, его задержали и на служебной автомашине повезли в Управление внутренних дел. Конечно, Калинина обыскали, но ничего, уличающего его, не нашли. Однако Алексей Сидоров решил более тщательно прощупать лежавшую перед ним на столе кожаную куртку задержанного и был за свое упорство вознагражден. За ее подкладкой оказался орден Красной Звезды. Выйдя в другой кабинет, Сидоров позвонил Егорову в Москву и сообщил ему номер обнаруженной у подозреваемого награды. А заместитель начальника МУРа распорядился срочно провести одновременные обыски по всем адресам, где могли отыскаться вещественные доказательства преступной деятельности молодой четы Калининых.

Алексей Сидоров побывал у родителей Геннадия, но там хранились лишь два незарегистрированных ружья. Вернувшись в Управление внутренних дел, он еще раз связался с руководителем опергруппы Егоровым, и тот сообщил, что изъятый Сидоровым орден Красной Звезды проходит по краже, совершенной в столице. А это означало: преступник вычислен точно. Что подтвердили другие находки, сделанные при обыске в доме, где проживала Инна. Там нашли еще два ордена — советский и иностранный. Проверив номер первого, оперативные работники узнали, что им был награжден Георгий Никитич Холостяков. Кроме того, в серванте лежали тетрадки с записями «интервью», которые преступники брали у бывших военных. А в неказистой постройке у дома Владимир Погребняк обнаружил желтый портфель, в котором находились икона, тетради с записями и... книга о героях Великой Отечественной войны. Пролистав ее, он заметил страницу с перечеркнутым портретом вице-адмирала Холостякова. Позже доподлинно выяснилось, что в поисках своих жертв супруги-преступники ориентировались именно по этой книге.

Увлекшись изучением «трофеев» столь результативного обыска, участники следственно-оперативной группы просмотрели, как Инна улизнула из дома. Утром из Москвы приехал с бригадой Анатолий Егоров, который еще накануне узнал об оплошности подчиненных, но не стал их распекать, а лишь потребовал как можно скорее разыскать беглянку.

Вся бригада уехала обратно в столицу вместе с задержанным Геннадием Калининым, а поиск Инны поручили оставшимся в Иванове Владимиру Погребняку и Вячеславу Звигулю. На след Калининой им помог выйти парень, привлеченный к уголовной ответственности, скажем так, за второстепенное соучастие в разбойном нападении с убийством, подруга которого была хорошо знакома с Инной. Этому парню пообещали, что его помощь в содействии милиции ему обязательно зачтется, и он выведал, где пряталась Калинина.

Ближе к полуночи сыщики отправились по названному им адресу, где в чужой двухкомнатной квартире действительно притаилась Инна. Перед тем как Калинину отправили в Москву, в ее доме был проведен повторный обыск, во время которого нашли другие похищенные награды. Выяснилось, что супруги-убийцы некоторые из них переплавляли в ювелирные изделия. Одно такое украшение — массивный золотой перстень — носила Инна. Остается уточнить, что всего через несколько месяцев после разбойного нападения на Холостяковых преступники стали арестантами.

Собранные следствием улики были столь неоспоримы, что Калинины полностью признались, подробно рассказав, как через Мосгорсправку узнали адрес Георгия Никитича Холостякова, как попали к нему в гости, назвавшись студентами факультета журналистики.

Судьба Холостякова сложилась на редкость интересной, поэтому отставному вице-адмиралу было о чем вспомнить перед внимательными слушателями. Белорус по национальности, Георгий Никитич родился 20 июля 1902 года в городе Барановичи в семье рабочего. Он был участником Гражданской войны, а с 1921 года связал свою жизнь с ВМФ. Окончил Военно-морское гидрографическое училище, затем подводный класс специальных курсов командного состава. Несмотря на молодость, уже в 1931 году был назначен командиром подводной лодки, а потом поочередно возглавил дивизион и бригаду отечественных субмарин. В Великую Отечественную войну Георгий Никитич вначале командовал Новороссийской военно-морской базой, а позже вплоть до конца войны руководил Дунайской военной флотилией. В 1950 году боевой фронтовик окончил Военную академию Генштаба, после чего командовал Каспийской военной флотилией и 7-м Военно-морским флотом, был заместителем начальника Управления боевой подготовки Главного штаба ВМС и занимал другие ответственные должности в Министерстве обороны. В отставку Холостяков вышел только в 1969 году. За боевые отличия, храбрость и мужество, проявленные им при Новороссийской операции и в ознаменование 20-летия победы советского народа над фашистской Германией в Великой Отечественной войне 7 мая 1965 года вице-адмиралу Холостякову было присвоено звание Героя Советского Союза. Помимо «Золотой Звезды» Героя, он был награжден тремя орденами Ленина, тремя орденами Красного Знамени, орденом Суворова 1-й степени, двумя орденами Ушакова 1-й степени, орденом Отечественной войны 1-й степени, орденом Красной Звезды, многими медалями и еще иностранными орденами.

Поговорив с «интервьюерами» около часа, Георгий Никитич преподнес им подарок — свою книгу

«Вечный огонь» с автографом, изданную в 1980 году в Минске.

Вознамерившись во что бы то ни стало завладеть ратными наградами вице-адмирала, злоумышленники-провинциалы на следующий день опять пожаловали к Холостяковым, якобы для того, чтобы что-то уточнить. На следствии Калинин утверждал, что они с Инной не планировали расправы над стариками, однако зачем-то он прихватил с собой... монтировку, бросив ее на дно спортивной сумки. Правда, на сей раз «интервьюерам» пришлось уйти ни с чем, так как к Холостякову пришел писатель Николай Данин, при появлении которого ивановцы сочли за лучшее для себя побыстрее откланяться. Но через несколько дней заявились вновь. Весьма удивленные назойливостью «студентов» хозяева-пенсионеры все же проявили гостеприимство, разрешили им пройти в квартиру.

Вероятно, Наталья Васильевна все-таки заподозрила что-то неладное, только и преступники держались настороже.

Сославшись на жажду, Инна попросила хозяйку принести воды, а когда Наталья Васильевна вышла в коридор, Геннадий шмыгнул за ней. Ему, видите ли, показалось, что вместо кухни она направилась к входной двери, чтобы выскочить из квартиры. И тогда он торопливо выхватил из сумки монтировку. Привлеченный непонятным шумом, секундами позже в коридор выглянул Георгий Никитич. Не долго думая, Геннадий обрушил свое орудие убийства и на его голову.

Из шифоньера Инна взяла китель Холостякова с его многочисленными наградами, запихнув желанную добычу в сумку, а из кабинета Холостякова, одной из самых ярких личностей в истории нашего Военно-морского флота, преступная парочка забрала адмиральский вымпел и орденские книжки. С похищенным супруги-уголовники быстро скрылись.

Выяснилось, что до этого двойного убийства Калинин убил в Ивановской области старушку-попадью, чтобы унести из ее дома иконы. Предварительное следствие предъявило Калининым обвинение в том, что за несколько лет преступной деятельности они совершили около четырех десятков краж наград во многих городах Советского Союза: кроме Москвы — Кишиневе, Тирасполе, Бендерах, Одессе, Белгороде, Брянске, Владимире, Павловском Посаде, Рязани, Электростали, Туле, Смоленске и других. В общей сложности криминальная парочка похитила несколько медалей «Золотая Звезда», свыше 50 орденов Ленина, не считая другие государственные знаки отличия. Суд приговорил Геннадия Калинина к исключительной мере наказания, а его жену-соучастницу покарал 15-летним сроком лишения свободы.

Осенью 1994 года в собственной однокомнатной квартире на старом Арбате в Москве был убит Герой Советского Союза Александр Павлович Щербаков, удостоенный этого высокого звания более полувека назад — в разгар войны.

Он родился 17 марта 1923 года в поселке Перевальск (ныне город в Луганской области Украины), как и Георгий Холостяков, в семье рабочего. Окончив девять классов, 18-летний русский парень в августе 1941 года надел военную форму и уже в декабре того же года оказался в действующей армии. Особо отличился командир саперного отделения 112-го армейского инженерного батальона ефрейтор Александр Щербаков при форсировании Днепра в районе села Дериевка Онуфриевского района Кировоградской области. При переправе одну из лодок парома, начальником которого назначили Щербакова, пробил осколок снаряда, и он начал тонуть. Тогда Александр с причальным канатом вплавь добрался до берега и сумел предотвратить катастрофу. А во время одного из обратных рейсов с ранеными, когда оказались повреждены обе лодки, в критической ситуации не потерял самообладания, сумев устранить течь и вывести паром на мелководье. За мужество и смелость, проявленные при этой операции, 20 декабря 1943 года командира саперного подразделения 37-й армии наградили Золотой Звездой Героя.

После войны фронтовик служил во внутренних войсках, продолжал работать и выйдя в отставку в звании полковника. За заслуги перед Родиной Александр Павлович был увенчан не только Золотой Звездой, но еще награжден орденом Ленина, орденами Отечественной войны 1-й и 2-й степеней, орденом Славы 3-й степени и медалями. И вот этому доблестному человеку, посвятившему себя беззаветному служению державе, суждено было погибнуть не на поле брани, а в своих домашних стенах. Погибнуть незадолго до 50-летия Победы.

22 ноября 1994 года соседи 71-летнего ветерана Великой Отечественной войны, который жил один, услышали в его квартире отчаянные крики и вызвали милицию. Очень быстро прибывший участко-

вый инспектор вышиб дверь, ринулся в жилище отставного полковника. Но в заполненной дымом комнате, где горела мебель, нашел его уже мертвым. Ножом и ножницами ему было нанесено около трех десятков смертельных ран.

Убийца, 19-летний парень, столь зверски расправившийся с Героем Советского Союза, сам предопределил свою участь. Пытаясь убежать, он разбил окно, выпрыгнул с третьего этажа. И в результате скончался в больнице от многочисленных переломов.

К сожалению, не так давно в столичном регионе криминальная пучина унесла жизнь еще одного Героя Советского Союза — заслуженного летчика-испытателя Василия Петровича Борисова.

...Вечером 30 марта 2001 года в городе Жуковском в пятиэтажном доме по улице Чкалова жильцы обнаружили труп. У прилично одетого мертвого мужчины почтенного возраста была разбита голова.

Еще не зная, чья жизнь так трагически оборвалась, на место преступления выехали руководители Жуковского отдела внутренних дел — начальник ОВД Владимир Котов и возглавляющий службу криминальной милиции Петр Баранов. К злополучному дому, входные двери подъездов которого были оборудованы кодовыми замками, отправились начальник отделения уголовного розыска Юрий Голованов и его подчиненные, прибыл сюда и прокурор города Жуковского Леонид Дворкин.

Документов при потерпевшем не оказалось. Члены следственно-оперативной группы попытались установить его личность, опрашивая проходящих мимо людей, но никто не смог опознать убитого. Не дал никакой информации и поквартирный обход дома.

Тогда розыскники попробовали разрешить возникшую проблему по-другому. Так как у потерпевшего на галстуке оказалась примечательная заколка в виде самолета с надписью «ЛИИ», они вывесили фотографию погибшего на проходной здешнего летно-исследовательского института имени М. М. Громова. Только, к сожалению, и тут никто не признал бывшего сослуживца Василия Петровича Борисова. Годы сильно изменили некогда стройного, подтянутого воздушного аса. В располневшем пожилом пенсионере было трудно узнать вчерашнего бесстрашного летчика. Да что говорить о нынешних специалистах института, если по той же печальной фотографии Василия Петровича не узнала одна из его родственниц!

Между тем оперативники подошли к поиску с другого конца — решили посмотреть, не пустует ли в доме какая-нибудь квартира. И такая нашлась — она принадлежала Борисову. Связавшись с его снохой, милицейские работники съездили на дачу Василия Петровича, которая тоже пустовала. В гараже обнаружили «Волгу» — значит, ее хозяин должен был находиться в городе. И только после этого погибший наконец-то был опознан его знакомыми.

У пострадавшего нашли магазинный чек на сумму 78 рублей, благодаря которому стало известно, что в день гибели он купил батарейки, которые там же, в торговой точке и вставил в магнитофон «Филипс», достав его из сумки. Милицейские оперработники предположили, что тогда-то какой-то злоумышленник и «срисовал» себе жертву для ограбления.

Проведя повторный, более **детальный**, поквартирный обход, члены **следственно**-оперативной группы уловили, что одна из **жительниц** пятиэтажки что-то ведает про преступление, **но** из боязни мести уголовников помалкивает. **Лишь** когда ей твердо гарантировали полную безопасность, успокоенная женщина рассказала, что, услышав шум на лестнице, выглянула из квартиры и увидела, как незнакомый парень бил ногами лежащего на полу мужчину. Испугавшись, что бандит ее заметит, она поспешно захлопнула дверь.

Порасспросив окрестное население, сыщики нашли и еще одного свидетеля — молодого парня, оказавшегося у дома № 35 как раз во время разбойного нападения на заслуженного летчика-испытателя. Он сообщил, что видел, как у пятиэтажки крутился знакомый ему со школьной поры Дмитрий Гуреев (фамилия изменена), который еще в детские годы отнял у него плеер.

До того как в деле появился этот первый фигурант, участники следствия очертили круг подозреваемых. В него попал один ранее судимый татарин, который был приговорен за уголовщину к трем годам лишения свободы, но отсидел немного, попав под амнистию. В тот роковой для Борисова весенний день он с двумя приятелями крутился неподалеку от торговой точки, где пенсионер купил батарейки, однако там же с друзьями и расстался, что позже подтвердилось.

Задержание Гуреева прошло на редкость спокойно. Как выяснилось, он не участвовал непосредственно в расправе над Борисовым, но знал о намерении своего спутника ограбить владельца магнитофона. Дмитрий спокойно прохаживался у пятиэтажки, пока преступник в одиночку жестоко охотился за приглянувшимся ему кассетником, и поэтому позже проходил по уголовному делу всего лишь в качестве свидетеля.

Преступником оказался бывший подельник бедового татарина — Алексей Артемов, который тоже не сполна отсидел за грабежи и воровство благодаря амнистии. Увы, вот так гуманность государства по отношению к уголовнику стала, по сути, губительной для прославленного человека — кавалера Золотой Звезды и четырех орденов.

Зная, что его ищет милиция, Артемов подался в бега. Однако старший оперуполномоченный Игорь Кострюков и оперуполномоченные уголовного розыска Дмитрий Тихонов и Михаил Топорков в конце концов «выдернули» его из наркопритона в Люберцах и доставили в город Жуковский.

Восемнадцатилетний задержанный, очутившись в Отделе внутренних дел, сознался в злодеянии и подробно рассказал, как вместе с Гуреевым дошел за незнакомым пожилым мужчиной до кирпичной пятиэтажки, а там дождался, когда он наберет код и откроет дверь. Мужчина попытался воспрепятствовать проникновению в подъезд парня-чужака, оказавшегося за его спиной. Но тот втолкнул старика внутрь и захлопнул за собой дверь.

Позже, пройдя по цепочке, сотрудники Жуковского ОВД нашли и проданный-перепроданный злополучный магнитофон, изъяв его как важное вещественное доказательство по расследуемому уголовному делу.

Героя Советского Союза Василия Петровича Борисова хоронили с воинскими почестями. На траурном митинге выступающие вспоминали жизненный путь этого достойного продолжателя знаменитой плеяды отечественных летчиков-испытателей: Героев Советского Союза Григория Яковлевича Бахчиванджи, Михаила Ивановича Иванова, Ивана Тимофеевича Иващенко, Георгия Константиновича Мосолова, Григория Александровича Седова, Ивана Евграфовича Федорова и других храбрых покорителей неба. Василий Петрович родился 10 января 1929 года в деревне Чернобровкина Белоярского района Свердловской области в крестьянской семье, окончил Омское военное училище летчиков, служил в Военно-воздушных силах. В 1959 году подполковник Борисов ушел в запас и уже в следующем году стал выпускником школы летчиков-испытателей, а позже успешно окончил и Московский авиационный институт. Значительную часть своей жизни Борисов проработал в Авиационном научно-техническом комплексе имени Туполева, участвуя в испытаниях как пассажирских лайнеров «Ту-104», «Ту-134», «Ту-144» и «Ту-154», так и военных самолетов — бомбардировщиков различных модификаций.

За мужество и отвагу, проявленные при освоении новой техники, в 1971 году летчику-испытателю Борисову присвоили звание Героя Советского Союза. Награжденный орденами Ленина, Октябрьской революции, Красного Знамени и Красной Звезды, Василий Петрович Борисов по праву удостоился и почетной профессиональной регалии — знака заслуженного летчика-испытателя СССР. В кратком биографическом словаре «Герои Советского Союза», выпущенном в Москве в 1987 году, о нем, внесшем определенный вклад в развитие нашей гражданской и боевой авиации, помещена статья. А когда трагически погибшего Василия Петровича Борисова хоронили на Жуковском кладбище, находящемся в центре города, заслуженному летчику-испытателю была воздана еще одна почесть. Над кладбищем пролетел военный самолет — бомбардировщик «Ту-95».

Василия Борисова погребли рядом с его сыном Игорем. Перенявший от отца любовь к романтичному труду «человека летающего», выпускник Сасовского летного училища гражданской авиации младший Борисов сначала работал летчиком-инструктором, а по окончании МАИ и школы летчиков-испытателей перевелся в ЛИИ. Здесь Игорю довелось участвовать в проведении ряда испытательных работ на антоновских и ильюшинских машинах. И показательно, что тренировал его отец. Игорь летал на самолетах «Ту-134» «Ту-154» и «Ту-22М», был вторым пилотом на «Ту-144»... Но весной 1989 года во время испытаний летающей лаборатории в акватории Азовского моря произошла трагедия. Стекло фонаря лаборатории, переоборудованной из самолета «Ан-26», разбила птица. Сидевший за штурвалом летчик на какие-то секунды потерял работоспособность, что и привело к несчастью. Спасти летающую лабораторию и экипаж у летчика уже не было ни единого шанса, так как испытания проводились на малой высоте да еще в ночных условиях. Вместе с пилотом Игорем Борисовым погибли пятеро его коллег: старший инженер-испытатель Лариса Прошина, штурман Игорь Шухов, инженер-испытатель Сергей Ситников, бортрадист-испытатель Владимир Калинин и инженер-конструктор Виктор Жиляев...

Вот такой замечательной была эта семья «летающих людей». И как же горько сознавать, что жизнь заслуженного летчика-испытателя Василия Борисова, с честью преодолевшего в небе многочисленные экстремальные передряги, оборвалась от случайного столкновения на земле с молодым подонком.

Арестованный Алексей Артемов, которого содержали под стражей в Коломенском СИЗО, только и повторял, что «клюнул» на кассетник, рассчитывая быстро его кому-нибудь «сбагрить». Естественно, он уверял, что не хотел убивать старого человека, да в пылу наскока не рассчитал силы своих ударов.

В Жуковском горсуде, где под председательством судьи Ю. Королева слушалось на открытом процессе дело по обвинению Артемова в разбойном нападении, он полностью признал себя виновным и был приговорен к десятилетнему лишению свободы.

Однако судебная коллегия по уголовным делам Московского областного суда смягчила ему и это неадекватное содеянному наказание, приняв во внимание состояние здоровья Артемова, страдающего артритом коленных суставов, и то, что у него... нет матери. В итоге этот преступник отправился в исправительную колонию общего режима всего на восемь лет.

Несправедливость. К большому сожалению, она нередко случается в жизни. Разве сопоставимы жизни замечательных людей, о которых рассказано в этом очерке, с существованием жестоких уголовников, неожиданно вставших на их пути?

Увы, остается утешаться лишь тем, что люди сохранят память не о них, а о трагически погибших Героях Советского Союза Георгии Никитиче Холостякове, Александре Павловиче Щербакове и Василии Петровиче Борисове. Вечная им слава!

ОТСУТСТВИЕ ЭМПАТИИ

«В 1984—1986 годах в городе Иркутске совершен ряд убийств, изнасилований и других тяжких преступлений. Среди потерпевших были женщины и дети. Проведенным правоохранительными органами Иркутской области и следственной частью Прокуратуры РСФСР расследованием установлено, что эти преступления совершил врач городской станции «Скорой помощи» Кулик В. С., имевший склонность к половым извращениям.

Судебная коллегия по уголовным делам Верховного суда РСФСР, рассмотревшая это дело в городе Иркутске, признала Кулика виновным в совершении указанных преступлений и приговорила его к исключительной мере наказания — смертной казни».

Это лаконичное официальное «расстрельное сообщение» было опубликовано в печати в 1988 году.

Четыре с половиной десятилетия назад, в январе 1956-го, на белый свет появился мальчик-недоносок. Молодая роженица, которую опытная врач-женщина долго, но безуспешно уговаривала прервать беременность ввиду очевидной патологической неполноценности плода, не приняла близко к сердцу ее грозное предостережение, понадеявшись неизвестно на что. Но чуда не произошло — сбылись самые худшие прогнозы врача-специалиста. После семи дней родовых мучений для обессиленной мужественной женщины наконец-то наступило облегчение — ее утроба буквально отторгнула от себя семимесячного ребенка.

Однако на этом страдания самоотверженной матери не закончились. Как позже писал московский журналист Сергей Глазунов, «увидев новорожденного, мать с ужасом от него отшатнулась». Вид собственного ребенка перепугал, казалось бы, готовую уже ко всему родительницу: младенец оказался щупленьким, с вдавленными ушами и несоразмерно большим животом. Приглядевшись к новорожденному повнимательнее, мать заметила, что, ко всему прочему, у ее явно ненормального сыночка нет и ногтей. Дальше пошли новые напасти: организм недоношенного не принимал пищу, пришлось его кормить искусственно — через вену.

Врачи сходились во мнении, что младенец — не жилец на этом свете: выписанный из роддома малыш, которого родители назвали Василием, в месячном возрасте весил всего-навсего 2 килограмма 100 граммов. До полугода младенец не знал воды, так как при купании у него почему-то чернела кожа. Через несколько месяцев Вася заболел корью, и мать с отцом, одолевая тяжелый недуг недоношенного, целых трое суток по очереди держали сына в вертикальном положении, потому что в горизонтальном он мог скончаться.

Не убавилось у родителей волнений и тогда, когда их чадо немного подросло, окрепло. То и дело сын приходил домой с синяками и шишками, а в один злополучный для себя день, оступившись, упал в погреб. Расшибся мальчишка сильно, родители думали, что лицо у Васеньки на всю жизнь останется изуродованным. Но, к удивлению окружающих, шрамы постепенно исчезли и только сломанный нос сросся чуть-чуть кривовато.

Шло время, и в медицинской карте Василия запестрели новые записи: мальчик не уберегся от ревматизма, вплоть до 12-летнего возраста страдал от бронхиальной астмы, перенес гепатит...

По примеру сверстников Василий Кулик стал заниматься спортом, даже получил первый разряд по боксу. Регулярные тренировки сделали свое — парень заметно «поднакачался». Но именно состязательный кулачный бой едва не поставил окончательный крест на здоровье начинающего боксера: на соревнованиях Василий пропустил сильный удар, после нокаута долго отлеживался в больнице, однако и на сей раз избежал горемычной участи инвалида.

Потерпев крах в боксерской карьере, старшеклассник Кулик ударился в учебу. В его последних школьных характеристиках неизменно отмечалось: «По складу характера — спокойный, уравновешенный, вежлив в обращении со старшими... Скромен... Среди одноклассников пользуется уважением, имеет много друзей... Особенный интерес проявляет к изучению гуманитарных наук... Выделяется хорошо развитым мышлением, активно участвует в общественной жизни...» А позже армейское командование вот так отрекомендовало 20-летнего возмужалого «дембеля» Василия Кулика, проходившего срочную воинскую службу артиллеристом-зенитчиком: «Отличник боевой и политической подготовки... Дисциплинирован... Был членом комитета ВЛКСМ части... Пользовался авторитетом... Рекомендуется на подготовительные курсы Иркутского медицинского института».

После окончания вуза Василий Кулик прибыл в городскую больницу для прохождения интернатуры еще с одним отличным отзывом, подписанным «руководящим треугольником» мединститута и заверенным печатью: «Был старостой научного кружка, агитатором группы. Прекрасно справлялся со своими обязанностями... Внимателен и отзывчив. Пользуется заслуженным авторитетом среди товарищей и преподавателей...»

О работе молодого врача Кулика окружающие тоже были неплохого мнения: «Спокоен, вежлив, предупредителен... С больными внимателен... Неадекватного поведения и странных поступков не замечено...»

Судя по этим характеристикам, Василий, что называется, выбился-таки в люди. Однако всем достопочтенным рекомендателям и в голову не могло прийти, что так лестно они отзываются о крайне двурушном человеке...

Втайне от всех Кулик предавался... сексуальным грезам. В 24 года он завел роман с девятилетней девочкой. Взрослый дядя задарил третьеклассницу игрушками, оставлял для нее романтические любовные письма в обусловленном тайнике во дворе ее дома. Когда «невеста» привыкла к своему галантному ухажеру, «жених» попытался заманить ее на чердак, обещая устроить наверху «веселые приключения». Но обольститель из Кулика оказался никудышный, малышка отказалась с ним идти. И тогда Василий сделал для себя вывод: «Я понял, что для получения удовольствия требовалось, чтобы партнер мне не был знаком».

Женитьба и рождение сына не отвлекли молодого семьянина от этой навязчивой идеи. Продолжая обучение в медицинском институте и подрабатывая для содержания семьи, прилежный студент обманом завлекал доверчивых малолеток в укромные места и насиловал беззащитных детишек.

Став врачом, он решил испытать новые острые ощущения. «В двадцатых числах марта 1984 года, часов в десять утра, я встретил на улице Тимирязева старушку, которая поздоровалась со мной, — рассказал впоследствии на следствии Кулик. — Я ей ответил, и мы разговорились. Оказалось, что ранее я оказывал ей, как врач, медицинскую помощь. В разговоре я узнал, что старушка живет одна, и тут у меня возникла мысль изнасиловать ее. Она жаловалась на здоровье, и я решил ввести ей внутривенно одурманивающий укол. Я прекрасно понимал, что мне придется убить ее, иначе она заявит в милицию... Когда мы пришли к ней на квартиру, я измерил ей кровяное давление, затем сделал укол с двойной дозой аминазина. От этой инъекции человек становится вялым, впадает в полуобморочное состояние... Я повел женщину к дивану и, положив лицом вниз, стал ее насиловать в извращенной форме. И в то же время душил руками за шею...»

Труп убитой 72-летней старушки не вскрывался, и поэтому в справке Иркутского городского отдела ЗАГС значилась липовая причина смерти — ишемическая болезнь сердца, атеросклероз и гипертоническая болезнь.

Ласк двух близких женщин, жены и любовницы, Кулику не хватало, он постоянно подыскивал себе «незнакомые» жертвы. Возвращаясь однажды из квартиры сестры, где его в течение суток ублажала любовница, похотливый врач заметил во дворе скучающую девочку лет восьми-девяти и предложил ей поиграть в прятки. На труп малолетней мученицы впоследствии не смогли без слез смотреть даже много повидавшие на своем веку судмедэксперты. А Кулик по этому преступлению коротко пояснил: «Девочка слишком активно сопротивлялась...»

Месяц спустя Кулик пришел для оказания медицинской помощи к 53-летней женщине. Привычно ввел больной «усыпляющую дозу» и потащил ее на диван. Но когда начал раздевать обреченную, хозяйка квартиры неожиданно очнулась от принудительного забытья, видимо, сообразила, что надумал «уважаемый доктор», собралась с силами и сбросила с себя мерзавца. Врач-насильник догнал прыткую больную у дверного проема комнаты, повалил ее на пол и разжал пальцы на горле несчастной лишь тогда, когда она испустила последний вздох. Чтобы подстраховаться, вонзил в сердце мертвой женщины кухонный нож.

Дабы в будущем не полагаться на случай, Кулик стал заносить в записную книжку адреса одиноких женщин, к которым приезжал по вызову. Больные старушки умилялись обещаниям линейного врача повторно посетить их в один из ближайших деньков, чтобы справиться о самочувствии и при необходимости обезболить укольчиком старые болячки. Так, после спокойного дежурства на станции «Скорой помощи» Кулик по пути домой «проведал» древнюю землячку, родившуюся еще при царизме. Одной пометкой «ОЖ» в его записной книжке стало меньше — 75-летнюю одинокую женщину врач изнасиловал и убил.

Возраст жертвы не играл для Кулика никакой роли. Неподалеку от автобусной остановки утративший все человеческое насильник-убийца усмотрел девочку Танечку, которой только что исполнилось два года и семь месяцев. Попетляв с малышкой по городским закоулкам, он поднял ее на руки и понес в понравившийся ему подвал... Из показаний В. Кулика:

«Наверху у входа в подъезд слышался чей-то голос, поэтому я держал руку у рта Тани, чтобы ее не услышали. Опасаясь, что нас могут обнаружить, перенес тело ребенка в глубь подвала, где на пороге одной из открытых кладовок попытался совершить половой акт (...), но увидел, что девочка уже мертва. Тогда я бросил ее тельце в кладовку, ощупью нашел там то ли чемодан, то ли ящик и накрыл им труп».

Врач Кулик довольно долго жил двойной жизнью: одних лечил, других убивал. Как-то после удачного дежурства на «Скорой помощи», во время которого ему довелось спасать разродившуюся прямо в его автомобиле беременную, преисполненный чувством выполненного профессионального долга, утром он заглянул еще к одной 75-летней старушке. Подивившись нежданному приходу молодого врача, престарелая женщина тем не менее впустила его в квартиру. Дальнейшее произошло уже по привычному для преступника сценарию.

В отличие от этой убитой, другая 66-летняя пенсионерка, увидев Кулика на улице, сама зазвала его к себе, потому что неважно себя чувствовала. Дважды его приглашать не требовалось — порог чужой квартиры он переступил с «дипломатом», в котором находился весь джентльменский набор душегуба: шприцы, медикаменты и... нож. Инъекцию аминазина в старушечью вену Кулику удалось сделать только со второй попытки, зато в остальном все прошло без осечки: садисту-эскулапу особенно понравилось то, что стальное лезвие «входило в тело убиваемой, как в масло». Затерев напоследок кровь на полу, он поспешил домой: беспокоился за мать, у которой вследствие тяжелой формы сахарного диабета мог начаться очередной приступ.

Для следующей 76-летней жертвы душегуб выбрал механическую асфиксию. Трудно представить, что привелось испытать под конец жизни старушке-одиночке. Судмедэкспертиза установила у нее переломы всех ребер и многих других костей.

Оставил иркутский маньяк свои жуткие следы и в Кировограде, куда ненадолго приехал погостить к родственникам. В чужом городе Кулик облюбовал подвал на заброшенной стройке, а затем под предлогом игры в прятки заманил туда оставшуюся без родительского присмотра шестилетнюю девочку. «В подвале я стал ее раздевать, — рассказывал он, — она заплакала. Но я пригрозил, что задушу ее, если она будет так себя вести. Ребенок замолчал...» Тут на территорию стройки вдруг забрели какие-то люди. Дожидаясь их ухода, раздосадованный убийца отыгрывался на бездыханном детском тельце.

Вернувшись в Иркутск, сексуально озабоченный садист увел в нежилой дом мальчика, стоявшего в сторонке от играющих детей. Из показаний Кулика: «Я схватил мальчика за горло и пригрозил задушить его, если он будет кричать и сопротивляться. Снял с него куртку, повалил на нее...»

Страшная весть о найденном трупике изувеченного мальчонки взбудоражила весь город. Нашлись свидетели, которые видели мужчину, направлявшегося с пацаненком в сторону нежилого дома. По приметам, названным очевидцами, милиционеры задержали Кулика, однако тут же и отпустили с миром. Милицейское начальство вроде бы рассудило здраво: ну никак не может быть разыскиваемым убийцей-маньяком сын профессора, доктора биологических наук и директрисы школы-интерната. Такая уважаемая семья!

Только этот милицейский «прокол» будто стал для злодея дополнительным раздражителем. Он бросил вызов правоохранительным органам — вскоре изнасиловал и убил еще одного мальчугана, оставив его в подвале дома, находящегося рядом с прокуратурой. После этого «примерный семьянин», каким Василия считали многие знавшие его люди, отправился на празднование дня рождения приятеля.

Устроившись на полставки врачом во вспомогательную школу для детей с задержкой развития, Кулик начал их потихоньку приручать. Он был твердо уверен, что они от него не уйдут, однако в день своего 30-летия все же пошел искать себе «живой подарок» на улице.

Выглянув в окно, повар столовой сельхозинститута поначалу не обратила внимания на невзрачного молодого мужчину, который, беспокойно оглядываясь по сторонам, зашел с мальчишкой в соседний ремонтируемый дом. И вдруг женщину, как током, пронзила страшная догадка. Переодеваться было некогда, она выбежала в служебное помещение и попросила направлявшихся в столовую двух женщин-бухгалтеров как можно скорее спуститься вниз, проверить, не убивать ли повел хлопчика в пустующий дом какой-то «дерганый» интеллигент-очкарик. Женщины, которые как все иркутяне слышали об убийствах детей в городе, побежали на выход.

Увидев в темном помещении силуэт стоявшего на коленях мужчины, одна из них пронзительно закричала:

— Люди, люди! Задержите его, он изнасиловал ребенка!..

За выпрыгнувшим из окна мужчиной погнался проходивший мимо парень и, изловчившись, ухватил преследуемого за ногу в ту самую секунду, когда тот перелезал через забор. Мужчина предпринял отчаянную попытку освободиться от крепкого захвата, но тут на помощь отважному парню подоспел другой смелый прохожий. Забравшись на забор, он с силой ударил резвого дядю по очкам.

Доставленный в милицию преступник, успевший таки изнасиловать мальчика, нехотя назвал себя.

А задержали его Николай Моденов и Илья Хонгодоров.

Арестованный всячески изворачивался на допросах, намеренно путал свои показания и даже по собственной инициативе писал: «...Считаю себя в полном физическом и моральном здоровье и требую, чтобы ко мне была применена крайняя мера наказания... Считаю, что людям, подобным мне, не место среди людей, не говоря о совместимости с моей профессией. Еще раз прошу отнестись ко мне со всей строгостью закона». И добился своего: народный суд, рассматривавший дело по обвинению Кулика в совершении им 14 убийств, большого количества изнасилований, покушений на изнасилования и развратных действий в отношении несовершеннолетних, направил его на дополнительное расследование.

К чести следователей по особо важным делам прокуратуры Иркутской области и Прокуратуры РСФСР, в предъявленном врачу Кулику повторном обвинительном заключении суд уже ни в чем не усомнился. В ходе следствия выяснилось, что два преступления Кулика приписывались невинным людям — они были немедленно оправданы и освобождены.

Такого рода ошибки следователей обычно вызывают справедливый гнев граждан. Конечно, их не должно быть, но кто от них застрахован? Разве не за что упрекнуть близких к Кулику людей, которые, проявив больше внимания к поведению маньяка, вероятно, могли бы предотвратить многие его преступления.

Например, любовница Кулика вспоминала:

— Он часто ложился в постель к моему сыну, когда я уходила на кухню. Вадик прибегал, жаловался: дядя лезет ко мне, хватает за все. Я думала, просто ласкает мальчика, ну и схватит невзначай. Потом Кулик внушил Вадику, что делает ему специальные упражнения, сын даже перестал жаловаться.

Всплыло и вовсе невероятное, о чем поведала жена Кулика, кстати сказать, юрист.

— Сын мне жаловался, что папа лезет к нему. Я потребовала объяснений, но Василий ответил, что он обрабатывал фурункул на его ягодице, а тот подумал невесть что...

Перед следователем арестованный был более откровенен:

Фотоколлаж по банде Котова-Смирнова, сделанный для музейной экспозиции

Перемещаясь по этому маршруту, шайка «людей-зверей» погубила 116 человек

Извозчик Василий Комаров-Петров — убийца с московской улицы Шаболовки

Ужасный «человек-машина» и его жена-пособница

Приводя свои жертвы в эту комнату, преступник здесь расправлялся с ними

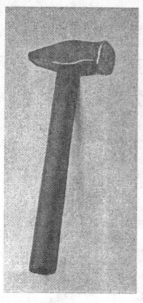

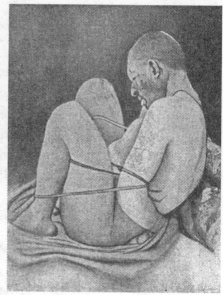

Этот молоток послужил Комарову-Петрову орудием убийств

Каждого из убитых шаболовский душегуб связывал таким особым способом и затем укладывал в мешок

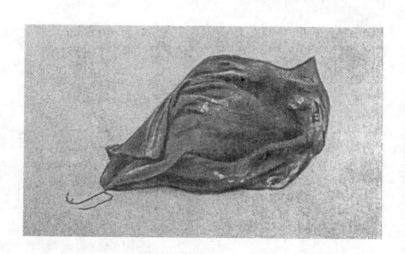

Честь поимки извозчика-злодея принадлежит начальнику МУРа Ивану Николаеву и его заместителю Григорию Никулину, называемому в отдельных публикациях «цареубийцей», так как он в 1918 году участвовал в расстреле семьи последнего российского императора Николая II

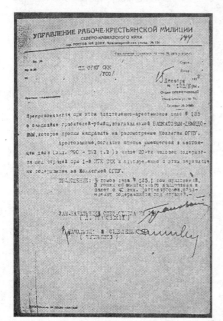

Препроводительная записка к следственно-арестантскому делу № 125 о самой жестокой банде нашей страны

*Выездную бригаду МУРа,
раскрывшую в 1936 году
происшедшее в городе Мелекессе
убийство делегата
Чрезвычайного VIII Всесоюзного
съезда Советов Марии
Прониной, возглавлял
руководивший в то время
Московским уголовным
розыском Виктор Овчинников*

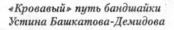

*«Кровавый» путь бандшайки
Устина Башкатова-Демидова*

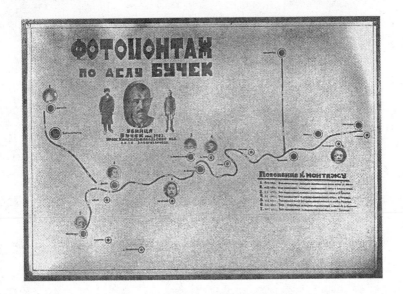

*Фотомонтаж по уголовному делу серийного убийцы Бучека,
схваченного милицией в 1947 году*

*План той части Ленинграда, где устроил охоту на людей
убийца-грабитель Филипп Тюрин*

Общий вид местности прилегающей к дому Тюрина и места захоронения трупов.

В этой местности, прилегающей к совхозному жилищу бандита-одиночки, он тайно хоронил трупы убитых (их погребения обозначены на снимке стрелками)

ДЗОТ, расположенный в 85 м. от дома, Тюрина, в котором обнаружены—

Из дзота, сохранившегося с военной поры, 27 января 1947 года были извлечены тела двух жертв убийцы

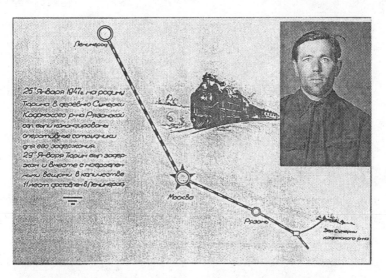

Бывший возник подсобного хозяйства ленинградского совхоза «Большевик» Тюрин, погубивший 21 человека, был задержан в рязанской деревне Сумерки

По этому фотороботу
в Ростовской области
искали «лесополосного»
маньяка

Преступник Андрей Чикатило в день задержания в 1990 году

Ранее судимый за убийство и изнасилование Александр Кравченко, которого вследствие судебной ошибки расстреляли в 1983 году за первое чикатиловское кроваво-сексуальное насилие

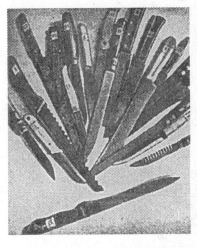

«Коллекция» ножей, изъятых при обыске в новочеркасской квартире Чикатило

На судебном заседании по делу «убийцы века» свидетельские показания дает сержант милиции Игорь Рыбаков

Активно участвовал в операции «Лесополоса» начальник отдела по расследованию особо тяжких преступлений УВД Ростовской области Виктор Бураков

Первый заместитель министра внутренних дел РФ Владимир Колесников (четвертый слева), которому прежде довелось руководить оперативной группой при задержании серийного убийцы Чикатило, с руководителями подмосковной милиции на праздновании в октябре 1995-го очередной годовщины российского угрозыска

*Жертвами преступников
стали Герои Советского Союза
Георгий Холостяков,
Александр Щербаков
и Василий Борисов*

Экспозиционная «камера» смертников в Центральном музее МВД России

«Смертник» Василий Кулик, осужденный к исключительной мере наказания за совершение 13 убийств, в бывшем Иркутском централе — незадолго до приведения в исполнение «расстрельного» приговора

С грузинским «вором в законе» Теймуразом Пхакадзе по кличке Тимур расправились в 1989 году криминальные «оппоненты» из Подмосковья

В парижском экспрессе преступник убил гражданку Польши
и ограбил германскую подданную.

Заместитель начальника ЛОВД на станции Можайск Владимир
Горчаков стоит там, где милицейским работникам пришлось вступить
в перестрелку с вооруженным разбойником Степаном Водяковым

К числу «райских уголков» столичной области относился истринский пансионат «Песчаный берег»

— Я дважды пытался изнасиловать моего трехлетнего сына, но страх быть разоблаченным останавливал меня.

Кулик нашел страшно простой выход: насиловал и убивал чужих детей, глумясь над их трупами.

Пытаясь избежать смертного приговора, он попробовал «косить» под психически больного. Однако, поняв бесполезность этой затеи, весь свой недоизрасходованный творческий пыл направил на сентиментальное стихоплетство, словно напоследок воспылал желанием доказать человечеству, что жестокость и лирика очень даже совместимы.

Специальная судебно-психологическая экспертиза определила у Кулика, кстати сказать, отца двоих детей, отсутствие так называемой эмпатии, то есть способности сострадать, сопереживать, чувствовать боль другого человека. Недаром подследственный признавал:

— Мне не жаль моих жертв, и раскаяние ко мне не приходит. Как-то я не думаю о тех, кого убил.

У московского журналиста Бориса Плеханова после разговора с приговоренным к «вышке» Куликом осталось двойственное впечатление. В судебном очерке, опубликованном в центральной газете, он писал:

«...Начальник Иркутского централа (так раньше именовалась сегодняшняя тюрьма УВД) провел меня в один из тупиковых коридоров. Здесь находятся камеры смертников — тех, кто приговорен к высшей мере наказания и ожидает результатов рассмотрения ходатайств о помиловании.

В одной из камер за массивной железной дверью содержался осужденный Василий Кулик, 1956 года рождения.

Открыли дверь, и ко мне в коридор вышел еще молодой человек среднего роста. Руки он, как и положено, держал за спиной, без наручников.

Я назвался и объяснил, что хотел бы с ним побеседовать. Кулик не возражал и начал свой рассказ так:

— Родился я в Иркутске, в довольно благополучной семье, третьим ребенком. Отец — доктор биологических наук, профессор, я его очень уважал. Мать — директор школы, еще жива. Росли мы в полном достатке. Хорошо учился в школе, легко поступил в Иркутский медицинский институт. Потом много лет работал линейным врачом городской станции «Скорой помощи».

Семейная жизнь сложилась удачно, жена по образованию юрист, у нас двое детей, очень люблю их. Теперь они от меня все отказались... Не пил, не курил, на себя лишней копейки не тратил. И вот «свихнулся». Натворил столько, что и убить мало...

— Себя жалеете, раскаиваетесь?

— Не те слова. Все равно не искупить мне моих грехов... И сегодня даже для себя не могу объяснить, когда и почему сорвался... Не хочу себя оправдывать, но мир наш всегда был ужасно уродлив, полон жестокости, насилия. А теперь — больше чем когда-либо: много убийств, властвует видеопорнография... В бездуховном обществе неокрепшую психику изуродовать особенно легко, а природную доброту, гуманность — подавить чем-то более властным...

Меня стали смущать малыши, подростки, их обнаженность. Однажды решился. Это было днем. Я встретил на трамвайной остановке восьмилетнюю девочку, знаете, этакую современную акселератку, и не смог преодолеть внезапно возникшего дикого желания овладеть ею. Обманом завлек в расположенный неподалеку подвал дома, изнасиловал... В ту осень у меня было несколько таких «приключений» с девочками и мальчиком. Все случаи не имели никаких последствий. Уж не знаю: или дети молчали, или наша милиция проявила равнодушие...

Безнаказанность развращала. Как-то, «работая» с очередной жертвой и преодолевая ее сопротивление, я немного придушил девочку. Она стала агонизировать, забилась в конвульсиях. Это вызвало у меня особое чувство полового удовлетворения. После этого случая стал так поступать со всеми своими жертвами: насилуя, убивал, убивая, насиловал.

Однажды весной я встретил на улице старушку, к которой ранее приезжал по вызову. Она меня узнала и пожаловалась на здоровье. Внезапно возникло желание ее «использовать»... Я сказал: «Пойдем, посмотрю». Она жила одна. Пришли. У меня при себе был шприц, сделал одурманивающий укол... Она впала в полуобморочное состояние... Положил старушку на диван лицом вниз, снял трусы... Одновременно душил ее, чтобы вызвать конвульсии и получить ставшее уже привычным неведомое мне ранее половое удовлетворение. Когда я закончил половой акт, старушка уже умерла, я ее убил, задушил...

Через несколько дней племянница обнаружила мертвую старушку и посчитала, что бабушка умерла своей смертью. Труп даже не вскрывали...

Так я жил почти три года. Меня выследили работницы столовой, которые увидели, как я на стройку тащил мальчика... Жаль, что не решился покончить с собой, дотянул до тюрьмы...

— Смерть вас не страшит?

— Нисколько. Хочу теперь почувствовать все, что происходит с человеком в момент расставания с жизнью. Я уже готов. Президиум Верховного Совета РСФСР мое прошение о помиловании отклонил, думаю, так поступит и Верховный Совет СССР.

— Но переживания и ощущения в момент смерти вы уже не сможете никому передать.

— Да, это так. Зато испытаю их сам.

...Странные мысли приходили мне в голову после нашей беседы. Например, я задал себе вопрос: а здоров ли этот врач?

Вернувшись в Москву, встретился со старшим следователем по особо важным делам при Прокуратуре РСФСР старшим советником юстиции М. Валеевым. Он проводил предварительное следствие по делу В. Кулика, составлял обвинительное заключение.

Следователь сказал, что психическое состояние личности В. Кулика было тщательно исследовано. В деле есть заключение судебно-психиатрической экспертизы, она делает однозначный вывод: «Кулик по своему психическому состоянию в настоящее время (в момент исследования) и в момент совершения им преступлений отдавал отчет себе в своих действиях и руководил ими, его следует считать вменяемым».

Эксперты отметили, что В. Кулику «свойственны злобность, жестокость, сексуальная расторможенность с извращением форм удовлетворения сексуальных потребностей и проявившимся в последние годы садизмом».

...Мы откровенно говорим о насилии, одновременно замечая, что оно перестает пугать, укрепляется в сознании как привычный атрибут повседневной жизни...»

Осужденный Василий Кулик, которого судебная коллегия по уголовным делам Верховного суда РСФСР приговорила к исключительной мере наказания, был расстрелян.

ПОСЛЕДНИЙ УИКЕНД ВОРА В ЗАКОНЕ»

«...За время работы показал себя с положительной стороны, трудолюбив, свою работу выполнял качественно и добросовестно...»

Эту производственную характеристику с неоригинальным канцелярским панегириком выдало Теймуразу Пхакадзе начальство Жана-Аркинского райбыткомбината Джезказганской области, где кутаисский уроженец долгое время числился мастером-обувщиком. И никто не мог даже предположить, что одновременно он считался весьма влиятельной личностью в криминальных кругах, являясь настоящим «вором в законе».

Весна 1989 года началась для Теймураза очень печально — умерла его старенькая немощная мать. После сороковин 50-летний Пхакадзе, оставив престарелого немого отца на попечение старшего брата, отправился в Москву, чтобы жестко приструнить немного вышедших из-под контроля дельцов-«цеховиков», заодно напомнить о своем существовании 26-летней балашихинской сожительнице, зад-

69

ним числом поздравить с днем рождения родную девятилетнюю дочь.

В Подмосковье Теймураз вел себя, как в Грузии: пришел к знакомому председателю кооперативного кафе «Кавказ» Гиулию Махарадзе и, взяв ключи от его «Жигулей», стал распоряжаться чужой автомашиной, как собственной. Кооператор даже пикнуть не посмел, а уж заикаться о том, что в салоне легковушки лежат в целлофановом мешке подготовленные к сдаче в отделение Госбанка полтысячи рублей, вообще посчитал зазорным.

Выйдя из кафе, Теймураз степенно потопал к синим «Жигулям», и в это время на крохотную стоянку перед «Кавказом» лихо зарулило такси с четырьмя пассажирами. Увидев в его салоне знакомого — швейцара балашихинского ресторана Юрия Демьянова, Пхакадзе подошел к «тачке». Полгода назад они познакомились на улице и после неоднократно сталкивались в здешних злачных местах. Поздоровавшись за руку сначала с общепитовским «вышибалой», а затем поочередно и с его спутниками, Теймураз поинтересовался:

— Что вы собираетесь делать?

— Да вот хотим выпить на природе, — широко улыбаясь, ответил явно польщенный вниманием «законника» швейцар. Сам он только раз лишался свободы на три года за грабеж.

— Нас еще четверо уже ждут в лесу рядом со станцией Горенки, — добавил один из его приятелей.

— Не помешаю, если поеду с вами? — осведомился Пхакадзе.

— Конечно же, нет! — в один голос заверили грузина радушные парни.

Выглянувший из кафе Махарадзе узрел, что кроме Демьянова в его синие «Жигули» пересели неразлучные друзья Игорь Афанасьев и Владимир Маслинский, а также и претендент на звание «крестного отца» местного региончика — недавно освободившийся из заключения Николай Манохин.

Сообразив, что ждать скорого возвращения Теймураза с его машиной теперь бесполезно, Гиулия уехал домой на такси.

Оставив «Жигули» у пивной палатки на станции Горенки, пятеро мужчин углубились в лес, где на поляне в стороне от грунтовой дороги отдыхали четверо: Сергей Террасов и три Николая — Чеглаков, Крынкин и Еремин. Парни с любопытством смотрели на пожилого незнакомца с выставленным напоказ золотым крестиком на волосатой груди. Успев побывать в заключении, они не понаслышке знали правила уголовного мира и потому поняли, что перед ними — авторитет.

Пхакадзе представился на русский манер: «Я — Тимур». И под одобрительные взгляды заждавшихся гульбы на свежем воздухе выставил на импровизированный стол, где уже лежали четыре поллитровки водки и рыбные консервы, несколько бутылок пива и шампанское. Молодежь, приехавшая с ним на чисто мужской уикенд, выложила богатую закуску.

Во время пира Теймураз даже не притронулся к стакану — присматривался к новым знакомым. У пьяных, как известно, что на уме, то и на языке: бывшие колонисты бахвалились своими судимостями. Маслинский бубнил, что по нему тюрьма то-

71

же давно плачет, и только Чеглаков почему-то помалкивал. Когда последняя пустая бутылка улетела в кусты, сотрапезники стали расходиться по-английски, спасаясь от назойливого комарья.

Первым вроде бы покинул поляну Манохин, которого от чрезмерной выпивки едва не вырвало, следом за ним, пошатываясь, ушли в сторону пивной палатки Террасов, Еремин, Демьянов и Афанасьев. Оставшимся порядком захмелевшим Чеглакову, Крынкину и Маслинскому трезвый Пхакадзе предложил съездить покупаться на Мазуринское озеро, что с их стороны получило полное одобрение, хотя оба Николая с утра успели попариться в кооперативной сауне.

Теймураз попросил Маслинского сесть за руль «Жигулей», а сам расположился на заднем сиденье вместе с Крынкиным. Рядом с водителем занял место Чеглаков.

В пути кавказец поинтересовался у него:

— А ты, молчун, где у Хозяина был?

Если бы «законник» надумал выяснить у Чеглакова, за что Николай отбывал наказания, то узнал бы, что по числу судимостей тот ровня даже ему, признанному генералу преступного мира. У Пхакадзе за спиной было три ходки на «зону», и Чеглаков столько же раз попадал на скамью подсудимых.

Как-то, находясь в изрядном подпитии, Чеглаков вместе с двумя дружками избил в подъезде жилого дома несовершеннолетнего, затем набросился на взрослого мужчину. За столь «крутой дебют» 18-летний хулиган схлопотал чисто символическое наказание: два года лишения свободы, с отсрочкой исполнения приговора на пару лет.

Но условник недолго сдерживал свою буйную натуру в «дешевом мире», как на блатном жаргоне именуются чуждые преступной среде люди: вскоре, опять же спьяну, придрался к соседу по столику в пивбаре реутовского ресторана. Со всего маху стукнув пивной кружкой по голове тщедушного интеллигента, таким же способом свалил на пол и второго своего соседа. На «показательной» выездной сессии Балашихинского горнарсуда, проходившей в клубе Реутовской фабрики, неисправимый хулиган был приговорен, с учетом предыдущего неотбытого срока, к трем годам изоляции от общества.

Вернувшись после отсидки, Чеглаков принялся с удвоенной энергией искать острые ощущения. Сначала стащил из автомашины приглянувшийся ему радиоприемник, затем попытался изнасиловать женщину, ударив ее палкой по голове. Хорошо, в этот момент появились поздние прохожие и спасли несчастную. Следом под покровом темноты залез с товарищами в балашихинскую столовую, где они поживились: портвейном, креветками и жареной дичью. А в День милиции Чеглаков пошел на «дело» из принципиальных соображений — совершил квартирную кражу, дабы испортить праздник ненавистным операм.

До ареста Николай успел еще набедокурить в общежитии хлопкопрядильной фабрики, где одного из рабочих пырнул ножом в живот, а другому оставил пожизненную отметину на ноге.

На сей раз спецвагон «столыпин» увез осужденного Чеглакова в места не столь отдаленные на «законный максимум» — шесть лет.

Не предчувствуя подвоха, Николай лениво ответил:

— В Омске я сидел.

«Законник» с издевкой ухмыльнулся:

— А-а, на таких козьих «зонах» сидят одни козлы.

Для судимых такая уничижительная реплика — большое оскорбление, но реутовский лидер сдержался, лишь буркнул с чувством собственного достоинства:

— Раз так, то ты сам... такой же.

Кавказец на мгновение опешил от неслыханной дерзости. Принадлежность к элите уголовного мира приучила Пхакадзе к тому, что никто из мелкой сошки — обладателей «сержантских» и «офицерских» синих наколок на руках — не осмеливался ему перечить. И вдруг нашла «воровская» коса на камень, взыграла горячая кавказская кровь.

Выхватив из потайного карманчика блестящую миниатюрную заточку, он попытался ударить стальным жалом развернувшегося к нему вполоборота Чеглакова. Николай машинально поднял вверх правую руку, и острое лезвие полоснуло по его указательному пальцу.

Еще дважды Теймураз молниеносными движениями рассекал воздух, метя заточкой в шею Николая, в одночасье ставшего для него самым заклятым врагом. Однако Чеглаков вовремя прижал подбородок к груди, и тот располосовал ему лишь нижнюю часть лица.

Улучив момент, Чеглаков проворно выскочил из машины. Следом за ним начал неуклюже выбираться из «Жигулей» и Пхакадзе. Воспользовавшись этим, раненый схватил его за волосы и вытащил из легковушки.

Удерживая одной рукой пытающегося распрямиться Пхакадзе в полусогнутом положении, разъяренный Чеглаков принялся остервенело наносить ему безответные удары в голову и живот. К ним подскочили Маслинский и Крынкин, но вошедший в раж Чеглаков даже не заметил, приняли ли они участие в избиении кавказца.

Внезапно Теймураз как-то разом обмяк и стал грузно оседать на землю. С неимоверным трудом собрав последние силы и приподняв одну руку для защиты, Пхакадзе угасающим сознанием отметил, что тело ему больше не повинуется. А злорадствующий Чеглаков, решив до конца поквитаться с Тимуром за полученные порезы, нанес грузину еще несколько ударов ногой, после чего рука «законника» упала как плеть.

Не подающего больше признаков жизни Пхакадзе положили в багажник автомашины прямо на бутылки с пивом, и троица продолжила прерванный путь к озеру.

На территории зоны отдыха случилось непредвиденное: в «Жигулях» сгорело сцепление. Пассажиры стали толкать легковушку, и в это время очень бдительный старенький сторож, заподозрив неладное из-за нервозного поведения залетных крепышей в «фирменной» спортивной форме, позвонил в милицию.

Автоэкипаж патрульно-постовой службы прибыл к месту вызова через считанные минуты, но застигнутые врасплох в прямом и переносном смыслах битые мужики быстро сориентировались и выкрутились из крайне затруднительной ситуации, экспромтом сочинив небылицу о нападении на них полутора десятков подростков. Стражи порядка даже посочувствовали Чеглакову, вытирающему капающую с подбородка кровь, и на этом, посчитав свою миссию законченной, умчались.

Утром следующего дня пришедший на работу сторож, к своему удивлению, увидел синие «Жигули» на прежнем месте и вновь сообщил об этом по телефону в милицию. Потом у «пятерки» появились какие-то двое мужчин, и обеспокоенный сторож повторно набрал «02». Увы, спецавтомобиль с синей полосой на боку прибыл лишь тогда, когда подозрительная двоица подожгла «Жигули» и, выстрелив для острастки, скрылась в лесу. При осмотре «пятерки» в ее салоне были обнаружены нетронутые огнем медяки и монетное серебро, а в багажнике — обезображенный труп Пхакадзе.

Хозяин «Жигулей» без труда вспомнил, с кем Теймураз уехал от «Кавказа» на роковую поляну. А после подсказки оконфузившихся патрульных оперативники довольно легко отыскали «человека со свежим шрамом» и соучастников его преступления на квартире Еремина.

Маслинского они нашли сидящим в белом костюме в ресторане среди светских дам. Чтобы не портить настроения праздной состоятельной публике, оперативники попросили его спокойно выйти с ними из банкетного зала.

Как это нередко бывает при расследовании абсолютно «ясных и понятных» на первый взгляд уголовных дел, дотошное выяснение обстоятельств гибели «вора в законе» позволило работникам правоохранительных органов зацепить недавний «висяк» — до сих пор не раскрытое убийство сторожа Хованского крематория Владимира Тимошина.

Оказалось, что 25 апреля 1989 года, после трапезы с грибами и, естественно, спиртным, в подсобном помещении реутовского магазина № 11, раздобревшие гуляки-тезки Чеглаков и Крынкин, Александр Кубовский и Владимир Старков поехали домой на такси. По пути последний рассказал, что ему кто-то угрожает, а Тимошин наверняка знает имя шантажиста, и поэтому пассажиры немного изменили свои вечерние планы — решили сначала заглянуть к сторожу.

Сожительница Владимира Тимошина ответила, что ее избранник так рано, в десять часов, дома не появляется. Незваные гости отправились в ресторан «Измайлово», а около полуночи вновь позвонили в квартиру сторожа. Крематорский охранник в родной «хате» все еще не объявился, и раздосадованные парни потопали вниз.

Задержись Тимошин еще на несколько минут, и настойчивые визитеры уехали бы восвояси, но, видимо, от судьбы не уйдешь. Пьяненький сторож и жаждавшие с ним встречи знакомые сошлись на площадке между вторым и третьим этажами.

Старков бесхитростно сообщил Тимошину, что им надо поговорить, и все двинулись на нейтральную территорию — во двор. Неожиданно между Крынкиным и Тимошиным возникла перебранка, они вцепились друг в друга, Старков стал успокаивать Николая, а Кубовский тем временем вывел задиристого сторожа на улицу. Но у подъезда Крынкин и Тимошин опять начали свалку, Старков и Кубовский кинулись их разнимать.

Наблюдавший из автомашины за потасовкой Чеглаков, наоборот, был не склонен к демонстрации миролюбия. Он вылез из салона и процедил сквозь зубы:

— Что этот кобель здесь гуляет?!

Тимошин не остался в долгу и, выругавшись в адрес Чеглакова, с угрожающим видом двинулся на обидчика.

Кубовский предпринял тщетную попытку образумить Чеглакова, но тот уже достал револьвер и прикрикнул на своих спутников:

— Разойдись, а то всех завалю!

Владимир Тимошин резко остановился, словно наткнулся на невидимую стену, и, постояв несколько секунд, упал как подкошенный. Чеглаков подошел к раненому и выстрелил ему в голову.

После этой расправы дружки неторопливо уселись в такси на глазах у прильнувших к окнам жильцов и уехали.

На скамью подсудимых угодили из известных нам лиц пятеро — Чеглаков, Крынкин, Старков, Кубовский и Маслинский.

В течение двух месяцев народный судья Балашихинского горсуда Ольга Лютова скрупулезно рассматривала материалы уголовного дела по факту гибели Пхакадзе. Чеглаков был приговорен за содеянное к девяти годам лишения свободы, с отбыванием наказания в исправительно-трудовой колонии строгого режима. Убийство «вора в законе», вмененное в вину только Чеглакову, было классифицировано судом как «превышение пределов необходимой обороны». За соучастие Крынкин поплатился двумя годами пребывания в ИТК строгого режима. Старкову недонесение об апрельской драме обошлось в 14 месяцев неволи. Кубовскому определили год и два месяца колонии, но только с этапированием в ИТК общего режима. Маслинскому, помимо всего прочего, пришлось держать, наконец-то, ответ за свои давние дерзкие похождения.

Поразительно, но факт: несмотря на неоднократные официальные обращения прокуратуры в президиум Мособлсуда, «издержки воспитания» 27-летнего плотника кооператива «Теремок» до поры до времени не получали должной юридической оценки в нарсуде. А долгов перед Фемидой у Маслинского накопилось более чем достаточно.

Однажды в ответ на отказ водителя такси везти его, пьяного, ночью в Балашиху Маслинский бросил одну пустую бутылку из-под шампанского в лобовое стекло автомашины с «шашечками», а вторую — в строптивого шофера. В другой раз на пару с другом юности избил не приглянувшегося ему случайного прохожего.

Как-то после совместного распития спиртных напитков ударил молотком по голове тещу. Тестю удалось избежать расправы над ним дебошира с боксерской подготовкой, выпрыгнув со второго этажа из окна.

Безнаказанность привела к тому, что Маслинский стал позволять себе все. Вечером, прогуливаясь с пьяной компанией по балашихинской улице, он узнал одетого в гражданское сотрудника местной патрульно-постовой службы. Смекнув, что у «проклятого мента» выходной, а значит, при нем нет пистолета, Маслинский безбоязненно подошел к нему и нанес кулаками удары в лицо и живот. Устояв на ногах, милиционер начал защищаться, но тут на помощь заводиле подоспели его приятели. Особенно усердствовал тезка бывшего боксера — буфетчик балашихинского пивбара Владимир Макаренков.

Далеко не случайно некоронованные «короли» ночного города без опасений накинулись всей компанией на милиционера. По признанию первого заместителя балашихинского городского прокурора Михаила Ховайло в тот момент — а дело происходило в конце восьмидесятых годов — отпетые уголовники чувствовали себя в этом районе хозяевами. Они распоясались до того, что после задержания нескольких особенно ретивых нарушителей общественного порядка совершили вооруженное нападение на Салтыковское городское отделение милиции. Во избежание непредсказуемых последствий налета, руководители территориального подразделения внутренних дел приняли решение освободить задержанных. С тех пор местом сборища здешних блатных стал ресторан «Салтыковский», патрульные предпочитали обходить это увеселительное заведение стороной. Балашихинская преступная группировка и иногородние уголовные «авторитеты» съезжались сюда на автомашинах и спокойно, без каких-либо эффективных помех со стороны властей, обговаривали свои будущие совместные «супердела» или разрешали за столом переговоров банкетного зала всевозможные конфликтные ситуации.

Вот за эти и некоторые другие противоправные демарши Маслинский при рассмотрении дела об убийстве Пхакадзе был отправлен за колючую проволоку на шесть лет. Попал за барьер, охраняемый в зале суда усиленным милицейским конвоем, и драчливый пивораздатчик Макаренков. Его приговорили к полутора годам исправительных работ, с удержанием 20 процентов заработка.

Находившимся в зале открытого заседания суда посланцам «воровской братвы» решение вершителей правосудия, видимо, не понравилось. По сведению милиции, из крупнейшего следственного изолятора страны, где «воры в законе» обустроили что-то вроде временной штаб-квартиры, на волю поступило письменное распоряжение разобраться со всей кодлой, на чьей территории погиб «законник» Пхакадзе, как следует.

Еще за три месяца до вынесения приговора по «делу Пхакадзе» свидетель Николай Манохин получил на улице четыре огнестрельных ранения: три пули угодили «смертнику» в голову и одна — в левое плечо. Обвиняемым по этому эпизоду был привлечен швейцар ресторана «Салтыковский» Григорий Соломин, прославившийся в преступном мире беспрецедентным дорожно-транспортным происшествием — в нетрезвом виде, не обратив внимания на красный сигнал светофора, этот горе-водитель столкнулся с воинским бронетранспортером.

К оперативникам поступила информация, что после убийства Пхакадзе, который утрясал в «Салтыковском» многие деловые вопросы, Григорий поехал, несмотря на отговоры многоопытных «консультантов», на похороны «вора в законе» в Кутаиси. Видимо, там и вызвался исполнить «ритуал отмщения» — убить всех тех, кто не обеспечил неприкосновенность высокого гостя в Балашихе.

Тогда приговоренный Манохин чудом выжил. И все-таки «воры в законе» его достали — убили в многоместной камере следственного изолятора, как только его выписали из больницы, буквально через несколько часов.

Контрразведке преступного мира не откажешь в профессионализме. Горемыке нанесли четырнадцать ножевых ранений, но, разумеется, никто из трех с половиной десятков обитателей камеры ничего не видел и не слышал. «Не повезло» Манохину, претендовавшему в Балашихе на звание «вора в законе»: он оказался на предсмертном уикенде «законника» Теймураза Пхакадзе...

С убийства кутаисского гостя в столичном регионе началась нашумевшая серия сугубо криминальных расправ с небезызвестными «ворами в законе» и стремившимися к расширению своих сфер влияния «авторитетами» преступного мира.

СТРАШНАЯ ТАЙНА ЖЕЛТОЙ ГОРЫ

Супруги Шанины (здесь и далее фамилии изменены) еще спали, когда около половины восьмого утра в окно их дома постучали. Недоумевая, кого нелегкая принесла в такую рань, 25-летняя Светлана выглянула на улицу и увидела у крыльца Александра Мурашкина и Игоря Голубца.

— Что вам надо? — не выходя за порог, спросила молодая хозяйка.

— Здравствуй, Светик! — улыбнулся явно поддатый Мурашкин.

А Голубец, тоже находившийся «под мухой», добавил:

— Вам ведь нужны щенки, сами говорили. Я привез вам мраморного дога.

На работе официантке порой приходилось обслуживать чудаковатых клиентов, поэтому она, пожав плечами, пошла обратно в спальню и растолкала мужа.

Позевывая, Вячеслав открыл дверь летней веранды и впустил парней. Подошла к мужчинам и Светлана.

— Так вот, вы интересуетесь щенками, а у меня как раз есть лишний мраморный дог, — с пьяной настойчивостью повторил Голубец.

— А что это такое? — не понял хозяин жилища.

— Надо же, щенков завести надумали, а от мраморного дога отказываются! — стал ерничать словоохотливый знакомый Шаниных.

— Не болтай ерунды! — не выдержав, вспылила Светлана.

Ни слова более не говоря, Голубец вышел и через считанные секунды вновь появился на веранде. Молодая чета буквально остолбенела, увидев, что он ведет за собой на металлической цепочке... вьетнамца. Малорослый иностранец, одетый в коричневую куртку-ветровку и джинсы, шел с низко опущенной головой и меланхолично откидывал рукой с лица пряди длинных смоляных волос. Первой пришла в себя Светлана, начавшая стыдить Игоря:

— Отпусти его немедленно, нельзя же над человеком так издеваться...

Голубец прервал увещевания:

— Я вам привез рабов на фазенду.

Многоискушенная официантка повертела пальцем у виска и без обиняков спросила:

— Ты что, Голубь, совсем с ума спятил?

Голубец, не обратив внимания на колкость, повернулся к домовладельцу:

— Помнишь, старик, вчера вечером ты мне с Шуриком говорил, что собираешься копать огород?

— Ну, был такой разговор, — припомнил Шанин. — Только при чем здесь какой-то мраморный дог?!

— Так ты дай вьетнамцу лопату, и он тебе весь огород вскопает, — осклабился Голубец.

— Вези-ка ты лучше его к своей жене, и пусть она разбирается, почему вьетнамец должен что-то копать, — встряла в мужской диалог Светлана.

Во время перепалки несчастный азиат, на губах которого застыла беспомощная улыбочка, лишь непонимающе таращил глаза на ругающихся. «Рабовладелец» захохотал:

— Нечего мне моему крепостному деньги зазря платить, пусть он хотя бы на вашей земле попашет.

Тут нервы у хозяйки окончательно сдали, она расплакалась:

— У нас огород-то — всего полторы грядки, мы и без помощников управимся...

Громкий разговор разбудил дочерей Шаниных. Выбежав на веранду и заметив на лице матери слезы, малышки моментально разревелись.

Наконец Голубец снял с шеи вьетнамца цепочку и прогнал его прочь.

— Мужики, — снова подал голос примолкнувший было глава семейства, — насколько я врубился, вы занялись чем-то совсем неправильным.

— Прости, друг, — извинился Мурашкин. — Может, Игорек и переборщил малость. А вообще-то,

84

мы приехали не просто так, а привезли шоколад твоим дочкам.

— Конечно, — подтвердил подошедший младший брат Александра — Михаил. — Мы катались на своей «двойке» по Орехово-Зуеву и решили, Славка, твоим дочкам гостинец подарить.

— Вот-вот, — закивал головой «рабовладелец» и заорал стоявшему на улице у пикапа парню. — Женька, пусть Мухтар шоколадку принесет!

Через несколько секунд к дому покорно подошел несчастный вьетнамец и отдал перепуганным девчонкам большую сладкую плитку. За ним на веранде появился второй его соотечественник — повыше ростом, с короткой стрижкой, одетый в синий спортивный костюм.

Светлану от нервного потрясения заколотило, и, по-прежнему всхлипывая, она обрушилась на «рабовладельца»:

— Тебе не быть ни феодалом, ни помещиком, так что не смей обзывать вьетнамца! Откровенно говоря, сам ты даже на болонку не тянешь...

В другой раз за такое собачье оскорбление официантке могло бы крепко достаться от бывшего заключенного, недавно освободившегося из «зоны», но Голубец не обиделся, лишь процедил напоследок:

— Как знаете, товарищи хорошие. Раз вам дешевая рабсила не нужна, мы, пожалуй, бросим эту затею и поедем поищем еще одну бутылку водяры. А после завезем этих раскосых куда-нибудь подальше в пригород да и грохнем их там, где-то возле Желтой горы. Чтобы не связывали нам дальше руки...

— Ты брось так шутить, — только и нашелся что сказать Вячеслав Шанин, но Голубец и братья Мурашкины молчком направились к «Жигулям».

Правда, зачем-то скрутили с ВАЗа номерные знаки и оставили их у Шаниных на сохранение. После этого, посадив вьетнамцев в пикаповский багажник, вся компания неторопливо разместилась в салоне «двойки». Находившийся за рулем Александр завел мотор, и машина помчалась неизвестно куда.

— Ну и что ты скажешь по поводу всего увиденного и услышанного? — поинтересовалась у мужа Светлана, провожая глазами удаляющиеся «Жигули».

— Наверное, ребята здорово перепили, вот и куражатся теперь, — неуверенно ответил озадаченный Вячеслав.

По дороге Голубец, занявший место рядом с водителем, опять без всякой видимой причины разозлился. И, бросив косой взгляд на съежившихся вьетнамцев, еще раз предложил их «завалить».

— Нет, этих хануриков мы больше трогать не будем, — возразил Александр. — Достаточно завязать обоим глаза, покатать за городом по незнакомой местности и выкинуть где-нибудь в лесу.

— Действительно, подпоим вьетнамцев, и они обо всем забудут, когда мы помашем им ручкой, — ухмыльнулся развалившийся на заднем сиденье Евгений Омаров.

Достав из ящичка для ветоши и инструмента старую рубашку и разорвав ее надвое, Голубец небрежно бросил тряпки через плечо Евгению и Михаилу. Те, не мешкая, туго затянули толстые повязки на головах вьетнамцев.

Завернув на поляну в урочище Желтая гора, Александр нажал на тормоз. Все, кроме водителя, вылезли из пикапа. Спрятав машину за ближайшим кустом, Мурашкин-старший тоже потопал к друзьям и увидел, что Голубец бьет длинноволосика, назвавшегося Дыком. Александр подскочил к ним и так ударил азиата кулаком по шее, что бедолага, упав на землю, больше не подавал признаков жизни. Сплюнув, Игорь подозвал остальных и показал им, что на ладони Дыка записан номер их «двойки».

В этот момент другой вьетнамец, представившийся крутой четверке Тханем, сумел скинуть с глаз повязку. Прозрев в прямом и переносном смысле, пленник ринулся в чащу, но Михаил оказался проворнее и привел резвого беглеца обратно на поляну. Тот неожиданно встал в боевую стойку и ухватил Мурашкина-младшего за грудки, но Александр и ему врезал со всей силы, после чего Мурашкин-старший и Омаров начали затягивать на шее Тханя повязку-удавку.

Тут, застонав, зашевелился избитый и оглушенный Дык. Михаил подскочил к приходящему в себя иностранцу и дважды, высоко подпрыгнув, опустился рифлеными подошвами своих «вездеходов» на его грудную клетку. А Голубец с размаху ударил вьетнамца палкой по голове.

Бросив Тханя лицом в лужу и переведя дух, Александр и Евгений поспешили на помощь Игорю, в одиночку приканчивающему Дыка...

Дикая расправа завершилась около девяти часов. Голубец и Омаров сняли с убитого Тханя кроссовки и брюки от спортивного костюма, Евгению досталась олимпийка.

Побросав бездыханные тела в багажник пикапа, убийцы кратчайшим путем поехали к реке Клязьме. На мысе сообщники связали трупы «валетом» и, прицепив к ним тяжелый автомобильный домкрат, столкнули их в воду.

Обмыв «мокрое дело», убийцы опять заехали к Шаниным забрать оставленные номера. На вполне естественный вопрос, куда же их четверка подевала вьетнамцев, Александр ответил, что пристроить «рабов» не удалось, поэтому их отпустили на все четыре стороны.

Через 12 дней, зацепившись за полузатопленное дерево, трупы всплыли неподалеку от пионерского лагеря «Дружба» Орехово-Зуевского района. Личности погибших очень быстро установили.

Обратившись на Ореховский хлопчатобумажный комбинат, где трудилось немало граждан СРВ, милицейские работники вскоре выяснили, что вечером 2 мая ушли из общежития и пропали без вести 36-летний Дык и 25-летний Тхань. Еще не зная об их трагической судьбе, соотечественники-иностранцы по скорбной национальной традиции зажигали свечи.

Работу по раскрытию двойного убийства сразу же взял под личный контроль начальник Орехово-Зуевского ОВД Александр Иванович Бобков. В расследовании были задействованы лучшие местные сыщики.

Сначала подозрение милицейских оперативников пало на двух местных путан, которые 2 мая около 22 часов «выдернули» из общежития Дыка и Тханя. Но версия оказалась ошибочной.

Девицы сами попали, мягко говоря, в щекотливое положение: двое грузин, которых они сняли впопыхах в местном затрапезном ресторане, вознамерились превратить их в «рабынь секса», что бедовых подружек явно не прельстило. Пришлось им выгнать темпераментных кавказцев, тем более что у путан была предварительная договоренность о встрече с вьетнамцами.

Веселые девочки распили с Тханем и Дыком пару бутылок водки и... полностью отключились. Обескураженные иностранцы ушли из притона, захватив с собой еще одну непочатую бутылку. Дык, разобидевшись на беспардонный прием, забрал вдобавок джинсовую юбку от «Монтаны».

...Четко отпечатавшиеся на грунтовке у мыса следы автомобильных шин дали сыщикам новое направление для поиска. В конце концов милицейские работники вышли на ранее судимого автолюбителя, водившего дружбу с вьетнамцами и Голубцом.

Получив сведения, что в ночь с 27 на 28 апреля последний украл продукты из подвала одного из домов в Орехово-Зуево, оперуполномоченные уголовного розыска задержали вора прямо на улице.

Голубец не стал открещиваться от кражи, а сразу же собственноручно написал показания по этому факту, что для битого уголовника абсолютно несвойственно. Стало ясно, что он пытается что-то скрыть и поэтому так легко берет на себя мелкую кражу. Так и оказалось — уже на следующий день Голубец «раскололся».

На предварительном следствии арестованный Александр Мурашкин признался:

— В момент убийства одна извилина работала, как бы не попасть в тюрьму, так как Голубец забрал сумку...

Действительно, трагедии предшествовали чуть ли не шалости, типичные скорее для трудных подростков, чем для крутых мужчин. Когда Дык и Тхань под утро покинули вертеп, они «проголосовали» и попросили водителя притормозившей «двойки» подвезти их до общежития. И добавили, очевидно, ставшую для них роковой фразу, что возвращаются от русских девушек.

Только в салоне «Жигулей» вьетнамцы уразумели, что из четверых сидящих в пикапе парней все пьяны, кроме одного — Михаила. Криво улыбаясь, Голубец отобрал у Дыка черную дерматиновую сумку и выгреб из его куртки... 12 рублей с мелочью. Мурашкин-младший не одобрил его действий:

— Кончай грабиловку, Голубок...

Тот, покопавшись в отобранной сумке, вытащил из нее юбку и поллитровку водки, недовольно поморщился:

— Да брось ты, Шурик, этих узкоглазых бабников защищать. Их, вообще, прибить надо. Видишь, чем они наших девок покупают...

Сообразив, что Игорь заводится, Александр примирительно предложил:

— Ну, ладно, бутылку можно вместе с вьетнамцами опорожнить.

Неожиданно Голубец потребовал остановиться, увел в сторонку Дыка и с силой ему врезал.

— Теперь порядок, — хохотнул, вернувшись. — Кажется, он на мою жену глаз положил, вот я и наподдал ему как следует...

Уединенное местечко в лесу нашлось неподалеку от пансионата «Стрелки», где коротают свой век престарелые и инвалиды. Дык улучил минуту и опрометью бросился в глубь леса, но Игорь догнал иностранца и опять побил. Тхань вел себя более осторожно: позволил Голубцу снять с себя перстень и часы.

Бутылку парни пустили по кругу. Милостиво дали глотнуть и Дыку. Раздобрев после выпивки, вознамерились проявить гуманность. Хотели оставить вьетнамцев на Малодубенском кладбище — живыми. Да подъехать к сельскому погосту из-за слякоти не смогли. Тогда порыв благородства иссяк, и, купив по дороге сок, сигареты и шоколад, преступники повезли вьетнамцев в родной город. После посещения Шаниных «рабовладелец» Голубец подводил Дыка на металлической цепочке и к компании юнцов, но те только посмеялись над шуткой великовозрастного дяди о продаже по бросовой цене «мраморного дога».

Еще до суда по Орехово-Зуеву быстро распространился слух, что вьетнамцев убили Голубец, Омаров и братья Мурашкины. Что эти люди из себя представляли, в небольшом подмосковном городе знали многие.

Голубец родился в 1964 году в Магаданской области, куда его мать, Ларису Алексеевну, позвало по молодости и неопытности чувство романтики. Там она, Лариса Алексеевна, познакомилась со своим первым мужем — отцом Игоря.

Папаша норова был крутого, убил кого-то в драке, за что получил десять лет лишения свободы. Мать с ним развелась и вернулась в Орехово-Зуево.

Сын Игорек, к ее огорчению, рос непослушным, хулиганистым, ни в грош не ставил отчима и вскоре пошел по стопам родного отца. Потом еще сел на четыре года за угон автомобиля.

Из-за судимости Голубца никуда не принимали на работу, поэтому мать, отказывая себе почти во всем, кормила и поила сыночка и его жену Ирину, с которой формально он брак расторг. Из друзей Игоря мать знала только Андрея Громова, угодившего в места не столь отдаленные за... убийство.

В 1989 году Голубец нашел общий язык с Мурашкиным-старшим, о котором мать Игоря тоже была весьма невысокого мнения. Следователю Лариса Алексеевна поведала, что Александр постоянно ходил «под градусом»: а, мол, пьяный он, Сашка, — дурак, у дома Игоря приставал с похабными шуточками даже к старушке.

Лариса Алексеевна весьма удивилась, когда увидела на Ирине синий спортивный костюм. Невестка горделиво объяснила свекрови, что Игорь почти даром купил ей эту обновку, а себе кроссовки.

Чуть позже, при обыске, костюмчик и кроссовки были изъяты в качестве вещественных доказательств совершенного преступления, а Голубец, покидая квартиру, улыбнулся матери и сказал, что скоро она получит голубую бумажку и его собственные вещи. Впоследствии сослуживцы растолковали Ларисе Алексеевне, что сын имел в виду «вышку» — расстрел по приговору суда...

Мурашкин-старший еще до армии женился и переселился к жене, где в двухкомнатной квартире и без него восьми домочадцам повернуться было негде. Чтобы хоть как-то скрашивать бытовые неудобства, в день получки здесь обязательно устраивалось общее застолье с батареей водочных бутылок.

Во время прохождения службы в строительных войсках Александр не избавился от пагубной привычки, и перед увольнением стройбатовца направили на лечение в наркологическую клинику города Симферополя. Жена его тоже настолько пристрастилась к горькой, что из-за постоянных скандалов и драк пьющая парочка все-таки разошлась.

Александра не устроил демонстративный уход жены, он пошел разбираться к ее родным и, переусердствовав, сломал челюсть шурину, за что угодил в кировскую колонию, откуда за новую провинность был этапирован в столицу Татарии. Из казанской «строгой» ИТК его освободили досрочно: Александра внезапно парализовало, и после освидетельствования он получил инвалидную группу.

Неработающий Мурашкин-старший решил еще разок попытать семейного счастья и взял в жены степенную женщину с ребенком, узнавшую о его судимостях... после свадьбы. Однако молодые хорошо ладили друг с другом, и мать Александра подкинула им мысль купить автомашину. Для чего и выдала четыре тысячи рублей, собранных на кооперативную квартиру. Брат Михаил тоже не пожалел своих сбережений. В результате в семье появилась подержанная «двойка», отремонтировать которую помог сосед слесарь Вячеслав Шанин.

В отличие от Александра, его младший брат был почти абсолютным трезвенником, но жизнь не баловала и его. Выпускник десятилетки пытался поступить в Омский автодорожный институт, но не прошел по конкурсу, не добрав одного балла. Поработав немного на «Карболите» вместе с отцом, Михаил уехал в Омскую область к тетке, похоронившей мужа и боявшейся оставаться дома одной. Но долго в деревне не вытерпел, вернулся в Орехово-Зуево, а тетку вскоре после его отъезда убили неизвестные. Вскоре Мурашкин-младший женился, супруга родила ему наследника, однако через год встал вопрос о разводе...

Вечером 3 мая Михаил приехал домой, загнал «двойку» во двор и как ни в чем не бывало пошел на работу в ночную смену.

Родители Омарова не заблуждались насчет «ангельского характера» своего сына, но тем не менее считали его нормальным и спокойным даже после того, как Евгения отправили на «химию». А по окончании срока обязательной отработки на стройке народного хозяйства любимый сыночек получил еще и условный срок за кражу.

Работая электросварщиком, в субботу и воскресенье Евгений отдыхал от трудов праведных — выпивал на природе в кругу приятелей и случайных женщин. Или дома «соображал на двоих» с постоянным собутыльником — Голубцом.

Отец Евгения весь май гостил у сестры и когда появился в родных стенах, жена — без особого душевного надрыва — выложила мужу безрадостную весть: сына за какую-то дурость опять увезли на милицейском «воронке».

Седьмого июня 1989 года наши компетентные органы сообщили в посольство Вьетнама, что четверо жителей города Орехово-Зуево задержаны по подозрению в убийстве двух граждан СРВ. После кремации урны с прахом погибших отправили на их родину.

В семьи Дыка и Тханя, которые были добросовестными работниками, пришло горе. Без материальной поддержки остались сестра-инвалид Тханя и двое малолетних детей Дыка, мать последнего после случившегося заболела психически...

А через год из провинции Тхайбинь Вьетнама в Москву, в Министерство юстиции пришло письмо от работницы сельхозкооператива общины Нгуен Тхи Хюе. Вот его текст:

«В письме № 522 от 18 августа 1989 г. Управление СРВ по сотрудничеству в области трудовых ресурсов сообщило, что 3 мая 1989 г. четыре советских гражданина с целью грабежа убили двух вьетнамских граждан: Нгуен Ван Дыка и Фам Ван Тханя.

Уважаемые товарищи!

Мой муж, Нгуен Ван Дык, характеризовался положительно. Несмотря на молодой возраст — 36 лет, он (Дык) с 1972 г. воевал на юге Вьетнама с американцами, удостоен государственной награды СРВ — ордена войны сопротивления против США II степени. В 1977 году мой муж демобилизовался и устроился рабочим на транспортное предприятие провинции Тхайбинь.

В 1986 г. он был направлен на работу в Советский Союз, на текстильный комбинат в г. Орехово-Зуево Московской области... Мой муж трудился на комбинате около трех лет, часто работал сверхурочно по 2—4 часа после смены... За три года работы в СССР муж ни разу не отправлял посылок домой.

По словам товарищей, работавших с ним, он был очень экономным, скромно питался, откладывал деньги, чтобы, приехав в отпуск, купить необходимые товары, помочь своей семье и родителям материально.

Мой муж в течение долгих лет воевал с жестокими американскими агрессорами и выжил. Но, поехав трудиться в Советский Союз, работая, чтобы сделать СССР богаче, а советский народ счастливее, мой муж погиб, был убит...

Как и многие вьетнамские женщины, я работаю в сельском хозяйстве, чтобы прокормить себя и семью. Однако получаемые доходы малы, в ожидании мужа мне приходилось брать в долг. Теперь у меня не стало мужа, пришлось взять на себя полностью все заботы по уходу за пожилыми родителями и двумя детьми...

Согласно Уголовно-процессуальному кодексу (РСФСР), главарь банды убийц заслуживает высшей меры наказания...

Преступники совершили жестокое убийство, исходя из корыстных побуждений. Моего мужа уже никогда не вернуть семье, детям. Во Вьетнаме есть поговорка: «Ребенок без отца, что крыша дома без конька». Мои дети навсегда останутся со своей болью. Однако моя боль никогда не утихнет. Мой отец не хочет, чтобы смерть пришла и в семьи преступников...»

Горько читать эти заключительные строки, призывающие наших служителей Фемиды проявить снисхождение к убийцам. Да и все письмо обездоленной вьетнамской вдовы похлеще любого приговора, даже расстрельного.

96

Тринадцатого марта 1992 года был оглашен приговор: Голубец, Мурашкин-старший и Омаров получили по 15 лет лишения свободы, а Мурашкин-младший — девять.

«УМНЫЕ МЫСЛИ» ПРОВИНЦИАЛЬНОГО СТОРОЖА

На свидании в следственном изоляторе № 1 города Курска женщина, потрясенная предъявленным ее супругу обвинением, исступленно запричитала по нему, как по покойнику:

— Саша, как же это?.. Я никогда не поверю, что это ты все натворил...

Примерный семьянин — любящий муж и заботливый отец троих детей, — отводя глаза в сторону, непритворно вздохнул:

— Что теперь поделаешь? Если бы не промахнулся, все было бы нормально...

Понимая, что его карта бита, со старшим следователем прокуратуры Курской области Виктором Веселковым Александр Евсеев вел себя более откровенно:

— Я был настолько уверен, что Занина мертва, что даже не побоялся идти по вызову в милицию. Думал, это опера специально слух пустили о недобитой, чтобы засечь, кто из блатных дернется. Если бы я знал, что свидетельница осталась жива, так выяснил бы, в какой она палате лежит, и бросил бы туда гранату. Или, в крайнем случае, офицерика-мента шлепнул бы — и меня в Курске нет! Это все моя халатность: собирался заставить Олега убрать Рафига, а после и самого его прикончить, да не успел, а сейчас вот они меня к «вышке» подвели...

...Девятого июля 1990 года сторож филиала Горьковского автозавода Евсеев и два его сообщника, оператор городской АЗС Олег Яковлев и электрик Михаил Абросимов прикатили на легковушке на курскую улицу Щемиловку. С собой по-разбойничьи настроенные мужчины имели полный бандитский набор — два револьвера, баллончики со слезоточивым газом и веревки.

Остановившись поблизости от дома Кариковых, Александр, Олег и Михаил переоделись в рабочие спецовки и, взяв маски, пошли к чужой крепости. Подойдя к коттеджу, надели маски. Дверь им открыла дочь Кариковых — Галина Занина. В прихожей также находились и сами ее родители.

Евсеев свалил Занину на пол, затем бросился на ее отца, схватив того за руки. Старику удалось на несколько секунд освободиться и стащить маску с головы бандита. Тем временем Олег и Михаил расправлялись с женой Карикова. Рассвирепевший Евсеев двумя выстрелами убил своего немощного противника, после чего застрелил в упор и его жену.

Связав Заниной руки, уголовники стали у нее допытываться, где в доме хранятся деньги и ценности. Абросимов, влетев в комнату, где находилась восьмимилетняя внучка Кариковых Оля, привязал девочку к батарее отопления. Так и не добившись от Заниной ответа, разбойники перевернули в доме всё вверх дном и в итоге довольствовались найденными золотыми серьгами с бриллиантовыми вставками, обручальным кольцом, цепочкой из благородного металла, семью золотыми монетами, а также 26 тысячами рублей. Еще прихватили большое количество меха и 30 шапок.

Перед уходом Евсеев предложил Михаилу убить Занину, но тот отказался и, забрав часть похищенного, как и Олег, пошел к машине. Тогда главарь выстрелил Галине в голову. А расправившись со взрослыми, принялся и за детей: застрелил привязанную к батарее Олю, полоснул ножом по темени трехлетнего сына Заниной.

По дороге главарь сообщил подельникам, что убил Занину и девочку. Из похищенных денег и ценностей Евсеев выделил Абросимову и Яковлеву по 200 рублей, а последний, кроме того, заполучил также часть шапок и мехов.

Яковлев развез товарищей по домам, после чего заехал в лесопосадку, где закопал переданные ему главарем револьвер и нож, облил бензином и поджег спецовки, в которых они «работали».

Хотя и говорят, что чудес на свете не бывает, на сей раз оно произошло — Галина Занина, благодаря своевременно оказанной ей медицинской помощи, осталась жива. По составленному ею фотороботу милиция без труда вычислила ранее дважды судимого сторожа Александра Евсеева, а следом изобличила и всю его шайку. Соответственно, быстро всплыли и предыдущие вояжи по стране этой вооруженной «бригады».

У Евсеева была пагубная человеческая слабость — незаметно для себя он стал заядлым картежником, и его даже признали за равного игрока в подпольном клубе провинциальных денежных тузов, зачастую просаживавших за ночь десятки тысяч рублей. Однажды Евсееву крупно не повезло. Спустив всю наличность, он еще и задолжал немалую денежную сумму удачливому партнеру. Попав в неприятный финансовый переплет, Александр напомнил Яковлеву о числившемся за ним беспроцентном «кредите доверия». Но поскольку и у Олега были материальные затруднения, согласился отсрочить получение долга еще на полмесяца.

В должниках у Евсеева оператор АЗС оказался случайно: он взял в банке ссуду на занятие индивидуально-трудовой деятельностью, с условием ежеквартального погашения займа, но явно переоценил свои предпринимательские способности. А чтобы рассчитаться с банком, занял недостающую сумму у состоятельного сторожа.

В городе Курске Александра побаивались многие крутые парни. Поэтому Олег не стал испытывать судьбу — решил попытать воровского счастья. Но когда Евсеев вновь пришел требовать свои законные рубли, стал жаловаться на фатальную невезучесть — три квартирные кражи не принесли ему нужной суммы.

— Короче, — перебил словоохотливого бензоколонщика Евсеев, — что ты предлагаешь?

— Не знаю, — растерялся Олег.

— Тогда слушай меня, коли самому сообразительности не хватает, — усмехнулся Александр. — Так и быть, я не на словах, а на деле продемонстрирую тебе, как надо работать.

И вскоре состоялась «показательная экспроприация». Евсеев на своей личной автомашине утром привез оператора к весьма невзрачному дому. Переодевшись в рабочую спецовку и дождавшись, когда на улицу вышел О. В. Курачев, Александр коротко бросил Олегу:

— Теперь пошли.

В подъезде Евсеев оставил Яковлева внизу, а сам потопал вверх и позвонил в квартиру Курачевых. Дверь открыла жена, оставшаяся одна в четырех стенах, и этим тотчас воспользовался звонивший. Решительно шагнув в квартиру, Евсеев оттеснил хозяйку в глубь коридорчика и с улыбочкой, не предвещавшей ничего хорошего, захлопнул за собой входную дверь.

Связав перепуганной женщине руки и закрыв ее в туалетной комнате, Александр позвал Олега. Вдвоем они перетащили в автомашину цветной телевизор «Шарп», видеомагнитофон «Хитачи», четыре норковые шапки, кожаную куртку, женские сапоги, спортивный костюм, модную дамскую кофту, три видеокассеты, золотую цепочку, кольцо и перстень с камушком. И еще поживились 18 тысячами рублей.

Из обвинительного заключения по уголовному делу № 1071:

«Летом 1989 г. Яковлев, по просьбе Евсеева, у себя дома изготовил из охотничьего ружья обрез и передал его Евсееву.

...В августе 1989 г. Яковлев согласился на предложение Евсеева совершить ограбление лиц, занимающихся пошивом шапок в Воронеже. В совершении преступления согласился участвовать и их знакомый Романенко А. В.».

Воронежский приятель Евсеева не только предоставил курским гостям для отдыха свою дачу, но и на собственном автомобиле подвез их к дому Иноземцевых, занимавшихся пошивом меховых шапок.

Евсеев и Романенко переоделись в рабочую одежду, на головы натянули специально приспособленные под маски спортивные шапочки с прорезями для глаз. Сторож сунул под полу пиджака обрез, а Яковлеву, нацепившему на переносицу темные очки и взявшему для солидности канцелярскую папку, передал «ТТ». Самая простая задача была у водителя — сидеть в автомобиле и ждать возвращения пассажиров...

Когда на звонок в дверь вышла хозяйка, Яковлев представился работником горгаза. Иноземцева пригласила «газовиков» в дом, и те не заставили себя долго упрашивать. Войдя в прихожую, Евсеев повалил женщину на пол, связал ей руки и, не давая жертве прийти в себя, стал требовать деньги, меха, ценности.

Внешний вид незваных гостей был настолько пугающим, что угрозы сразу подействовали — Иноземцева чуть ли не сама вложила в руки бандитов имеющиеся в доме золотые украшения, деньги, 59 шкурок меха норки и 17 готовых шапок. В придачу «газовики» прихватили понравившиеся им японский магнитофон и дорогостоящее велюровое пальто.

За городом, в лесном массиве, «экспроприаторы» перегрузили ворох ворованного меха в автомашину Евсеева. Переодевшись, бросили в костер «спецодежду», в которой ходили на «дело», и главарь приступил к дележу награбленного. Воронежскому водителю-соучастнику «отстегнул» 13 сотенных, Яковлеву и Романенко за разбойничьи труды перепало всего по тысяче. Правда, первому достался еще магнитофон «Шарп», а второму — женская шапка и перстенек.

102

Осенью Евсеев произвел в «бригаде» замену: вместо слесаря Романенко ввел в «штат» 38-летнего кооператора Рафига Пашаева, лучшей рекомендацией которому служило то, что азербайджанец имел несколько судимостей.

В начале октября на машине Рафига «команда» покатила в Паневежис — для совершения разбойного нападения на знакомого Евсееву мужчину. Но на месте вынуждена была отказаться от задуманного: проникнуть в дом намеченной жертвы обманным путем оказалось невозможно, а планировка особняка не давала шансов застигнуть хозяев врасплох.

Чертыхаясь от непредвиденного «прокола», троица поехала назад — в Курск. По пути в соловьиный край Пашаев предложил скрасить горечь их уголовной неудачи ограблением его знакомых в деревне Рассыльная под Курском. Как нетрудно догадаться, возражений от спутников не последовало.

В деревню «бригада» прибыла около 21 часа. Яковлев без лишних подсказок облачился в милицейскую форму, приобретенную по дешевке у бывшего сотрудника органов внутренних дел. Кроме того, у него было фальшивое удостоверение внештатного работника милиции.

Увидев на пороге «милиционера» при полном параде и стоявшего рядом с ним мужчину в гражданской одежде, хозяева беспрепятственно впустили их в дом.

Войдя в избу, Евсеев достал пистолет и приказал обеим находящимся здесь женщинам — матери и дочери — лечь на пол. Связав им руки веревкой, снял с них золотые украшения и потребовал указать, где спрятаны деньги.

Щедрина и Балыкина вынуждены были рассекретить свой тайник, и Яковлев, спустившись в подпол, достал оттуда пять тысяч рублей. Затем Евсеев протянул ему веревку, предложил еще попытать, чтобы от них не утаили ни одной ценной вещички. Сам же занялся «расспросом» дочери, чередуя истязания несчастной то нунчаками, то петлей-удавкой, «выбив» в результате еще несколько золотых украшений. Задушив Балыкину, отправил напарника на улицу и также расправился с престарелой женщиной. Затем для верности пырнул бездыханные тела столовым ножом, найденным на кухне.

Так в деревне Рассыльная лидер вооруженной преступной группы открыл свой страшный счет убийствам.

Дав подельникам отдохнуть несколько деньков, Евсеев предложил помощникам наведаться в соседнюю Белгородскую область, где опять же потерпевшими должны были стать умельцы, занимавшиеся пошивом зимних головных уборов.

В Белгороде на рынке Яковлев подошел к супругам Глушенко, которые в это время продавали там на свою беду шапки, представился работником финорганов и потребовал предъявить ему патент на занятие данным видом индивидуально-трудовой деятельности. Глянув в заветный документ, узнал адрес семьи в городе Старый Оскол, после чего курской «бригаде» оставалось лишь наведаться к ней «в гости».

В Старом Осколе Евсеев жестоко расправился не только с супругами Глушенко, но и не дал ни шанса на спасение их квартиранту, притаившемуся в сарае. А умыкнули при этом бандиты всего ничего — три золотых ювелирных изделия, около трех тысяч рублей да меховое сырье.

Следующие «гастроли» евсеевской группировки прошли в Риге, куда главарь прилетел на самолете, а Яковлев и Пашаев приехали на машине.

Ранним утром воссоединившаяся троица поехала к дому семьи Ивченко, с главой которой сторож-курянин не так давно сошелся накоротке. Остановившись, как всегда, поблизости от места намеченного разбойного нападения, «гастролеры» провели последние приготовления перед предстоящей «экспроприацией». Евсеев переоделся, вооружился пистолетом «ТТ», револьвером, гранатой и пошел на контакт. Олег остался на улице ждать команды шефа, а Рафиг тем временем погнал машину на ближайшую автостоянку.

На звонок вышел домовладелец В. П. Ивченко. Пригласил гостя пройти в гостиную, где в этот момент находились его жена В. Н. Ивченко и ее сестра А. П. Лозенко.

Вместо объяснения причины своего нежданного визита Евсеев выхватил из-за пояса револьвер и произнес привычную фразу:

— Всем лечь на пол!

Хозяин не испугался направленного на него «ствола» и кинулся на уголовника. Тогда сторож нажал на спусковой крючок. Пуля попала отважному мужчине в грудь. Однако, собрав все силы, раненый схватил вооруженного разбойника за руку и вытащил его во двор. Но тут преступник изловчился и, достав из-за пояса «ТТ», четырежды выстрелил могучему рижанину в голову. Затащив труп хозяина в дом, Евсеев запер ошеломленных случившимся и даже не помышлявших о сопротивлении женщин в туалетной комнате.

Вдова погибшего, чтобы убийца от нее отвязался, сразу сообщила, где лежат деньги. И вот в тот момент, когда Евсеев уже увидел перед собой 130 тысяч, раздался стук в дверь. После секундного замешательства бандит впустил в дом сына погибшего и под дулом пистолета тоже втолкнул его в туалетную комнату.

Вытерев холодную испарину, главарь позвал в дом Яковлева и поручил ему дособирать меха, шапки, ценности. А когда тот вынес во двор добычу, безжалостно расстрелял своих пленников.

Рижские гастроли оказались предпоследней бандитской акцией курской «бригады». Наконец-то в родном городе на улице Щемиловке убийце Евсееву не повезло — расстрелянная им Галина Занина не умерла.

На очной ставке с Пашаевым, настаивавшим только на своих извозчичьих функциях, Евсеев уличал азербайджанца во лжи. И тут и случилось непредвиденное — отказал старенький магнитофон. А пока следователь доставал исправный кассетник, убийца-серийник, не смущаясь присутствием адвоката, напрямую спросил подельника:

— Ну что, Рафиг, подкормишь мою семью, когда освободишься? А еще не забудешь, что на мне висит карточный «долг чести»?!

— Подкормлю, конечно... И ничего никогда не забуду! — тотчас же пылко заверил главаря азербайджанец.

Бывшие компаньоны заключили «джентльменское соглашение» — новый магнитофон был уже не нужен. Об этом эпизоде мне поведал советник юстиции Виктор Васильевич Веселков, который расследовал данное уголовное дело. Показал он мне и весьма красноречивую «маляву» (так на блатном жаргоне уголовники называют элементарную записку), которую обезвреженный убийца вскоре после очной ставки с «извозчиком» пытался переправить приятелю-картёжнику. Вот она:

«Слава. Здорово. Вот сижу и думаю, кому написать, решил тебе, адрес помню приблизительно: не знаю, получишь ли ты эту маляву. Попал, как ты знаешь, наглухо, жива (потерпевшая) осталась. Меня опознала, забрали.

Я говорю, что со мной были два чечена, но менты мою запись без звука прокрутили Олегу, и он пошёл писать явки с повинной; и всплыли мои прошлые дела, и вот сейчас уже 12 трупов и одна недобитая. В общем, вышка, так что жизнь подошла к концу, ничего не сделаешь. Суда, конечно, ждать не буду, тут и так ясно все: вот влип так влип — будь в другом городе, не нашли бы, а то свой город. Олег мразь конченая, все разъяснил ментам, как только в КПЗ посидел: кому я проиграл и сколько у меня денег было... Жаль, что так вышло, я же по вызову сам пришёл: думал, уверен был, что она мертва — я же два раза стрелял в неё, это халатность. В общем, халатное отношение к работе... жаль, что остался должен: был бы на свободе, рассчитался бы. Рафик у меня в огромном долгу, так пусть с него получит (тот, кому я проигрался). Я помру скоро, суда ждать не буду... Конечно, жалею, но такова жизнь: как я думаю, все равно арестовали бы рано или поздно. Я был мягкий: надо было после Прибалтики Олега убрать — много знал, а я не подумал об этом даже, умные мысли поздно приходят. Слава, прощай, я тебя уважал из всех, еще человека два откинуть, а остальных пострелял бы с удовольствием...

Прощайте все, пусть на меня не обижаются, и за меня никто не пострадал. В общем, на суде узнают, кому что не ясно; держался, а после, когда недобитая меня опознала, понял, что конец — все равно никого не тяну за собой. Олега спалили, на него зла нет, сам виноват — убери я его раньше...

Пича».

Вечером того же дня арестованный Евсеев, подписавшийся в перехваченной записке своим прозвищем «Пича», лезвием безопасной бритвы перерезал себе вены на обеих руках и лежал в камере на кровати, все больше и больше слабея от потери крови. Заметив кровь на руках и теле самоубийцы, его сокамерники стали переговариваться, что надо, мол, вызвать дежурного контролера, сообщить о происшедшем.

Однако Евсеев, не меняя лежачей позы, пригрозил:

— Кто подойдет к двери, тот там и ляжет.

Соседи по камере, посчитав угрозу вполне реальной, не двинулись с места. И только заглянувший через смотровой глазок дежурный контролер, заметив неладное, поднял тревогу. Где-то за час до полуночи из санчасти следственного изолятора прибыла дежурная медсестра. При содействии охранников, так как бандит всячески сопротивлялся, сделала ему тугие повязки на локтевых сгибах и два соответствующих укола. Еще минут 40 последила за уснувшим и ушла.

Но ближе к утру периодически наблюдавший за спящим дежурный контролер заметил, что он вроде бы не дышит. Снова вызванная в камеру медсестра констатировала его смерть.

При осмотре камеры в журнале, лежащем на столе, были обнаружены записки 35-летнего преступника-самоубийцы, которые даже окрестили «Завещанием убийцы». Подробно описывая свои злодеяния, о которых рассказано выше, «мемуарист» попытался их по-своему проанализировать, сделав следующие выводы:

«Это ведь случай, почему я не могу выйти из положения, в котором нахожусь, — пути Господни неисповедимы. В моей работе было много недоработок: спешка и надо было больше жестокости, пытать — тогда бы не пришлось делать следующие ограбления.

....У кого есть дома деньги, всегда есть и кто-то дома, но люди глупы, беспечны, доверчивы, и, я считаю, ничего не стоит зайти к любому в дом и силой забрать у него все его накопления. Просто и гениально, тем более если делать это в других городах. У кого есть деньги: кооператоры, цеховики, спекулянты, взяточники, люди, которые мало работают и много получают. Если они не отдают добровольно, их надо пытать, даже если отдают — все равно пытать, это мой опыт; а чтобы скрыть следы, надо убивать и проверять, не оживет ли (жертва), а то потому я и сижу здесь.

...Наши ошибки: не пытали (утюг, паяльник, эл. ток); спешка. А куда спешим, когда мы хозяева, притом с оружием? Вывод: плохие помощники, многое приходилось делать самому, а они только искали и носили вещи. И то дрожали, спешили.

...Недоработки: надо было пытать. После выяснил, что там (у супругов Ивченко) осталось на 700 тысяч драгоценностей и 200 тысяч рублей, антикварных часов на 2 миллиона.

...Ошибки в последнем курском деле: плохие помощники, спешка, холостая пуля, неприцельная стрельба. В общем, халатное отношение к работе, а тут, как саперу, ошибаться нельзя.

Получается так, что я сижу, и меня расстреляют из-за Олега, из-за его трусости. Стоял трусился и только говорил: «Пойдем, пойдем»... Результат: оставили столько не взятого — миллионы».

Вот такие они, по-своему уникальные мемуарные наброски курского бандита-рекордсмена.

Чтобы оставить о себе в преступном мире память, как об «убийце без промаха и упрека», Евсеев навязчиво пытался убедить всех, что Занина не погибла лишь потому, что «контрольный выстрел» оказался холостым. Однако в ходе следствия этот миф был развеян: экспертиза показала, что второго холостого щелчка просто-напросто не было — Евсеев посчитал, что уложил Занину насмерть с первого выстрела. А жалел этот монстр лишь об одном, что стало ему известно лишь в ходе следствия — о недовзятом во время их разбойных нападений в Воронеже, Старом Осколе, Риге и Курске.

В свое время многие центральные и местные газеты рассказали читателям о том, как велось расследование этого нашумевшего на всю страну уголовного дела, как судили преступников. Действия курской группировки дали почву для серьезных размышлений журналистам.

Вот, к примеру, на какие моменты этой истории обратил внимание собственный корреспондент «Советской России» Е. Котяев.

«...Свой преступный промысел Евсеев называл работой и требовал от своих помощников точного исполнения обязанностей, здорового образа жизни: ни спиртного, ни тем более наркотиков, занятия спортом... В домашние дела коллег, правда, не лез, но такая уж, видно, подобралась добропорядочная компания — сами ценили семейные устои. Все, за исключением одного, женаты, все — чадолюбцы (у главаря — девочки-двойняшки восьми лет, сын двух с половиной лет). В часы, оставшиеся от «основной работы», старательно исполняли, так сказать, мирские служебные обязанности: сторож, электрик, оператор АЗС... Заметим, не только в целях конспирации: очень хотелось одновременно уважения и «там» и здесь.

То, что это вполне возможное дело, убеждались постоянно, охраняя своего босса в «приличных компаниях» игроков по-крупному. Там — торговые работники, директора общепитовских точек и даже один уважаемый вузовский чин. Смешно было бы, конечно, апеллировать к совести картежников, вменять им в вину растление Пичи — так звали главаря банды, — но все-таки пусть знает вузовский работник, которому последним летом шла карта: на его выигранных 100 тысячах рублей кровь невинных.

Когда долги Пичи достигли четверти миллиона, он вторично решился переступить самим же установленный порядок: дома не оставлять следов. Подобрать жертву труда не составляло. Сам неплохой мастер-шапочник, он знал практически всех, промышлявших этим ремеслом, знал примерно, сколько «стоит» каждый.

...После Пичи осталось «завещание», своего рода... обращение к потомкам. Что может написать перед последней чертой бандит, убивший 12 человек? Попросить прощения, снять камень с души? Увы, в ученической тетрадке в клеточку подробный разбор всех дел с указанием удачных технических находок и упущений. Обстоятельства разные, но ошибка, по мнению автора, во всех эпизодах одна — излишнее милосердие...

Маньяк, потерявший рассудок от крови беззащитных жертв? Если бы!

«Куда уходили деньги? — выводит кривули Пича. — На нужды организации по экспроприации нетрудовых доходов»...

А. Евсеев вводит потомков в заблуждение: почти все деньги он забирал себе. Помощникам, пеняя им за их безрукость, унижая насмешками за трусость, бросал когда по тысяче, когда по две...

Назвать эту «организацию» обычной бандой было бы неверно. Налицо новая генерация «благопристойных» уголовников с «идейным уклоном», ставящих на «классовое чутье». На то, что в пору рыночного расслоения намерение убивать «с разбором» некоторой частью общества может быть воспринято с пониманием...

Готово ли общество ответить адекватно на появление самозваных судей? Курский пример убеждает —

силы противодействия имеются. Профессионализм, четкие действия специальной группы (есть смысл назвать основных поименно: старший следователь областной прокуратуры В. Веселков, старший уполномоченный по особо важным делам уголовного розыска УВД А. Чеплыгин, прибывший на подмогу из Москвы сотрудник Управления по организованной преступности А. Шумов под общим руководством признанного аса заместителя начальника УВД В. Пронина), право, дают надежду: мы не беззащитны. Пича сидел перед следователем уже на четвертый день после убийства. Следом взяли остальных семерых.

Видавшие виды оперативники изумились количеству оружия: пистолеты самых различных марок, обрезы, гранаты, баллончики с... газом, пять автомобилей (вдобавок к изъятому у задержанных арсеналу. — *А. Т.*)... Обнаружили и милицейскую форму. Ею преступники успели воспользоваться трижды. Балерине (Яковлеву), имевшему плюс ко всему удостоверение внештатного работника милиции, роль стража порядка удавалась на все сто. Симпатичный, молодой, застенчивый — таким, по отзывам всех, был в обиходе главный выученик матерого убийцы, — он никаких сомнений у настороженных хозяев не вызывал. И потому на каждое новое преступление шел «с повышением»: сначала сержантом, потом старшим лейтенантом...

Форму же, как выяснилось, бандиты выменяли у изгнанного с работы милиционера. Не торгуясь, уступил он им весь комплект за норковую шапку. И даже не усомнился, зачем молодым людям она могла понадобиться. «Чем меньше знаю, — понимающе подмигнул он покупателям, — тем лучше...»

В своих инструкциях для потомков Пича на основании своего богатого опыта приходит к печальному для всех нас выводу: люди глупы, беспечны, доверчивы. Ладно бы только это. В конце концов хотя бы страшный опыт других научит осторожности. Гораздо печальнее другое: есть просто подлые люди. Они живут рядом с нами, по нашим вроде бы законам, но при случае способны на радость подонкам по дешевке продать любого. Один из помощников бандитов, возивший их и получивший за это тысячу рублей и шапку, чрезвычайно удивился предложению следователя вернуть деньги: «Так я же их заработал!» И это при том, что видел и обрезы, и милицейскую форму, и награбленное...»

Закрывая тему, та же газета опубликовала судебный очерк «Убийцы — «на хорошем счету», автор которого С. Цветков поделился своими впечатлениями после вынесения небесспорного приговора.

«Недавно в Курске закончился суд над бандой Евсеева. Долгим было разбирательство. И судьи, должно быть, своей работой удовлетворены. Их дело — помочь торжеству правды и справедливости, и конец дела в данном случае должен знаменовать победу сил добра над злом. А вот единственному оставшемуся в живых свидетелю истребления целой семьи Кариковых — Г. Заниной — как не было покоя все последнее время, так и нет. Не в состоянии она понять то, что судьям, видимо, понятно абсолютно.

Как же это, тягостно размышляет Галина Анатольевна, так получается? Банда долгое время грабила людей, и чуть ли не каждый раз это сопровождалось пытками и зверскими убийствами. Теперь же все сошлось на том, что в уничтожении людей виновен только Евсеев, который покончил с собой, находясь в следственном изоляторе.

Судьям, может, и все ясно — на то они и судьи. А Занина не знает, как жить дальше с такой болью.

...Евсеев признавался, что, когда его вызвали в милицию, особого беспокойства он не испытывал: был уверен, что свидетелей ни по одному из грабежей и убийств нет. А когда узнал, что Занина жива, понял: пришел конец. И, находясь в следственном изоляторе, вскрыл вены. А его сообщники предстали перед судом.

— Мы не убивали, — твердили они.

Главным для них было нейтрализовать показания Заниной, которая утверждала, что Яковлев и другой член банды М. Абросимов участвовали в убийстве ее матери: один держал ее за руки, а другой ударил в грудь ножом. Те, конечно, доказывали, что убивал только Евсеев, а они, отправляясь на грабеж, мол, даже и не подозревали, что тот решится на убийство. Дескать, заранее такой договоренности не было. И суд счел показания Заниной недостаточно убедительными для того, чтобы обвинить Абросимова и Яковлева в причастности к убийству.

В числе причин, позволивших ему усомниться в весомости показаний чудом уцелевшего единственного свидетеля, между прочим, приводится и такой довод: Занина в судебном разбирательстве утверждала, что на Абросимове в тот день были черные туфли, тогда как в суде установлено, что он был обут в красные кроссовки. Вот судейская коллегия и посчитала, что достоверных и бесспорных доказательств вины Яковлева и Абросимова в убийстве Кариковой при таком обороте не добыто. И что бы ни думали куряне по этому поводу, надо исходить из того, что только суду дано право определять степень вины каждого представшего перед ним и взвешивать, насколько основательно доказательство, обличающее преступников.

Г. Занина с приговором суда, определившим самое строгое наказание по этому делу — 15 лет лишения свободы (именно столько получил О. Яковлев), не согласна. Даже если Яковлев сам и не убивал, он же знал: Евсеев свидетелей не оставляет...

С Заниной солидарна областная прокуратура. Старший прокурор отдела по надзору за рассмотрением дел в судах А. Мухоморов направил кассационный протест в судебную коллегию по уголовным делам Верховного суда РСФСР, считая, что установленный в отношении О. Яковлева приговор подлежит отмене за мягкость назначенного ему наказания.

Судебной коллегий по уголовным делам облсуда не в полной мере учтено, что он, являясь одним из активных организаторов вооруженной банды, участвовал во всех совершенных ею нападениях. Получается не принятым во внимание тот факт, что Яковлев лично пытал людей, был соучастником убийства более десяти человек, а это свидетельствует об исключительной опасности Яковлева для общества. Обращая внимание на это, А. Мухоморов просит приговор Курского облсуда в отношении О. Яковлева отменить и уголовное дело в этой части возвратить для нового судебного расследования в тот же суд, но, разумеется, в новом составе судей.

Обратите внимание: даже в наше лихое времечко, ярко окрашенное разгулом преступности, дела банды Евсеева — Яковлева заставляют содрогнуться. Потому кощунственно не только для единственного случайно оставшегося в живых свидетеля звучали в обвинительном заключении и приговоре суда слова о том, что подсудимые «положительно характеризуются на работе».

Член преступной группировки Пашаев, например, до этого уже трижды сидел, и все равно суд не преминул учесть, что он тоже по месту работы «характеризуется положительно». Что это означает в данном контексте — не расшифровывается. Надо думать, что на работе рецидивист до сих пор никого не ограбил и не убил. А потому — золотой человек! Вот уж поистине при желании можно все довести до абсурда!..»

Да, при рассмотрении «расстрельных дел» суды первой инстанции порой грешат излишним либерализмом к преступникам, в том числе и к бандитам. Позже мягкие приговоры зачастую отменяются, и осужденные караются более сурово, но... Но первоначальные судейские решения долго не забываются.

Впрочем, и после вступления в законную силу приговора у преступников в ту пору еще оставалась надежда на послабление от действующего в Российской Федерации общественно-правового института помилования... Так что, право, тут есть над чем очень серьезно задуматься.

ВЫСТРЕЛЫ В ПАРИЖСКОМ ЭКСПРЕССЕ

Существует ли это фатальное предопределение — криминальный рок? В какой-то мере — да, «имеет место быть». Поскольку одни уголовные события зачастую вызывают другие злодеяния — порой с нарастающей степенью их тяжести и осатанелости.

Вот и то весеннее раннее утро 1992 года выдалось на редкость неспокойным. Едва забрезжил рассвет, как от дежурного ЛОВД на станции Можайск поступило в местный Отдел внутренних дел тревожное сообщение, что в пассажирском поезде № 32 «Могилев — Москва» следует неизвестный, который подозревается в совершенном накануне днем в парижском экспрессе убийстве гражданки Польши.

Восьмого мая 1992 года из вяземской «линейки» передали ориентировку, что вооруженный преступник, застрелив полячку и напав на германскую подданную, воспользовался внезапной остановкой скорого поезда № 16 «Париж — Москва». Пока бригадир состава выяснял, кем и почему сорван стоп-кран, убийца открыл тамбурную дверь специальным железнодорожным ключом и спрыгнул под откос.

Драма в парижском экспрессе разыгралась тогда, когда до конечного пункта — Белорусского вокзала нашей столицы — оставались считанные часы дороги. Убийца ретировался из комфортабельного «международника» между маленькими полустанками Ждановкой и Семлево, и только где-то через треть часа во взбудораженный 16-й пассажирский состав подсели в Вязьме оперативники, к которым позже присоединились в подмосковном Можайске их коллеги.

В пути милицейские работники опросили свидетелей случившегося, но показания очевидцев далеко не полностью прояснили картину международного криминала. Пани, выскочившую из купе СВ в коридор и побежавшую к служебному помещению проводников, налетчик убил двумя выстрелами вдогонку. Перед выходом в противоположный тамбур дерзкий поездной уголовник-одиночка приостановился и завязал на голове маску из платка. В этот момент из своего купе выглянул проводник, услышавший в коридоре спального вагона какой-то непонятный шум, и заметил, как в сторону соседнего — немецкого вагона — движется грозный мистер Икс с пистолетом в руке. Мгновенно сообразив, что в его вагоне только что свершилось злодеяние, потрясенный железнодорожный служащий перекрыл проходные двери, схватился за стоп-кран... Тем временем преступник заскочил в немецком спальном вагоне в первое попавшееся купе и, наставив на находившуюся там женщину оружие, истерично выкрикнул на русском языке:

— Давай живо валюту!..

Фрау Рихтер обомлела и дрожащими руками протянула ему кошелек, в котором были 2,5 тысячи марок, небольшая сумма австрийских шиллингов и всего-то 800 рублей.

С мизерной добычей мистер Икс выпрыгнул из «международника» и скрылся в буреломе. Названные свидетелями его приметы оказались весьма расплывчатыми.

Что делать в такой ситуации? Естественно, на поимку убийцы были ориентированы не только подразделения внутренних дел на железнодорожном транспорте, но и многие российские территориальные милицейские органы, в том числе и пикеты Госавтоинспекции.

Капитан милиции Виктор Рагулин, оперуполномоченный отделения по борьбе с преступлениями в сфере экономики ЛОВД на станции Вязьма, заявил сослуживцам:

— Попомните мое слово, этот тип переждет какое-то время, а потом перемкнет стрелку и подсядет в первый же поезд, который «тормознет» таким способом.

Милицейские работники попросили вяземского диспетчера, если на его участке произойдет внеплановая остановка какого-нибудь поезда, немедленно дать им об этом знать. Однако в разработанный сценарий вмешался случай: так уж получилось, что диспетчер проспал «закорачивание» стальных путей у населенного пункта Семлево — там вдруг сработала система центральной блокировки, и перед могилевским пассажирским поездом загорелось красное око светофора. Машинист и его помощник, не ожидая прибытия дежурного электромеханика, сами устранили помеху — отбросили в сторону лежавший перед стрелкой, на двух рельсах, кусок проволоки, после чего светофор дал 32-му зеленую дорогу.

Капитан Рагулин, узнав про диспетчерскую оплошность, сгоряча чертыхнулся, но затем усмехнулся и довольно потер руки. Другие оперативники недоуменно уставились на него, а он, не испытывая их терпения, пояснил:

— «Могилевский», как я прикинул, станцию Гагарин еще не проходил, а, значит, у нас пока нет повода для волнений. Не удалось проверить состав в Вязьме, так мы наверстаем упущенное в Можайске. Надо лишь уточнить: действительно ли разыскиваемый «оседлал» поезд номер тридцать два...

Виктор тут же позвонил на станцию Гагарин и попросил знакомого осмотрщика вагонов:

— Слушай, друг, окажи услугу: когда у вас будет проходить тридцать второй, вруби осветительные приборы и вместе со всей сменой посмотри, не едет ли на крыше какого-нибудь вагона или еще где-то безбилетник...

Вскоре добросовестный осмотрщик его порадовал:

— Товарищ капитан, действительно, в тридцать втором есть «заяц» — сидит между предпоследним и последним вагонами...

Начальник линейного отдела внутренних дел на станции Вязьма подполковник милиции В. Новик немедленно связался с дежурной частью можайского ЛОВД и посоветовал подмосковным линейщикам, остановив поезд в Можайске, задержать подозреваемого. «Брать» крутого путешественника на конечной точке маршрута было крайне рискованно, поскольку на столичном вокзале всегда толпы народа. В многолюдном месте вооруженный преступник опасен вдвойне.

О том, как его взяли, мне рассказал заместитель начальника линейного отделения внутренних дел на станции Можайск майор милиции В. Горчаков.

— Дежурный по нашему ЛОВД старший лейтенант милиции Юрий Владимирович Мельничук сразу же сформировал оперативную группу, после чего поставил в известность о принятом решении начальника линейного отделения майора милиции

Бориса Васильевича Гулина, находившегося в этот момент дома. В опергруппу вошли, помимо самого Мельничука, помощник дежурного сержант Андрей Шудров, милиционеры Владимир Туев и Валерий Бобченко. Поскольку наша опергруппа получилась малочисленной, мы попросили подкрепления у дежурной части городского ОВД.

Оперативный дежурный отдела в это время тоже отдыхал, поэтому его помощник старшина Алексей Григорьевич Малина принял командование на себя и выслал на станцию группу задержания. В ее составе были старший оперуполномоченный ОБПСЭ капитан Олег Викторович Перов, участковый инспектор лейтенант Валерий Иванович Тукалов, оперуполномоченный уголовного розыска младший лейтенант Владислав Леонидович Смирнов и милиционер-водитель сержант Александр Николаевич Фирсов. До прибытия на станцию поезда № 32 милицейские работники линейного отделения и нашего отдела рассредоточились с двух сторон железнодорожных путей за естественными укрытиями. Боевую задачу немного облегчало то, что с одной стороны к путям почти вплотную примыкала глухая стена базы хлебопродуктов. Здесь даже не пришлось фактически выставлять оцепление. Само собой, из опасной зоны были удалены все посторонние — люди, спешившие к ранним электричкам и на привокзальный рынок.

Через несколько минут вдали показались огни локомотива, которому продолжить дальнейшее безостановочное движение помешал неожиданно вспыхнувший красный свет светофора.

Оперуполномоченный В. Смирнов оказался как раз напротив сцепки двух хвостовых пассажирских вагонов и поэтому первым увидел притаившегося на «гармошке» субъекта.

— Вы окружены, спускайтесь со сцепки вниз, на землю! — крикнул ему кто-то из оперативников.

Немолодой мужчина нехотя выполнил требование, и тогда Владислав Леонидович приказал:

— Сдать оружие, руки вверх!

Но в ответ громыхнул выстрел, и стрелявший неожиданно резво для его возраста юркнул под последний вагон. Милицейские еще раз предложили ему сдаться и произвели два предупредительных выстрела. Только окруженный не внял команде, продолжая палить из своей «пушки» направо и налево. Добрался под днищем вагона до конца состава и, видимо, решил попытаться прорвать милицейское кольцо.

— Стой, стрелять буду! — сделал еще одну попытку образумить преступника старший сержант Туев, но уголовник лишь снова огрызнулся свинцом.

И тогда сразу с нескольких точек раздались сухие пистолетные щелчки, глухая автоматная очередь — выстрелы на поражение достигли цели. Раненый стал оседать на шпалы, после чего его спокойно удалось обезвредить. При нем оказалась спортивная сумка, в которой лежали револьвер системы наган с шестью боевыми патронами и одной стреляной гильзой в барабане, две с половиной тысячи дойчмарок, свыше 146 тысяч польских злотых, тоненькая пачка российских рублей и документы на имя Алексея Михайловича Лабунского, жителя украинского города Николаева.

Пострадавшего под конвоем отвезли на «скорой помощи» в больницу, куда вскоре приехали начальник уголовного розыска Московского УВДТ полковник В. Никитин, следователь по особо важным делам Московской транспортной прокуратуры В. Долженков и заместитель руководителя ЛОВД на станции Можайск майор В. Горчаков. Самочувствие у госпитализированного было удовлетворительное, поэтому врач разрешила его допросить.

Несмотря на полученные огнестрельные ранения ноги, предплечья и локтевого сустава, задержанный после боевого столкновения с «превосходящими силами противника» пребывал в приподнятом настроении. В присутствии адвоката Людмилы Татубалиной криминальный «герой дня» с самодовольным видом стал описывать свои предыдущие похождения, словно стараясь доказать представителям правоохранительных органов, а в их лице и всему миру, что такое не всякому матерому рецидивисту по плечу. Но прежде заявил, что полторы недели назад он бежал... из симферопольской психиатрической больницы.

Покинув стены этого печального дома людских горестей, беглец зашел в главное городское административное здание, где прошествовал мимо женщины-постовой, даже не удостоив ее взглядом.

— Вы куда, гражданин? — окликнула и начала догонять его работница милиции.

Посетитель развернулся и, дождавшись, когда женщина приблизилась, ударил ее сделанной из толстого гвоздя остроконечной заточкой.

Громко вскрикнув, раненая рухнула на пол. Воспользовавшись ее беспомощным состоянием, бандит вытащил из кобуры постовой пистолет и, дабы не оставлять свидетельницу живой, несколько раз в нее выстрелил.

Добравшись до местной автостанции, странствующий психбольной укатил в Николаев. В этом городе он тоже не задержался и, подсев в проходящий одесский поезд, прибыл в Харьков. В пути времени даром не терял — стащил сумку с вещами, деньгами и документами у беспечного николаевца А. Лабунского.

Вскоре неугомонный путешественник очутился в Орше, оттуда опять же поездом перебрался в Смоленск.

В этом провинциальном российском городе ему захотелось привнести в свои дорожные впечатления элемент новизны, для чего он пробрался на товарную станцию, где начал подыскивать подходящий грузовой состав для бесплатной поездки с ветерком.

И только-только устроился в приглянувшемся пустом вагоне товарняка, как его заметили станционные вохровцы — нескладный парень и его пожилой напарник — и вознамерились отвести в смоленское линейное подразделение милиции. Да не тут-то было: неказистый доходяга-бомж, на котором топорщились старые мятые коричневые брюки и чуть ли не на голое тело была надета темная куртка-балахон с белыми вставками на рукавах, вдруг наставил на стрелков ВОХРа пистолет и приказал им ложиться на землю. Незадачливые станционные охранники не решились перечить вооруженному человеку и тотчас растянулись между путями.

«Путешественник» спрыгнул с железнодорожной платформы и, нагнувшись над пожилым вохровцем, вытащил у него из кобуры револьвер. Пара стрелков военизированной охраны оказалась обезоруженной.

— Лежите еще минут десять — пятнадцать, не поднимая паники, иначе я вас пристрелю! — напоследок пригрозил им бандит и вскочил в товарняк, уходящий в Оршу.

Повторное посещение белорусского города злоумышленник вздумал ознаменовать каким-нибудь крупным «наездом». На окраине города ему приглянулся завод железобетонных изделий, где он беспрепятственно и прошмыгнул в административный корпус предприятия.

Едва директор скрылся в своих служебных апартаментах, как в приемную влетел незваный гость и запер входную дверь на замок-защелку. Затем, обмотав голову платком и натянув на руки белые перчатки, разбойник вломился в директорский кабинет и направил на его хозяина две «пушки».

— Гони «бабки» да часы, начальник, и поскорее. Я сбежал из тюрьмы и мне терять нечего!

Директор поспешно отдал грабителю бумажник, в котором денег было, как говорится, кот наплакал, и протянул наручные часы «Ракета». Однако налетчик, заподозрив, что в кабинете есть еще немалые ценности, кинул директору тесьму и процедил:

— Ну-ка, начальник, свяжи себя покрепче...

Как только заводской руководитель кое-как спеленался, хозяин положения ударил бедолагу три раза по голове рукояткой одной из «пушек» и принялся шарить по шкафам, приговаривая:

126

— Как же так, Петрович, нигде ничего нет?..

Когда допрашиваемый раненый упомянул про этот эпизод, ему тотчас задали уточняющий вопрос:

— Так, значит, вы Петрович?

Разговорчивый преступник отрицательно покачал головой:

— Да нет, это у меня присказка такая, а на самом деле я — Степан Тихонович...

Из Орши симферопольский психбольной махнул в белорусскую столицу. День поошивался в городе, а на следующее утро взял на минском вокзале билет до другой столицы — российской.

Оказавшись после «жестких плацкарт» товарняков в поезде «Париж — Москва», он почувствовал себя белым человеком. И отправился бродить по составу, наполовину сформированному в Западной Европе на крупных железнодорожных узлах тех стран, через которые проходит маршрут этого экспресса. В Бресте к «Европе» прицепили «Славянию», однако Степана Тихоновича больше влекла «забугорная» часть состава, и он решил поправить свое плачевное материальное положение за счет преуспевающих заграничных попутчиков.

После Смоленска по-свойски без стука вошел в купе СВ, в котором сидели два парня, достал пистолет и, нахально ухмыляясь, потребовал от джентльменов деньги на бочку.

Это были единственные слова, которые успел произнести вооруженный налетчик. В следующую секунду один из «джентльменов» вышиб тщедушного бандита в коридор и запер дверь на ригель.

Степан Тихонович не испугался, а удивился прыти фирмача и, потирая разбитый лоб, побрел восвояси. Однако в соседнем вагоне через приоткрытую дверь увидел, что в купе сидит одна женщина и, подняв пистолет, шагнул к ней.

Однако полячка Галина-Тереза тоже не оробела. Подскочив к визитеру-преступнику, начала выкручивать ему руку с «макаровым», хотя во время неравной схватки не убереглась от случайного выстрела, получив ранения обеих кистей рук.

Галина-Тереза нашла в себе силы что есть мочи толкнуть уголовника на полку, а сама выскочила в коридорчик и с криками о помощи побежала к проводникам. Разбойник, прихватив сумочку со злотыми, покинул купе и пару раз пальнул в сторону убегающей.

В другом вагоне еще одной жертве экспрессового налетчика, можно сказать, повезло: пассажирка Рихтер рассталась с кошельком и отделалась лишь сильным испугом.

— Подследственный, когда мы проводили первый допрос, рассказал, что в Симферополе он убил постовую, — поведал мне следователь по особо важным делам Московской транспортной прокуратуры Вячеслав Долженков. — Однако вскоре мы получили радостную весть, что работница милиции А. Хомицкая после совершенного на нее покушения чудом выжила. В парижском экспрессе налетчик случайно нарвался на двух деловых москвичей — коммерческого директора совместного предприятия и рекламного агента, возвращавшихся из заграничной командировки. Молодец один из этих «джентльменов» — не растерялся, по совместитель-

128

ству может быть первоклассным «вышибалой» в любом из наших нынешних гранд-отелей. Потерпевшая Рихтер — тоже наша соотечественница, лишь год назад получившая германское гражданство. Она может считать, что заново родилась... А вот пани Галине-Терезе не повезло — ее жизнь трагически оборвалась.

Вячеслав Николаевич не случайно подчеркнул, что и с пассажиркой Рихтер могло быть так же, как и с пани Галиной-Терезой. До этой трагической истории симферопольский преступник четыре раза привлекался к уголовной ответственности. Да вот дорога в места лишения свободы ему была закрыта, так как его все время признавали невменяемым.

После первой отсидки в Мордовии Степан Тихонович за свершенные преступления неизменно отправлялся на лечение. И отбыв годик в психбольнице, опять появлялся с диагнозом «ремиссия» в нормальном обществе. В октябре 1989 года он вместе с непутевыми дружками засыпался в городе Джанкое Крымской области на краже из склада готовой продукции. Его подельники схлопотали в народном суде «визы» в места не столь отдаленные, а Степан Тихонович вновь определился в симферопольскую психиатрическую больницу, откуда и дал деру...

В парижском экспрессе на него, по его собственному признанию, «что-то нашло». Убив пани Галину-Терезу, он был готов застрелить любого, кто невзначай рассердил бы его. А вообще-то беглец-путешественник в тот раз собирался рвануть в Мордовию, где намеревался совершить нечто вроде похода по местам «шальной юности» — посчитаться с работниками правоохранительных органов, 20 лет назад засадивших его в тюрьму за вокзальную кражу. Да вот приключения в парижском экспрессе поломали его планы.

Когда-то у Степана Тихоновича была мечта — сколотить приличный капиталец да эмигрировать в заокеанские Штаты. Но вместо желанного загранпаспорта он получил «волчий билет» и обозлился на весь белый свет.

Правда, в зрелые годы удостоился чести попасть в ныне знаменитую столичную «Матросскую тишину» — московский следственный изолятор № 1, где под стражей содержались и гэкачеписты. А дальше мстительного и теперь уже, по-видимому, навсегда хромоногого Степана Тихоновича Водякова ждала все та же участь — перебраться по определению суда в психиатрическое учреждение, на принудительное лечение. Только и всего...

«СВИНЦОВЫЙ БУКЕТ» — ЗА НЕПОМЕРНЫЕ ПРИТЯЗАНИЯ

Подмосковье всегда славилось своими роскошными пансионатами, санаториями и базами отдыха. Многие жители столицы совсем не случайно предпочитают вместо дальних вояжей на юг отдыхать в «райских уголках» Московской области, где природа сохранилась чуть ли не в первозданном виде.

Одним из таких мест справедливо считается и истринский пансионат «Песчаный берег». Однако в 1992 году тишину и покой здесь, к сожалению, спугнули выстрелы преступников.

Под вечер в дежурную часть милиции позвонила одна из работниц этого пансионата и сбивчиво рассказала о том, что у их пляжа на Истринском водохранилище трое неизвестных парней только что на глазах у отдыхающих застрелили из каких-то небольших автоматов мужчину. И добавила, что один молодой человек и две девушки сразу же после случившегося уехали на «Жигулях» темно-синего цвета.

На территории Истринского района немедленно была введена специальная операция «Сирена» по перехвату преступников, скрывшихся с места убийства, а в пансионат отправилась оперативная группа. Близлежащее шоссе милицейские работники блокировали вовремя, поэтому вскоре названная автомашина была остановлена. За рулем легковушки сидел нигде не работающий житель города Железнодорожный Григорий Топорков (имена некоторых действующих лиц изменены), а его пассажирами оказались москвичка Ирина Соева, тоже неработающая, и студентка пятого курса Российского университета экономики Виктория Куличенко.

На допросе задержанные сообщили, что они отдыхали на плотине и теперь просто возвращались в Москву.

— Был с вами еще кто-нибудь? — спросили троицу.

— Нет, на водохранилище мы приехали втроем, — последовал категоричный ответ.

— А что-то пояснить по поводу убийства можете?

— Нет, нам ничего об этом не известно...

Однако ближе к полуночи задержанные все-таки вспомнили, что приехали они в Истринский район не втроем, а вчетвером. Компанию Григорию, Ирине и Виктории составил Герман Старостин, числившийся работником одного из столичных совместных предприятий. Парни и девушки устроили себе нечто вроде романтического путешествия, поселившись на базе отдыха «Заря».

В летнее время желающих покататься на лодках и катамаранах по Истринскому водохранилищу обычно так много, что выстраивается очередь. Не был исключением и тот июльский денек 1992 года. Не дождавшись свободных лодок на прибрежном участке «Зари», четверо молодых людей отправились попытать удачи у соседнего пансионата «Песчаный берег», где без долгих проволочек и взяли напрокат две лодки.

Топорков и Куличенко все еще кружились по водной глади, когда Старостин и Соева причалили к песчаной отмели у пирса и уселись на скамеечку. Поджидая Григория и Викторию, они разговорились и не заметили, как за их спинами появились трое парней.

Раздался сухой щелчок, и вдруг Старостин, схватившись за руку, вскочил с места, побежал вперед.

Недоумевая, Соева оглянулась назад, и один из парней ей гаркнул:

— Ну-ка, живо отойди!

Ирина испуганно отскочила в сторону, а вслед ее убегающему кавалеру загремели выстрелы. Боевики не промахнулись — Старостин, как подкошенный, упал с пирса на песок, не добежав до своей лодки десяток метров.

На глазах у многих остолбеневших отдыхающих один из налетчиков подскочил к лежачему и сделал в его голову контрольный выстрел. Тем временем его сообщники схватили сумку-визитку убитого, лежащую на скамейке.

— Эй, вы что чужое берете!.. — сгоряча заорала на уголовников Ирина, но тут же осеклась под их недобрыми взглядами.

Преступники будто знали, что в шикарной сумке-визитке лежат не только крупная сумма денег и золотой нательный крест стоимостью в полмиллиона рублей, но и заряженный пистолет.

Затем, как в классическом кинобоевике, доморощенные ганстеры степенно удалились с места происшествия.

Сообразив, в какой крутой переплет они угодили, сотоварищи погибшего тоже решили побыстрее смыться с водохранилища. Быстро похватав в коттедже «Зари» собственные вещи, они рванули в столицу. Дерзкие преступники оказались более опытными — их машине удалось миновать милицейские заслоны.

Что и говорить, трудная задача стояла перед следственно-оперативной группой, в которую на первых порах вошли следователь прокуратуры В. Титов и сотрудники Истринского ОВД: начальник СКМ (службы криминальной милиции) Отдела внутренних дел Е. Стрелков, руководитель милиции общественной безопасности А. Рогачев, старший следователь Е. Кузнецова, следователь С. Мухин, старший оперуполномоченный ОУР С. Скоков, оперуполномоченные уголовного розыска А. Митрохин, А. Иванов и В. Скапинская, начальник ЭКО (экспертно-криминалистического отделения) А. Новихин, участковый инспектор В. Буравков и возглавлявший организационно-аналитическое отделение В. Николаев. Следует добавить и то, что в Истру выезжали и представители подмосковного милицейского главка: заместитель начальника Отдела уголовного розыска ГУВД столичной области В. Деринг и заместитель начальника подотдела ОУР И. Кравцов.

Для начала сыщики, естественно, решили получить более полное представление о самом пострадавшем. Выяснилось, что уроженец Балашихи ранее судимый Герман Старостин, помимо Москвы, где он и был прописан, снимал квартиры в своем родном городе, а также и в Железнодорожном.

Едва балашихинские оперативники узнали о приметах преступников, сообщенных лодочницей пансионата и отдыхающими, как сразу же уверенно назвали их фамилии — Жасминик, Легащев и Доренко.

Взяли подозреваемых на третий день после убийства Старостина. Милицейская засада дождалась, когда к дому, в котором в разных подъездах проживали Жасминик и Доренко, лихо подрулили «Жигули» со всей командой. Легащева, оставшегося в машине, оперативники застали врасплох и захватили прямо на улице, а его приятелей «повязали» на выходе из подъездов. Предположение о том, что на вооружении команды имелись автоматы «узи», не подтвердилось: Жасминик владел «парабеллумом», у Легащева нашли пистолет «ТТ», который можно было использовать лишь в качестве грозного пугача, поскольку он оказался без бойка, зато на квартире у Доренко хранился «наган», которым и был убит Старостин.

Однако в момент задержания этих преступников начальник отделения уголовного розыска Истринского ОВД А. Сизов и его заместитель Б. Двоешкин даже предположить не могли, что убийству в пансионате «Песчаный берег» предшествовала жуткая история. И лишь постепенно сложили ее как мозаику.

Благодаря рэкету, а иначе говоря — вымогательству, Жасминик, Легащев и Доренко сбили хороший капиталец и занялись коммерческой деятельностью. Когда же на них начали «наезжать» более агрессивные коллеги по противоправному промыслу, начинающие дельцы сделали свой недальновидный выбор — обратились за защитой и покровительством к преступной группировке, которой заправлял родившийся в 1963 году Герман Старостин.

Главарь криминальной группировки был чрезвычайно крут, поэтому деловые люди безропотно отдавали ему немалую «дань». Само собой, «упаковался» Гера дальше некуда — валюты скопил даже на «черный день», приобрел иномарку престижной модели, завел смазливую подружку Ирину Соеву, которой то и дело перепадало от щедрот покровителя-сожителя. Достаточно сказать, что лишь на обустройство жилья красотки-сожительницы он как-то «отстегнул» миллион рублей. Своих особо приближенных подручных Гера тоже ежемесячно «подпитывал», но поскромнее, выдавая каждому по 10—15 тысяч рублей, но на всякий случай всем «пробил» загранпаспорта. Так что окружение отвечало благодетелю собачьей преданностью. Григорий Топорков удостоился чести стать личным шофером-телохранителем непредсказуемого Геры.

Деньги Старостину, кроме оплаты гулянок в кабаках и трат на прочий стандартный набор шальной

135

красивой жизни, девать было некуда, поэтому криминальный босс развлекался по-своему. То заказал, чтобы ему «подогнали» новые украденные непременно темно-синие «Жигули», и эта его прихоть была выполнена почти, тотчас же, то ни с того и ни с сего осчастливил Жасминика другой похищенной машиной, с уже перебитыми номерами, хотя позже так же ее и отнял, и все в таком духе...

Некоторое время Старостин ладил с другими уголовными «авторитетами», но как-то в ресторане непочтительная подольская братва набила ему морду. А поскольку и до этого его «пехота» жаловалась на подольских нахалов, Гера решил преподать им показательный урок — собрался специально поехать с бойцами к «хамам другого города», но получил удовлетворение совсем не там. У кооперативного кафе в Старой Купавне старостинская автобанда, заметив среди прохожих обидчиков, бесприцельно шарахнула несколько раз из «стволов» в толпу и горделиво укатила восвояси. Итогом этой мстительной акции стали две случайные жертвы — была убита девушка и ранен мужчина.

Враждующая сторона, интересы которой представляли Подольская, Чеховская, столичные Измайловская, Таганская и Солнцевская группировки и балашихинские конкуренты, приняла вызов — Гериного верного дружка, ехавшего на автомашине, застрелили прямо средь бела дня.

Тогда старостинские боевики, прихватив автоматы, помчались в Подольск. Там дали несколько очередей на улице около пустыря, после чего заключили «джентльменское соглашение» с местными верховодами преступного мира — договорились о сходке для мирного урегулирования возникшего конфликта.

На разборку съехались в Бутово. От обеих сторон собралось около сотни человек, прикативших на столичную окраину с огнестрельным, в том числе и автоматическим оружием. Полюбовной встречи не получилось: вроде бы Старостин спровоцировал побоище. Началась свалка, раздались выстрелы. Трое убитых и несколько раненых — так завершилась эта сходка оставшихся непримиримыми врагов. Но своего Старостин добился, ведь он очутился на «разборочном толковище» с одной-единственной целью — стрелять и резать обидчиков. Вот тогда-то на похоронах погибшего в Бутово участника столичной группировки Сережи Бороды скорбящие «законники» и «авторитеты» и приговорили неуправляемого Геру и его ближайшего сподвижника Сухорукова по кличке Сухой к смерти.

За Старостиным и его активом стали охотиться представители противоборствующего клана. Сначала в столичной гостинице «Волга», где размещался офис совместного российско-австрийского предприятия, добрались до правой руки Геры — «сверхкрутого» коммерсанта Александра Сухорукова, только что вернувшегося из зарубежной поездки. Когда непрошеные визитеры заявились в его офисный кабинет, у бизнесмена в руках был автомат, но Сухой положил оружие на стол, думая договориться с угрюмыми посетителями по-хорошему. Сухоруков, который в драке мог легко справиться в одиночку с несколькими «качками», явно переоценил свой дар убеждения: долгой нудной беседе исполнители чужой воли предпочли любимый аргумент — автоматные пули прошили тело самоуверенного хозяина помещения.

Едва до Старостина дошел слух о том, что могущественные недруги возгорелись желанием устроить беспощадную расправу и над ним, он предпочел временно исчезнуть из района криминальных боевых действий в столичном регионе. Пару месяцев провел где-то на юге, а в июле, вернувшись, решил еще переждать смутное время в каком-нибудь спокойном местечке. И тут как нельзя кстати пригодился совет Григория Топоркова, отдыхавшего с женой на Истринском водохранилище. Там поначалу в пансионате «Песчаный берег» Гера на славу «оторвался» с Жасминиником и Легащевым, которые прежде неизменно вместе с Доренко сопровождали главаря группировки при выездах на разборки. Через считанные дни снова приехал на водохранилище, но уже с личным водителем. А для поднятия настроения они прихватили с собой и подружек.

Даже вдали от горячих криминальных точек столицы и ближнего Подмосковья Гера соблюдал конспирацию: в первый приезд истринские пансионатские покои снимал на имя Легащева, во второй раз «материально-ответственным» за домик базы отдыха «Заря» записал Топоркова. Для самозащиты постоянно таскал с собой оружие, понимая, что за собственные ошибки придется расплачиваться не «деревянными» и «зелененькими», а в лучшем случае — своей кровью, в худшем — жизнью. И в конце концов за свои непомерные притязания получил «свинцовый букет» — в Старостина попали восемь пуль.

Между прочим, выполнивший поручение единомышленников — расправиться с инициаторами кровопролитного бутовского побоища Старостиным, Сухоруковым и поддерживавшими их двумя нерядовыми люберецкими «братками» — лидер одной из московских преступных группировок позже тоже был убит, как и ряд прочих влиятельных криминальных вожаков столичного региона.

ОПЕРАЦИЯ «УДАВ»

Пожалуй, еще долго будут всем помниться те ужасающие преступления, которые совершил в столичной области маньяк-убийца Сергей Головкин. Однако авторы многочисленных публикаций, как правило, основной упор делали на описание кровавых похождений этого монстра-уголовника, печально известного теперь под двумя кличками — Фишер и Удав.

Вниманию читателей этой книги предлагается очерк, подробно освещающий то, как работники правоохранительных органов вычисляли особо опасного преступника. Профессионалами сыскного дела сейчас признается, что милицейская операция «Удав» стала одной из самых ярких и значительных в практике подмосковного угрозыска за последнее время.

Юный свидетель попался очень словоохотливый. Боря Воронцов (имена свидетелей и жертв преступлений изменены по вполне понятным причинам) взахлеб рассказывал сотрудникам уголовного розыска, как он шел по лесу с Алешей Гудковым, когда им повстречался незнакомый высокий мужчина со шрамом на подбородке. Случайный прохожий будто бы обрадовался встрече с мальчишками и разговорился с ними. Он назвался Фишером и доверительно поведал, что был осужден, но сбежал из «зоны» и его теперь усиленно разыскивает милиция. А потом дяденьку неожиданно что-то рассердило, и он накинулся на подростков. Боре удалось вырваться и спрятаться в кустах. Но он своими глазами видел, как Фишер убил его приятеля и, не торопясь, пошел дальше по лесной тропинке. Помимо особой приметы на лице убийцы, очевидец жестокой расправы вспомнил, что на левой руке Фишера красовалась татуировка кинжала, обвитого змеей. По просьбе сыщиков Боря уточнил, что рост беглого зэка под метр девяносто...

Несмотря на то что Воронцов во многих деталях путался, его показания все-таки стали основой для одной из версий следствия, которое занималось выяснением обстоятельств трагической гибели 14-летнего Алеши. Когда в лесной чаще в 200 метрах от пионерского лагеря «Звездный», находившегося вблизи деревни Угрюмово Одинцовского района, обнаружили его обезглавленный труп, со вскрытыми грудной клеткой и брюшной полостью, то даже видавшим виды сотрудникам угрозыска стало не по себе.

Не прошло и месяца, как неподалеку от одинцовского поселка Заречье в зоне отдыха Мещерское нашли труп зверски убитого, исколотого ножом и расчлененного 16-летнего И. Горькова. Неизвестный преступник подстерег этого юношу во время его ежедневной пробежки у озера.

По почерку оба одинцовских убийства очень походили на то, что несколько раньше, в середине весны 1986 года, было совершено в Дмитровском районе. Там в лесу близ поселка Катуар было найдено истерзанное тело мальчика, поехавшего на велосипеде за березовым соком. Рядом с трупом задушенного и изрезанного ножом восьмиклассника, подвергшегося перед трагической кончиной изнасилованию в извращенной форме, валялись целехонький велосипед и пустая трехлитровая стеклянная банка.

Стало очевидно, что в Подмосковье появился опаснейший маньяк. Для его поимки при Одинцовском УВД была создана большая следственно-оперативная группа, включавшая работников прокуратуры и милиции. Негласная проверка лиц, носивших фамилию или кличку Фишер, не дала никакой зацепки. Параллельно проводилась оперативная отработка тех, кто увлекался игрой в шахматы. Мало ли, ведь Фишером мог представиться и поклонник знаменитого американского гроссмейстера, владевшего мировой шахматной короной. Только, к сожалению, и это направление розыска оказалось тупиковым.

Само собой, одновременно через следственное «решето» просеивался огромный контингент ранее судимых насильников и убийц, гомосексуалистов и психбольных, лиц, склонных к вспышкам сексуальной агрессии. И опять — неудача, хотя пустой тратой времени это крупномасштабное оперативное мероприятие не назовешь. Ведь как-никак, а поле деятельного поиска для сыщиков заметно сужалось.

Поневоле закрадывался сакраментальный вопрос: а был ли Фишер? Все больше члены следственно-оперативной группы начали склоняться к мысли, что особое внимание нужно уделить отработке еще одной версии — однотипные убийства совершены кем-то из местных жителей. Приезжие садисты, как правило, на повторную «мокруху» в одном месте не идут. Еще бы! Эти преступники хорошо осознают: чем меньше кровавых следов там, где они — чужаки — находились проездом, тем больше у них шансов остаться непойманными.

В Одинцовском районе, как и в Дмитровском, пошла самая что ни на есть рутинная работа: изо дня в день сыщики занимались заурязнейшим делом — поочередно в каждом населенном пункте совершали подворные и поквартирные обходы. Видимо, почувствовав, что милицейские работники взялись за его розыск очень основательно, маньяк на время затаился.

Быстро подоспела пора очередных летних каникул, и правоохранительные органы, памятуя о прошлогоднем криминальном ЧП в зеленом поясе «Звездного», позаботились о безопасности детей. Во все без исключения пионерские лагеря Одинцовского и Дмитровского районов были прикреплены для круглосуточных дежурств работники милиции, более жестким и дотошным стал подбор обслуживающего персонала туда, где «песней горна начинается рассвет». Увы, даже после «драконовых мер», предпринятых опытными кадровиками системы народного образования, в штатах пионерлагерей все равно оказались и ранее судимые, и приверженцы нетрадиционной сексуальной ориентации... Правда, на сей раз представители так называемой «группы риска» не остались беспризорными, отчего они напрочь лишились соблазна вести себя неподобающим образом.

Неожиданно на оперативников свалилась новая напасть: на территории Наро-Осановского сельсовета, где находились садоводческие товарищества «Нефтяник» и «Коммунар», преступным посягательствам стали подвергаться детишки дошкольного возраста. Из бессвязных рассказов малышей следовало, что какой-то лысеющий дядька в куртке защитного цвета, разъезжающий на велосипеде, заманивал пяти-шестилетних ребятишек в лес и совершал в их отношении развратные действия. Велосипедист обещал несмышленышам то показать воронку от бомбы, то маленькую живую собачку, то диковинного лесного зверька. Доверчивые малыши безбоязненно шли за коварным искусителем под темные своды деревьев. Вдоволь натешившись, развратник выводил свои жертвы из дебрей обратно на проселочную дорогу и кое-кого на прощание даже угощал сладостями. На милицейские секреты тогда, в 1987 году, похотливый велосипедист так и не нарвался. И вот, очевидно, уверовав в свою неуязвимость, продолжил так же действовать и летом 1988 года.

Выпускник Московской высшей школы милиции А. Дубиневич и оперуполномоченный угрозыска Ю. Смольков — сотрудники Кубинского ГОМ — находились в засаде у Можайского шоссе, спрятавшись от посторонних глаз в лесопосадке. Затем решили на машине, принадлежавшей Александру Дубиневичу, проскочить в сторону «Коммунара». В момент, когда «Москвич» остановился напротив сторожки, с дачной территории выехал и направился в сторону поселка Кубинка велосипедист в куртке цвета хаки, с залысинами на голове. Лейтенанты переглянулись и без слов поняли друг друга, но на всякий случай спросили у сторожа «Коммунара»:

— Ваш?

— Нет, — пожал плечами старичок.

Понаблюдав некоторое время за подозрительным мужчиной, Александр Васильевич и Юрий Федорович его задержали. Велосипедист даже ничуть не удивился, что его «взяли». В городском отделении милиции, на допросе, он не только подтвердил известные оперативникам факты, но и сознался в еще большем числе совершенных им преступлений, заявления о которых в правоохранительные органы не поступали. Так был изобличен житель поселка Тучково, ставший вроде бы после службы в ракетных войсках импотентом-фантазером. Но «фишерским» духом тут и не пахло.

Между тем маньяк вновь напомнил о себе через пару лет. В июле 1990 года в лесном массиве был обнаружен расчлененный труп пятиклассника Перхушковской средней школы Семена Суточкина, который числился без вести пропавшим с сентября 1989 года. В августе 1990 года исчез Серафим Зубенко, поехавший в военный городок Власиху.

И снова следствие долгое время пребывало в полном неведении относительно того, что еще натворил человекоподобный зверь. Но вот 16 июля 1991 года нашли расчлененные трупы учащихся Маловяземской средней школы — шестиклассника Александра Бокова и девятиклассника Бориса Доменщикова. Тайное захоронение убитых подростков было произведено в уже известной сыщикам могилке — на обочине кольцевой бетонки, в 30 метрах от дороги. Восемь с лишним месяцев родители Александра и Бориса жили в тягостном ожидании страшных вестей.

Еще одна лесная могилка появилась в нехоженой части чащи: неподалеку от пансионата «Поляны», в 50 метрах от проселочной дороги. В неглубокой ямке был прикрыт землей труп 13-летнего Никиты Баталова. В августе 1991 года мальчик отправился из Успенского в соседний поселок Горки-10 и как в воду канул. И лишь через 50 с лишним дней были найдены его останки. На сей раз изувер не только расчленил тело мальчика, но и снял с него кожу.

Изощреннейшие, циничные злодейства неуловимого маньяка, о которых не раз негодующе рассказывалось в центральной прессе, потрясли страну. Обыватели возмущались «пассивностью» милиции, которая никак не может положить конец беспределу Фишера. И наверное, сыщикам не просто было удержаться от встречных выпадов по поводу того, что как раз само население и не очень-то способствует поимке маньяка.

Менялись министры и члены коллегии МВД, шли кадровые перестановки в подмосковном милицейском главке, но следственно-оперативная группа по операции, получившей условное название «Удав», не распадалась, лишь обновлялся ее состав, чтобы не иссякали свежие идеи. Кроме того, в каждом УВД-ОВД столичной области специально был выделен сотрудник, который выискивал и обобщал непосредственно по своему району любую информацию, которая могла иметь хоть самое косвенное отношение к «Удаву».

Следствие обратилось за помощью к авторитетным ученым-криминологам, видным отечественным психологам и медицинским светилам. Из Всесоюзного научно-методического центра по вопросам сексопатологии поступили рекомендации, в которых содержался, по сути, весьма прозрачный намек на Чикатило, отправившего в мир иной, по официальным данным, более полусотни женщин и детей. Однако несколько «наблюдателей» подмосковного уголовного розыска, откомандированных в Ростовскую область в составе группы МВД на прогремевшую на весь мир операцию «Лесополоса», убедились, что у подмосковного маньяка свой почерк.

Разумеется, были назначены все доступные криминалистические экспертизы, которые могли пролить хоть какой-то свет на преступления или лицо, их совершившее. Скажем, когда близ бетонного кольца, под Звенигородом, обнаружили три черепа, то личности потерпевших Семена Суточкина, Александра Бокова и Бориса Доменщикова идентифицировали лишь по феноменальному методу М. М. Герасимова. Или другая, не менее характерная, деталь. При тщательном осмотре захоронения Никиты Баталова был найден небольшой клок чужих волос. Представьте только, что для получения экспертного заключения по этой важной следственной улике пришлось посылать курьера в столицу Азербайджана, где тогда лилась кровь из-за межнациональных раздоров. Но как знать, если бы не эта поездка в Баку, то следствие еще долго не догадалось бы, что маньяк разделался с жертвами в своем логове.

146

К трупу Никиты были прилеплены волосы мальчика, убитого еще год назад. Это позволило сделать и другой простой вывод: из домашней анатомички убийца вывозит трупы на каком-то транспорте, поскольку рядом с их захоронениями населенных пунктов не было — только бетонка да лес вокруг.

Начальник Одинцовского УВД полковник милиции Л. Глушко дал «добро» на создание постоянной следственно-оперативной группы Управления внутренних дел. Ее возглавил подполковник Е. Дорохов — руководитель службы криминальной милиции Одинцовского УВД. В состав группы были включены начальник уголовного розыска В. Масловатов, старший оперуполномоченный ОУР управления О. Агеев, его коллега из Звенигородского ОВД С. Дубов и другие. От прокуратуры Московской области в группу направили старшего следователя В. Зайцева (позднее он станет зональным прокурором Генеральной прокуратуры России по Москве), из Отдела уголовного розыска областного ГУВД прибыл заместитель начальника подотдела И. Кравцов, а ГУУР МВД Российской Федерации выделило старшего оперуполномоченного В. Цхая. Оперативники принялись уже более целенаправленно «лопатить» куст населенных пунктов, включавший город Звенигород, поселки Жаворонки, Голицыно, Горки-10, Перхушково и прочие. Теперь сыщики брали на заметку всех, кто вписывался в обобщенный психолого-социальный типаж: условный подозреваемый одинок, он высокого роста и не отталкивающей внешности, обладает навыками работы в анатомичке, морге или занимается забоем домашнего скота, у разыскиваемого, скорее всего, есть в личном пользовании какой-то транспорт, гараж или сарай.

Тридцатого марта 1992 года постоянную следственно-оперативную группу вызвали в Генеральную прокуратуру России, где шел сугубо профессиональный разговор о том, какие организационные меры необходимо еще предпринять, чтобы операция «Удав», наконец, подошла к логическому завершению. Нужно отметить, что после «оперативки» в Генпрокуратуре в состав группы пришло пополнение: в частности, подключились к «переписи теоретических подозреваемых» и другие представители подмосковного уголовного розыска — старший оперуполномоченный по особо важным делам А. Шипелкин, старший оперуполномоченный В. Пронин, а также и инспекторы оперативно-поискового отдела ГУВД Московской области А. Краснов и Д. Моничев.

В картотеку следствия после тщательнейшей отработки жилого сектора, предприятий местной промышленности, всевозможных учреждений, пансионатов и баз отдыха были внесены не единицы и даже не десятки подходящих кандидатур, а около 200 человек.

В апреле 1992 года пропал 15-летний житель Горок-10 Станислав Плаксин. Родители довольно спокойно отнеслись к его исчезновению, так как подросток и раньше несколько раз уже сбегал из дома. Но сыщики нутром почуяли, что и Станислав не избежал жуткой участи.

Учитывая то, что Горки-10 уже не первый раз проходят по документальной базе операции, решено бы-

148

ло досконально проверить мужскую половину поселка и его окрестностей. Вот тут-то и занервничал один местный житель, ранее судимый за изнасилование малолетней девочки. На свободе бывший колонист принялся просвещать подрастающую смену в сложных вопросах любви и секса, демонстрируя знакомым пацанам порнографические фотоснимки. В исправительно-трудовой колонии насильник сам стал жертвой похотливых зэков — пассивным гомосексуалистом, но на воле вполне мог ожесточиться. Однако осмотр квартиры и домашнего подсобного хозяйства «сексолога» разочаровал милицейских работников — опять «пустышка».

И вдруг поднадзорный «сломался» и добровольно, без всякого принуждения явился с повинной — признался в убийстве Никиты Баталова.

Казалось бы, всё — маньяк нашелся, но кому не памятен горький витебский урок, когда за совершенные «примерным семьянином» Михасевичем убийства были осуждены невинные люди, одного из которых даже расстреляли? Подмосковные сыщики начали перепроверять показания признавшегося и довольно быстро поняли, что он на себя наговаривает. Этого лжеубийцу отпустили домой, зато в других ситуациях операция способствовала изобличению и аресту опасных уголовников. В капкан «Удава» попались местный насильник, совершивший два гнусных преступления еще в 1990 году, и скрывшийся от розыска орехово-зуевский «любитель острых ощущений».

Надо отдать должное руководству Главного управления внутренних дел Московской области и, в первую очередь, его тогдашнему начальнику генерал-лейтенанту милиции Константину Белину за то, что следственно-оперативной группе была дана возможность скрупулезно и без излишней спешки «вычищать» собранную картотеку.

В июле 1992 года появилась потребность в дополнительных силах для проверки звенигородских подучетных, и тогда в Одинцово незамедлительно отрядили 15 сотрудников оперативно-поискового отдела ГУВД. Картотечных подозреваемых становилось все меньше и меньше...

Незаметно наступила осень, и уже первый ее месяц всколыхнул Горки-10: пропали сразу трое поселковых мальчишек — Дмитрий Егоров, Яков Сумятин и Виктор Широков.

Четвертого октября в лесу около деревни Угрюмово, где шесть с лишним лет назад у пионерского лагеря «Звездный» было обнаружено изувеченное тело Алеши Гудкова, грибники наткнулись на могилу, раскопанную, вероятно, дикими зверями. На этот раз даже судмедэксперт ужаснулся, когда приступил к исследованию останков жертв: трупы задушенных Егорова и Сумятина были обезглавлены и искромсаны, а от третьего подростка остались только внутренние и половые органы. Ничего подобного не увидишь даже в самых жутких кинотриллерах, а каково было тем членам следственно-оперативной группы, кто по долгу службы с содроганием вглядывался в детские трупики, на которых начавшееся естественное разложение еще не уничтожило страшные следы издевательств?

Сыщики забыли о сне и отдыхе, сосредоточившись на раскрытии этого тройного убийства. В месте, где были найдены останки погибших, выставили скрытый пост наблюдения. Еще до того как была обнаружена детская могила, оперативники разузнали, что с тремя пропавшими мальчишками наиболее теплые приятельские отношения поддерживал Юрий Гасимов, подавшийся после окончания восьми классов на самостоятельные заработки в совхоз. Теперь милицейские работники вновь поговорили по душам с молодым животноводом-скотником, но тот вдруг заявил, что совсем не знался с этими ребятами. Тогда для сбора дополнительных сведений в Горковскую среднюю школу послали участкового инспектора Успенского ПОМ лейтенанта А. Назаренко.

Одноклассники погибших ребят поведали офицеру милиции, что Юрий не только водил дружбу с Дмитрием, Яковом и Виктором, но и занимался с ними «бизнесом». Компания ездила на автобусе до деревни Дунино, переправлялась на лодке через Москву-реку и там, на противоположном берегу, копала на совхозном поле картофель. Затем продавала ворованное обслуживающему персоналу и отдыхающим пансионата «Поляны». Вырученные деньги дружки тратили в основном на приобретение жетонов для игральных автоматов, установленных в здании столичного Белорусского вокзала.

Александр Васильевич разыскал Юрия на молочнотоварной ферме и обратился к нему, как к взрослому мужчине:

— Юрий, ты пойми, ребята пропали. Ты же с ними дружил?

— Да, — нехотя выдавил Гасимов.

— Милицию сейчас не интересуют ваши делишки с картофелем, нас волнует, что ничего не известно о судьбе твоих друзей. Ты с ними ведь ездил на Белорусский вокзал?

— Ну, ездил, — буркнул Гасимов.

— Почему же не сказал об этом раньше? — возмутился лейтенант.

— Боялся, что за картофельную подработку накажут, — потупился паренек.

— Ладно, — махнул рукой участковый, — сегодня письменное объяснение я с тебя брать не буду, а завтра утром приходи в Успенское поселковое отделение милиции. Там и расскажешь все без утайки...

Гасимов не подвел, и на следующий день с ним обстоятельно побеседовал заместитель начальника Успенского ПОМ капитан В. Нацаренус. Юрий перестал наконец скрытничать и врать, рассказал подробно о всех поездках друзей и, между прочим, вспомнил, как однажды, когда они вечером приехали из Москвы, от Одинцово до Горок-10 их подбросил на своей автомашине дядя Сережа.

В Одинцове в этот момент находились уже около 40 оперативных работников высочайшей квалификации, в том числе начальник Отдела уголовного розыска ГУВД Московской области Николай Чекмазов, его заместители Степан Асташкин и Анатолий Горбовский, старший оперуполномоченный по особо важным делам ОУР Виталий Романенко и другие.

Дядя Сережа в картотеке оперативников тоже значился, но, к сожалению, до его проверки очередь еще не дошла. Сыщикам было известно, что этот человек по фамилии Головкин работает старшим зоотехником-селекционером Московского конного завода № 1, участвовал в анатомических вскрытиях лошадей. В свои 33 года этот выпускник Тимирязевской сельскохозяйственной академии был еще холостяком, вел очень обособленный образ жизни. К женщинам Сергей Головкин относился равнодушно, а вот с подростками был, что называется, на короткой ноге.

Окружающие не видели ничего странного в том, что дядя Сережа не препятствовал пацанятам наблюдать в конюшне за осеменением кобыл, не говоря уже о том, что зоотехнический работник разрешал мальчишкам кататься на лошадях и не обделял некоторых подростков сигаретами. В 1988 году Сергей купил автомашину «ВАЗ-2103» темно-бежевого цвета, тогда же приобрел гараж. В поселке Горки-10 специалист селекционного дела для многих был «темной лошадкой», местные жители, к которым обратились сыщики, затруднились пояснить, что из себя представляет его гараж.

Раньше дядю Сережу не взяли в оборот только потому, что зоотехник был прописан в Москве, а оперативники первым делом решили полностью разобраться с местными бобылями. Но нежданно выяснилось, что Головкин фактически «перепрописался» в добротный нежилой особняк конного завода, где на втором этаже сердобольная администрация отвела ему комнату «красного уголка», чтобы селекционеру не надо было ежедневно мотаться в столицу. Свидетельство Гасимова замкнуло разорванную логическую цепочку, в которой недоставало всего одного звена — подтверждения того, что дядя Сережа пользовался доверием ребят, исчезнувших при невыясненных обстоятельствах.

Настал тот самый момент, когда профессиональное чутье подсказывало милицейским работникам, что Головкина надо «брать», и — немедленно! Девятнадцатого октября после полудня в поселке Жаворонки у железнодорожного переезда, где остановились ехавшие с автозаправочной станции темно-бежевые «Жигули», оперативники аккуратно выполнили свою миссию. Не привлекая внимания посторонних, они доставили Головкина в Успенское ПОМ, сюда же подогнали и его четырехколесную «тройку».

Сыщики были в предчувствии победы над маньяком. Ведь это им, работникам милиции, приходилось подолгу сидеть в засадах в местах возможного появления преступника, опрашивать бессчетное количество пассажиров автобусов и электричек, переворачивать горы путевых листов в автохозяйствах в надежде, что вдруг всплывет какой-нибудь подозрительный тип из числа профессиональных водителей... Нельзя не сказать и о том, что в операции участвовали не только сотрудники угрозыска: так, старшему оперуполномоченному отдела по борьбе с преступлениями в сфере экономики Наро-Фоминского УВД Василию Селятину вместо изобличения алчных уголовников пришлось отдать операции «Удав» целых шесть лет.

Милицейские работники посадили Головкина под стражу на законный «минимум» — трое суток. Ночью в камере селекционер вскрыл себе вены, но самоубийцей задержанному не суждено было стать. А утром Головкин изъявил желание увидеть следователя, чтобы, наоборот, поторговаться с ним насчет сохранения своей жизни. Старший следова-

154

тель по особо важным делам российской Генеральной прокуратуры В. Костарев объяснил задержанному азбучную юридическую истину, что только чистосердечное признание смягчает вину преступника.

И тогда Головкин описал свои жуткие преступления.

Не хочу и не могу повторять то, что вытворял монстр с мальчишками, которых «снимал» в основном на дороге или остановках. Поселковые жители никогда не видели, как Головкин подъезжал со своими жертвами к двухэтажному особняку, за которым стоял окрашенный зеленой краской металлический гараж. «Добрый дяденька» очень заботился о собственной безопасности: подбирая ребятню, он стремился как бы разбудить у них дух «романтики» запретной деятельности. К примеру, когда у переезда на станцию Перхушково в салон «тройки» подсел школьник Семен Суточкин, он предложил ему... вместе обворовать дачу. Обманув мальчишку, привез его в гараж, где глумился над ним, как хотел. Под столь же незамысловатым надуманным предлогом маньяк заманил в свое логово Егорова, Сумятина и Широкова. Двоих мальчишек, которые еще подбадривали друг друга по дороге, вез в багажнике, а третий прилег на заднем сиденье, чтобы его не увидели посторонние.

Истязал и убивал подростков Головкин в подземелье — собственноручно вырытом подвале гаража. В этом склепе, образованном забетонированными стенами и тяжелым верхним перекрытием с небольшой откидной дверцей, к потолку была прикрепле-

155

на лестница, на которую можно было подвешивать любой груз. В подвальный потолок зоотехник ввернул две мощные лампы, чтобы его маниакальные кровавые услады происходили при ярком электрическом свете.

При обыске в гараже нашли набор ветеринарных инструментов, топор с деревянной ручкой, две лопаты, шприцы, презервативы, вазелин, синтетическую веревку, шесть ножей, на которых были пятна бурого цвета... Здесь же валялись детская болоньевая курточка и школьный пиджак. Гнетущее впечатление дополняла пара мощных настенных крюков, на одном из которых висело небольшое корытце. На допросе Головкин пояснил, что в него он спускал кровь убитых мальчишек, а потом выжигал ее паяльной лампой. Да только разве можно скрыть следы всех этих невообразимых пыток? Да, дорога в этот гараж оказалась долгой и трудной. Подмосковные оперативники держали под контролем, помимо социально опасных психбольных, многие десятки тысяч субъектов перевернутого мира — сексуальных извращенцев, сутенеров, освободившихся из мест лишения свободы убийц, насильников... В ходе операции «Удав» милицейские работники сделали для себя потрясающее открытие, что только в одном Одинцовском районе проживало множество гомосексуалистов. Прибавьте к этому, что сыщики присматривали за громадной армией профессиональных шоферов и автолюбителей после того, как пришли к выводу, что детские трупы кто-то вывозит. Одна из версий основывалась и на том, что к серии душегубств причастен кто-либо из дачников.

Кто же мог подумать, что нечеловеком стал выходец из вполне обычной столичной интеллигентной семьи — специалист с высшим образованием, серебряный медалист ВДНХ СССР, селекционер, которого в ближайшем будущем даже ждало повышение в старшие зоотехники. Характеризовался он на работе только положительно, пользовался уважением окружающих.

Однако вместо блестящей карьеры перспективный специалист, пройдя полный курс «лошадиной анатомии», переключился на убийство детей. Правда, следствие установило, что летом 1984 года в обвиняемом еще оставалось что-то человеческое. Тогда Головкин около поселка Голицыно Одинцовского района подкараулил в лесу мальчика, вышедшего с территории пионерского лагеря «Романтик». Раздел его догола, подвесил на дереве за шею, но, увидев, что подросток дышит с хрипом, опустил на землю. Убивать свои жертвы он начал позже, с 1986 года, и озверел до такой степени, что на головах некоторых убитых им подростков находили седые волосы.

Вот, к примеру, как говорится об одном из его преступлений в обвинительном заключении:

«6 ноября 1990 года около 21 часа на Можайском шоссе возле автобусной остановки «Институт» вблизи пос. Голицыно Одинцовского района Московской области Головкин в целях удовлетворения своих извращенных наклонностей, совершения актов мужеложства, садизма, издевательства и последующих убийств и глумлений посадил в свою личную автомашину малолетнего Бокова А. Н., 29 октября 1979 года рождения, и несовершеннолетнего Доменщикова Б. Ю., родившегося 9 июня 1976 года.

157

Обманным путем привез их в свой гараж, где в погребе под угрозой ножа заставил их раздеться... Затем совершил с обоими подростками насильственные акты мужеложства. Продолжая запугивать детей, с целью удовлетворения своих садистских желаний Головкин связал им руки за спиной и заявил, что является Фишером, который убивает детей, и сейчас их убьет, при этом демонстрировал череп убитого им ранее Зубенко. Подавив волю к сопротивлению и сознавая, что причиняет детям особые страдания, Головкин в присутствии Доменщикова повесил Бокова. Затем совершил с оставшимся в живых Доменщиковым акт мужеложства, после чего задушил и его, повесив в той же веревочной петле, что и Бокова.

На следующий день Головкин в багажнике своей автомашины вывез трупы Бокова и Доменщикова в район 2-го бетонного кольца к указателю «Звенигородское лесничество». Глумясь над трупами, нанес множество ударов ножом, скальпировал головы, а затем расчленил трупы, отрезав головы, руки, ноги, половые органы, вскрыл грудные и брюшные полости. Получив удовлетворение, останки закопал в землю...»

Мне довелось побеседовать с одним из пожилых жителей поселка Горки-10, проработавшим бок о бок с Головкиным. Сослуживец бесхитростно поведал, что те, кто знал зоотехника, считали его нормальным, скромным и вежливым человеком. И поэтому до сих пор — а наш разговор состоялся спустя считанные недели после задержания подозреваемого в совершении серии убийств — не верят, что нерядовой селекционер мог оказаться таким злодеем.

Мой собеседник еще отметил, что женщин зоотехник сторонился, поэтому ничего не вышло из затеи добрых знакомых сосватать ему одну наездницу с ипподрома. Зато Головкин был мужиком работящим: вот только получил садовый участок за Николиной горой, где сразу же посадил яблони, развел клубнику... Кто же мог подумать, что после трудов праведных он раскатывал по Одинцовскому району на катафалке в поисках малолетних жертв? Головкин признался в убийстве стольких подростков, что они могли бы составить полную футбольную команду.

Но, конечно же, пострадавших от маньяка оказалось значительно больше загубленных им душ. В частности, один из милицейских офицеров, делясь со мною своим впечатлением об операции «Удав», сообщил, что две матери убитых мальчиков после получения известия о непоправимой беде попали на излечение в психиатрические больницы.

...Операция «Удав» завершилась, и родители перестали опасаться за жизнь своих детей, которым, по стойкому убеждению населения, все эти годы угрожал «черный человек» — зэк с татуировкой обвитого змеей кинжала. Однако сама операция внесла коррективы в первоначальную, исходную, розыскную ниточку: сыщики искали мифического Фишера, оказавшегося лишь плодом буйной фантазии инфантильного подростка-свидетеля, а поймали все-таки его, Удава без кавычек. Вычитав в газете про розыск придуманного Воронцовым «Фишера», Головкин позже не преминул представиться под этой пугающей кличкой нескольким мальчишкам, которые угодили в гараж «стационарных» ужасов.

Прокурор отдела по надзору за расследованием особо важных дел Генеральной прокуратуры Российской Федерации Виктор Зайцев и старший оперуполномоченный ГУУР МВД РФ Владимир Цхай (он впоследствии станет заместителем начальника МУРа) передали в редакцию одной из столичных газет список сыскной бригады, непосредственно занимавшейся поиском и установлением маньяка. Двадцать первого ноября 1992 года это популярное периодическое издание, поместив коллективный снимок подмосковных сыщиков, поименно назвало «укротителей Удава»: журналистского чествования были удостоены свыше десяти милицейских работников, включая Игоря Кравцова, Александра Шипелкина, Олега Агаева, Виктора Пронина, Василия Глухова, Сергея Дубова, Александра Краснова, Дмитрия Моничева и Александра Извекова. Но, конечно же, в операции «Удав» были задействованы и многие-многие другие оперативники.

К слову, отличившиеся в этой же операции сотрудники подмосковной милиции были поощрены и по приказу Министерства внутренних дел РФ от 7 декабря 1992 года. Наряду с отмеченными денежными премиями и досрочным присвоением специальных званий, почетной ведомственной регалией — нагрудным знаком «Заслуженный работник МВД» — наградили подполковников Юрия Торопина, Леонида Глушко, Евгения Дорохова и майора Игоря Кравцова.

По окончании предварительного расследования материалы уголовного дела в отношении обвиняемого Сергея Головкина были переданы для рассмотрения в Московский областной суд.

На закрытом процессе, состоявшемся в Мособлсуде, была поставлена закономерная точка в этой ужасающей криминальной многоэпизодной истории. Подсудимый был признан виновным в совершении убийств 11 подростков и приговорен к исключительной мере наказания — смертной казни.

В приговоре Московского областного суда от 19 октября 1994 года подробно разъяснено, почему расправы преступника над всеми пострадавшими были расценены как умышленные убийства, совершенные с особой жестокостью:

«...К данной квалификации судебная коллегия пришла по тем основаниям, что в процессе убийства малолетних и несовершеннолетних мальчиков Головкин, пользуясь своим физическим превосходством, подавляя их волю, глумился над жертвами, используя их беззащитное состояние, подвергал их пыткам, заставлял совершать друг с другом развратные действия, подвешивал на веревках, раскачивал за половые органы, прижигал лицо и волосы паяльной лампой, выжигал на теле раскаленной проволокой нецензурные слова, при убийстве нескольких человек совершал убийство на глазах других потерпевших, заставляя их наблюдать за происходящим и даже принимать в этом участие, обещая поменять жертвы местами.

Особая жестокость, которую сознательно желал и допускал подсудимый, выразилась и в его последующих действиях. Так, помимо причинения потерпевшим особых мучений и страданий, Головкин продолжал глумиться над жертвами: снимал скальпы, выкалывал глаза, вспарывал брюшную полость и грудную клетку, вынимал органокомплекс, отсекал головы, другие части тела, которые оставлял у себя на память, снимал с тела кожу и совершал другие аналогичные действия...»

Комиссия по помилованиям при Президенте Российской Федерации, вникнув в доказанную судом череду кровавых злодеяний серийного убийцы Головкина, не сочла возможным ходатайствовать перед главой государства о смягчении кары маньяку.

Приговор был приведен в исполнение: осужденного Сергея Головкина расстреляли в 1996 году.

РОКОВАЯ УЧАСТЬ НАРОДНОГО ИЗБРАННИКА

Это убийство, произошедшее в середине девяностых годов минувшего века, вызвало в нашей стране широкий общественный резонанс. Ведь жертвой преступников тогда стал депутат Государственной думы Сергей Скорочкин.

О ходе расследования этого злодейства, ввиду чрезвычайности случившегося — второго подряд убийства депутата Госдумы (в апреле 1994 года в Химках был застрелен Андрей Айздердзис), регулярно информировался Президент Российской Федерации. И надо отметить, что члены следственно-оперативной группы проделали колоссальную работу, чтобы напасть на след подозреваемых, которым впоследствии было предъявлено обвинение в совершении тяжкого преступления.

Правда, работникам правоохранительной системы пришлось при этом вникнуть и в другую криминальную драму, в которой сам Скорочкин предстал в ужасной ипостаси.

...Первого мая 1994 года в 4 часа 45 минут в дежурную часть Зарайского ОВД поступило анонимное телефонное сообщение: в 1-м микрорайоне города, у дома № 33 «А», шла стрельба, похоже, из автоматического оружия. Когда местные стражи правопорядка отправились туда, то один из них по пути заметил какого-то мужчину, который свернул в сторону, только и всего. Поэтому милицейские работники, которые еще толком не знали, что произошло в 1-м микрорайоне Зарайска, этого прохожего даже не пытались догнать. Каких-либо обоснованных подозрений он тогда не вызвал, а сотрудники Отдела внутренних дел стремились побыстрее приехать к месту вызова.

И действительно, примчавшиеся на место работники милиции обнаружили два трупа. У дома № 33 «А» лежал кавказец-богатырь, в кармане которого нашли паспорт с тбилисской пропиской на имя Ираклия Шанидзе. А у забора детского сада № 10 — молодая женщина, личность которой быстро установили с помощью ее матери, очутившейся неподалеку от эпицентра свинцовой сечи. Погибла зарайская жительница Оксана Гусева.

При осмотре места происшествия было обнаружено 18 гильз от автоматического оружия калибра 5,45 мм и 7,62 мм. Сами же «стволы», пущенные здесь в ход, не нашли. Исследуя землю непосредственно там, где тбилисского гостя настигла смерть, обнаружили четыре пули калибра 7,62 мм на глубине 15—30 см. О чем это говорило? Да о том, что в человека, уже упавшего, стреляли в упор, чтобы добить наверняка. Позже судебно-медицинская экспертиза показала, что в Ираклия Шанидзе выстрелили 15 раз — в спину. Оксану Гусеву убили пятью выстрелами, из них два были сделаны тоже в спину.

Осматривая прилегающую местность, отыскали еще несколько пуль: под балконом одной из квартир дома № 33 «А», в оконной раме детского сада, находящегося по соседству, и так далее... Всего в качестве вещественных доказательств были изъяты 22 гильзы.

Милиция действовала по отработанной схеме. В Зарайском районе был введен план «Перехват».

В 10 часов 25 минут того же дня на въезде в Зарайск задержали автомашину «ВАЗ-21099» с иногородними номерами, в которой находились четверо молодых жителей Тулы: неработающий А. Авденин (фамилии действующих лиц этой беспрецедентной уголовной «истории с продолжением» изменены), сотрудник российско-германского предприятия А. Кустырев, работники разных кооперативов А. Лесов и И. Рутинов. Трое последних ранее судимые.

У этой лихой четверки при себе оказались: автомат АК-74, снаряженный магазином с 29 боевыми патронами, пистолет «ТТ» с полной обоймой, граната и бронежилет. Вскоре стало известно, что задержанные не случайно прикатили в Зарайск. Они сюда прибыли, как сами сказали, по вызову... Скорочкина. Для его охраны.

И утверждение крутых заезжих парней было сущей правдой. В неофициальной беседе, не для протокола Сергей Григорьевич рассказал, что с этими людьми его познакомил «вор в законе» (вернее, уголовный «авторитет»), отбывающий наказание в тульском исправительно-трудовом учреждении. Раньше Скорочкин, будучи директором ТОО «Радуга», уже обращался к нему за помощью. Тогда он пытался обезопасить себя после конфликта, происшедшего у него с «организованной преступностью города Луховицы».

Квартет туляков-«охранников» был задержан прокуратурой Зарайского района, возбудившей уголовное дело по признакам статьи 218-й действовавшего тогда российского УК. Что же касается Скорочкина, то он отказался от проведения дальнейших следственных действий по этому эпизоду с вызовом тульской «охранной бригады» до прибытия его адвоката.

Однако милицейские работники не выпустили Скорочкина, ибо появились и первые сведения о его причастности к кровавому побоищу, омрачившему пасхальную ночь в Зарайске. Нашлись очевидцы, которые видели депутата Государственной думы в 1-м микрорайоне города как раз в тот момент, когда там шла стрельба.

Скорочкин, допрошенный в качестве свидетеля прокурором Зарайского района С. В. Сысоевым, путано пояснил, что после первомайской ночной ссоры с Шанидзе, который вроде бы пригрозил его убить, он на своей автомашине поехал за подмогой. И в ресторане «Зарайский» попросил находившихся там местных жителей Евгения Мартова и Игоря Дарова отправиться вместе с ним разобраться в сложившейся ситуации, так как спасался за свою жизнь. Однако на месте в «микрорайоне раздора» Мартов и Даров, лично знавшие Шанидзе, отказались участвовать в «разборке» и ушли.

По словам Скорочкина, Шанидзе достал из своей легковушки автомат Калашникова, но ему удалось его отобрать у грузина и побежать к дому № 10, где Сергея Григорьевича будто бы должна была ждать жена. Не застав ее там, депутат с автоматом пошел к своей автомашине. И по дороге у дома № 33 «А» вновь встретил Гусеву с Шанидзе. В руках грузина был уже другой автомат Калашникова.

Дальнейшее допрашиваемый представил так: Шанидзе выстрелил в него, но попал в Гусеву, и тогда он произвел ответный выстрел в грузина. После чего бросил автомат, сел в свою автомашину и уехал домой. А оттуда уже позвонил сестре Нине Куртовой и попросил ее вызвать из Тулы знакомых для обеспечения его безопасности.

Младший советник юстиции С. В. Сысоев тут же постановил создать следственно-оперативную группу, в которую вошли старший следователь Зарайской городской прокуратуры В. С. Фомичев, начальник СО Зарайского ОВД Е. П. Шапкин, следователь этого же следотделения С. П. Григорьев, старшие оперуполномоченные ОУР Отдела внутренних дел К. К. Шевчук, Н. Е. Бирюков, В. Г. Сигаев и К. К. Поповицкий, оперуполномоченный районного угрозыска В. В. Гончаров.

Второго мая старший советник юстиции А. А. Митусов, заместитель прокурора области, в официальном документе констатировал:

«...1 мая 1994 года на территории микрорайона-1 г. Зарайска были убиты выстрелами из огнестрельного оружия Шанидзе И. М и Гусева О. В. По данному факту 1 мая 1994 года Зарайским городским прокурором было возбуждено уголовное дело и создана следственно-оперативная группа.

На допросе 1 мая с. г. Скорочкин С. Г. показал, что между ним и Шанидзе И. М. возникла ссора, в процессе которой он (Скорочкин) отнял у Шанидзе И. М. автомат, а затем из этого автомата выстрелил в Шанидзе.

Учитывая исключительную общественную опасность совершенного преступления, а также имея в виду то обстоятельство, что Скорочкин является депутатом Государственной думы, дело подлежит передаче в производство прокуратуры области, в связи с чем состав следственной группы должен быть дополнен».

И постановил дополнительно ввести в ее состав начальника методико-криминалистического отдела прокуратуры области Г. И. Иванцова, старшего следователя Коломенской горпрокуратуры А. Г. Маркова и заместителя начальника подмосковного Отдела уголовного розыска Ю. В. Торопина. Первого назначили руководителем всей следственно-оперативной группы.

Третьего мая 1994 года Сергей Григорьевич посетил прокуратуру города Зарайска, но дать какие-либо письменные показания по делу о двойном убийстве отказался. Тем не менее в тот же самый день Скорочкин вновь был допрошен в качестве свидетеля старшим советником юстиции В. И. Шульгой, заместителем прокурора Московской области. Перед этим Сергея Григорьевича письменно предупредили, что он имеет право не давать показания против себя.

На сей раз суть пояснений допрошенного сводилась к следующему. Тридцатого апреля незадолго до полуночи, около 23 часов 30 минут, Скорочкин, его жена Татьяна, сестра Куртова с избранником своего сердца Игорем Даровым, брат последнего Валерий и еще несколько человек поехали посмотреть крестный ход. В церкви города Зарайска Сергея Григорьевича видели многие местные жители и работники милиции.

Пробыв там с час и встретив двоюродного брата супруги Скорочкина с дочерью, все договорились отпраздновать Пасху в ресторане «Зарайский». Там к компании депутата присоединились и некоторые другие бодрствовавшие горожане, а Скорочкин еще съездил за ранее неоднократно судимым Евгением Мартовым и его женой. Те спали, но Сергей Григорьевич уговорил их подняться и посидеть в ресторане.

«Приближенные к депутату Госдумы» сдвинули два стола, на которых появились поставленные шустрыми официантами четыре бутылки шампанского, закуска... Сергей Григорьевич будто бы выпил не более 150 граммов вина, так как «был за рулем».

Около трех часов ночи выяснилось досадное недоразумение, что все гости забыли взять с собой деньги. А тут еще со Скорочкиным поругалась его жена, покинула ресторанное застолье и, как он сам посчитал, отправилась к своей матери в 1-й микрорайон города.

Сергей Григорьевич решил съездить за деньгами в деревню Беспятово, где он с супругой проживал, но ключи от дома оказались у жены. Поэтому сначала депутат отправился в 1-й микрорайон города на квартиру к теще. И тут при повороте к дому № 14 дорогу его «Волге» «перегородила толпа кавказцев». Объехать их у него не было возможности, так как у изгороди детского сада стояла автомашина, а проезжую часть «толпа» не пожелала освободить. Более того, кавказцы стали оскорблять водителя черной «Волги». Он спорить с ними не стал. Развернулся, вернулся к ресторану, откуда вызвал Мартова и Дарова, и они втроем опять поехали в 1-й микрорайон.

Кавказцы, все еще там толпившиеся, опять на них раскричались, но из «Волги» вылез Мартов, и они угомонились. Более того, Мартов начал обниматься с грузином высокого роста, который больше других проявлял к Скорочкину неприязнь и при всех говорил, что он ему не простит Лакина, кидался к своей автомашине «Жигули» за оружием, но его удерживали. Потом все решили пойти выпить «мировую», однако Сергей Григорьевич предпочел остаться в своей машине на улице.

Задержался на улице и высокий грузин, продолжая ему угрожать. Вновь напомнил Скорочкину про Лакина, а затем подбежал к стоявшей впритык к изгороди автомашине и... достал из нее автомат.

Одна нога Скорочкина в этот момент была переброшена через коробку передач, и поэтому ему удалось резко открыть правую переднюю дверь «Волги», подсечь ноги грузину. Тот от удара дверью «запрокинулся назад» и на какое-то время потерял равновесие. Воспользовавшись этим, Сергей Григорьевич выскочил через правую дверь, выхватил у великана автомат и, обежав свое «депутатское авто», припустил что есть мочи вдоль забора детского

169

сада к дому тещи. Вслед ему раздался одиночный выстрел. Влетев на этаж, где жила теща, Сергей Григорьевич положил автомат на пол лестничной площадки и позвонил в квартиру.

Теща на вопрос зятя ответила, что Татьяна к ней не заходила. Тогда Скорочкин взял автомат, который хотел сдать в милицию, и пошел вдоль забора детсада. У примыкающего к нему детского городка он сел покурить и, отстегнув магазин от автомата, нажал пальцем на верхний патрон в «рожке». Пружина магазина не продавилась вовнутрь, из чего бывший пограничник-срочник заключил, что в «рожке» — полный боекомплект. Он «передернул затвор, дослал патрон в патронник и поставил автомат на предохранитель».

Потом Сергей Григорьевич продолжил движение вдоль забора и, не дойдя метров 15 до дома № 33 «А», увидел, что ему навстречу идут двое. Первой шла женщина, от нее чуть отставал «тот высокий грузин». Заметив Скорочкина, он крикнул женщине, чтобы она отошла в сторону, и добавил: «Я пристрелю этого «козла»...

Углядев в его правой руке автомат, депутат резко отпрыгнул вправо — метра на 2. В этот момент прогремела автоматная очередь, и Скорочкин заметил, что стрелявший переместился к дому № 33 «А».

Дальнейшее так задокументировано в протоколе допроса:

«Отпрыгивая в сторону, я снял автомат с предохранителя и нажал на спусковой крючок. И, стреляя в грузина, побежал к нему. Он сначала был ко мне лицом, а потом развернулся на месте и упал навзничь — ко мне ногами. Я не добежал до грузина

170

примерно метра 3, но точно могу показать на месте, и у меня кончились патроны в магазине. Автомат я по инерции бросил возле ног грузина. Потом повернулся вправо и увидел, что метрах в 7 от грузина, ближе к изгороди д/сада, лежит та женщина. Я не понял, жива ли она или нет, и сразу побежал в сторону дома № 14 к своей автомашине.

Я в эту женщину попасть не мог. Я считаю, что в нее попал грузин. Какой у него был автомат, я не знаю, так как не разглядел.

После этого я добежал до своей машины и поехал к себе домой в д. Беспятово. Жене я ничего не сказал, попил чаю, велел ей идти спать и позвонить Куртовой Нине, чтобы та позвонила в г. Тулу Игорю, фамилию я его не знаю, чтобы он приехал сюда.

Нина позвонила и мне об этом сказала. Я остался на кухне, курил, пил чай, нервы были возбуждены. Я решил побыть до 8 часов дома, а потом поехать в ОВД. Домой я приехал примерно в 5 часов, поскольку уже было довольно светло.

Я прилег на 2-м этаже и уснул, а в 9 часов меня разбудил стук в дверь. Я решил никому не открывать. Жена спала. Потом услышал, как загудела а/машина. Я поднялся и в окно увидел, что от дома отъезжает милицейский УАЗ. Я спустился вниз, попил чаю и позвонил в отдел (...), сказал, что сейчас приеду, и через час я был в отделе...»

Как видите, и эта «свидетельская версия» от 3 мая, как и первомайская, была не слишком убедительной.

Между тем следствие продолжало интенсивную работу по раскрытию двойного убийства. Оперативная группа ГУВД Московской области и Зарайского отдела внутренних дел при проведении поквартирного обхода выяснила, что с места происшествия мужчина, стрелявший в 1-м микрорайоне, скрылся на автомашине «Волга» черного цвета, с затемненными стеклами.

Очевидцы рассказали, что под утро, где-то около половины пятого, они услышали стрельбу и крики женщины: «Что ты наделал? Ты его убил!.. Сережа, не стреляй! Я ничего никому не скажу... Что ты делаешь?! Не надо! Не надо!!!» После чего последовала еще одна автоматная очередь и послышался топот бегущих ног.

Нашелся свидетель, который увидел под окном своего дома две автомашины, рядом с которыми стоял невысокий мужчина с залысинами. Примерно через минуту к нему подбежал другой мужчина. В нем свидетель опознал Сергея Скорочкина, в руках у которого были автоматы. По свидетельству еще одного очевидца, мужчина с залысинами, выматерившись, закричал подбегающему: «Серега!.. Обалдел! С ума сошел!!!» Однако, как выразился этот второй свидетель, «мужчина с предметами» сел в черную «Волгу» и умчался, а неизвестный крикун шмыгнул в проход между домами. Еще одна свидетельница высмотрела в окне двух неизвестных, один из которых стрелял из автомата «себе под ноги».

Конечно же, следствие проверило версию, что в расстреле Шанидзе и Гусевой участвовали двое сообщников, но объективных доказательств этому не нашло. А вот Скорочкин сразу же оказался под подозрением, что это именно он расправился с двумя жертвами.

Но и сам депутат уже не мог выбраться за пределы круга зла, в который угодил.

Второго июня 1994 года, после полуночи, в дежурную часть Зарайского ОВД поступило сообщение от Сергея Скорочкина, что к нему в дом ломятся «неизвестные лица». Выехавшая на место опергруппа задержала трех мужчин: бывшего милиционера-водителя патрульно-постовой службы ГУВД города Москвы, работника столичной фирмы и труженика Подольского завода по переработке цветных металлов. Первый был из столицы, двое других проживали в городе Климовске.

Как оказалось, накануне — 1 июня — эта троица распивала спиртное в баре кинотеатра «Победа». Там к ним подошли двое и предложили выпивохам совершить кражу из особняка Скорочкина, пообещав каждому по 200 тысяч рублей. В любом случае до грабежа дело не дошло благодаря оперативности милицейских работников, моментально среагировавших на «тревожный вызов депутата».

Поиск оружия, из которого были застрелены Шанидзе и Гусева, оказался тщетным, хотя дно пруда, находящегося «на пути следования от места происшествия к дому, где проживает Скорочкин», дважды обследовали с применением специальных технических средств. Однако следствие все-таки докопалось, что огнестрельным оружием депутат располагал. Был допрошен руководитель популярной московской группы, который совместно с участниками этого музыкального коллектива в декабре 1993 года приезжал в гости к Скорочкину. Он не стал скрывать, что слышал выстрелы во дворе у хозяина зарайского поместья, но так как был сильно пьян, не понял, кто открыл огонь. А еще один допрошенный участник ансамбля признался, что и сам стрелял в воздух из автомата, который Сергей Григорьевич достал из стоявшего в гостиной ящика.

Пятеро жителей Зарайска и деревни Беспятово сообщили следствию, что в 1994 году периодически слышали оружейную стрельбу со стороны дома Скорочкина. Последний раз там «бабахали» 7 марта...

Вскоре после кровавых событий в 1-м микрорайоне Зарайска депутат Госдумы, подозреваемый С.Г. Скорочкин надолго укрылся в столичной больнице для лечения, а поправившись, попытался сделать контрвыпад. Шестого июня 1994 года в Госдуме состоялась пресс-конференция депутатов С. Скорочкина и А. Т-а, входивших в группу «Либерально-демократический союз 12 декабря».

Сохранилась сделанная на ней запись, выдержки из которой позволю себе привести:

«С. Скорочкин заявил, что «на него было совершено нападение в ночь с первого на второе июня 1994 года, когда он со своей семьей находился в своем доме в деревне Беспятово». По его словам, ночью его разбудил лай собак, а когда он выглянул в окно, то увидел двух мужчин, приближавшихся к его дому. Два раза Скорочкин безуспешно пытался вызвать по телефону милицию, и только после третьего звонка в отделение наряд милиции подъехал к его дому. Неизвестные между тем предпринимали отчаянные усилия прорваться в дом, взламывая двери. Нарядом милиции были задержаны три человека... Скорочкин отметил, что первоначально задержанные были подвергнуты штрафу в 14 тысяч рублей, наложенному Зарайским народным судом, и их собирались выпустить, но благодаря его усилиям следствие продолжено, нападавшие пока не выпущены на свободу.

...С. Скорочкин напомнил присутствующим, что это было уже второе нападение на него за последнее время. Так, в ночь на 1 мая, вынужденный обороняться, он застрелил гражданина Грузии Шанидзе, из отобранного у него же автомата. При этом погибла жительница Зарайска Гусева, которая была застрелена Шанидзе. После этого ему и членам его семьи постоянно угрожают по телефону, в том числе и люди, говорящие с кавказским акцентом. Он вынужден прятать членов своей семьи и скрываться сам, постоянно меняя места жительства. Кроме того, в областной «Народной газете» за 10 мая появилась статья с оскорбительными выпадами в его адрес. В то же время правоохранительные органы, по мнению Скорочкина, не предпринимают никаких мер для защиты жизни депутата и членов его семьи, а следствие приобрело затяжной характер.

В ходе пресс-конференции Скорочкин заявил, что все происходящее с ним — «это месть мафии», которая с августа 1993 года сводит с ним счеты, так как до этого времени он исправно платил рэкетирам, начиная с 1990 года. Лишь в 1993 году выплатил им более 30 миллионов рублей. А после того как отказался им платить, рэкетиры напали на его семью. Тогда он решил сдать их органам милиции. После того как 26 августа 1993 года Скорочкин их сдал, прокурор города Зарайска, приехав к нему домой вместе с бандитами, угрожал ему, требуя отказаться от ранее данных показаний. Скорочкин этого не сделал, а обратился в Генеральную прокуратуру, и в результате того прокурора сняли с работы.

...Скорочкин сообщил, что «вначале в милиции он дал ложные показания, и лишь после того как сотрудники милиции его на несколько часов заперли в комнате, угрожали расправой, он попросил пригласить следователя и рассказал ему правду».

Депутат также рассказал, что на тот случай, если с ним что-нибудь случится, он уже дал большие деньги определенным кругам своих друзей, которые в таком случае начнут войну с организованной преступностью на ее уничтожение, раз милиция не может сама с ней справиться. В нашей стране невозможно заниматься бизнесом, так как предпринимателя никто не защищает...

А. Т-в заявил, что происходящее со Скорочкиным имеет политическую подоплеку, стоит в одной цепи с убийством Айздердзиса и другими случаями, когда депутаты Госдумы становятся жертвами преступников или органов правопорядка. Мы вынуждены прятать Скорочкина, он меняет номера в гостиницах, но стоит ему позвонить своим родным, которые тоже меняют места проживания, как им сразу же начинают звонить и угрожать. Кто прослушивает телефон депутата и передает информацию преступникам, вы сами догадайтесь. Если органы правопорядка не могут защитить жизнь и здоровье депутата, то куда обращаться простым людям? Против нас развязана целая кампания преследования. В газетах — заказные статьи. Журналист, который опубликовал статью в Народной газете, до конца своих дней будет платить Скорочкину».

Думаю, нет нужды комментировать прозвучавшие на пресс-конференции заявления, тем более что они не соответствуют реальной картине всего произошедшего, подкрепленной множеством бесспорных документов. Разве что стоит обратить внимание на угрозу устроить разборки. Не удивительный ли выпад для депутата Госдумы?

Между тем следствие шло своим чередом. Стало известно, что житель города Тбилиси Ираклий Мурадович Шанидзе, окончивший медицинский институт, работал хирургом в республиканской больнице МВД и в феврале—марте 1994 года выехал в Москву. Здесь дипломированный специалист включился в малый бизнес, чтобы накопить средства для приобретения необходимой для частной клиники медицинской аппаратуры и медикаментов. Шанидзе по месту работы характеризовался положительно, компрометирующими материалами на него органы полиции Грузии не располагали. Его знакомая Оксана Гусева работала в Зарайске воспитательницей продленки школы № 2 и тоже характеризовалась коллегами исключительно с положительной стороны.

И чем дальше продвигалось следствие, тем очевиднее становилось, что виновником гибели этих людей стал Сергей Григорьевич. Все его доводы последовательно опровергались и свидетелями, и неоспоримыми данными баллистических экспертиз. Было признано установленным, что Скорочкин совершил умышленное убийство: Шанидзе из неприязни, а Гусевой — с целью сокрытия преступления.

Понятно, что возник вопрос о привлечении Скорочкина к уголовной ответственности. Исполняющий обязанности Генерального прокурора вышел с соответствующим представлением в Государственную думу, но там его даже не стали рассматривать на том формальном основании, что подобные представления может вносить только Генеральный прокурор.

И вдруг — абсолютно неожиданно — Сергей Григорьевич куда-то запропастился, не стал появляться даже на заседаниях Госдумы. Дело серьезное — пропал депутат, и следствие было вынуждено заняться его поисками. Правда, некоторые осведомленные депутаты тут же сообщили, что пропавший находится на берегах туманного Альбиона, а всезнающие газетчики даже раскопали подробности его бегства. Продав беспятовский дом и свою долю собственности в «Радуге», Скорочкин неплохо устроился в Англии, куда перемахнул с женой, двумя детьми и сестрой Ниной. А там обосновался в пригороде Лондона, где снял дом.

В конце января 1995 года Генеральная прокуратура РФ внесла очередное представление по депутату Скорочкину в Государственную думу, однако оно даже не успело вызвать должной реакции. Свершился второй акт кровавой драмы.

В ночь на 1 февраля 1995 года Сергей Григорьевич вместе с несколькими гражданами Великобритании прибыл самолетом в российскую столицу. Остановившись в гостинице «Москва», они целый день провели в Госдуме в кабинете депутата Скорочкина, посещали магазины, а вечером выехали на двух джипах в Зарайск. Официально цель поездки называлась так: решение вопросов по созданию совместного предприятия на базе находящейся в кризисном финансовом состоянии Зарайской обувной фабрики (АО закрытого типа «Зарайск-обувь»).

Там они сначала заехали на территорию АО «Спирт» — это предприятие по розливу водки прежде принадлежало Скорочкину, а затем, ближе к 23 часам, отправились в кафе-бар «У Виктора», где Сергеем Григорьевичем был заранее заказан ужин, на который были приглашены кроме англичан и сопровождающих депутата приближенных другие «заинтересованные лица», включая и директрису Зарайской обувной фабрики.

Приблизительно в 23 часа 35 минут в кафе-бар через незакрытый вход беспрепятственно вошли одетые в темно-зеленую камуфлированную форму четверо мужчин, лица которых скрывали маски черного цвета — аналогичные тем, что используют бойцы отрядов специального назначения. В руках у непонятного воинства были автоматы Калашникова.

Представившись сотрудниками Московского ОМОНа, камуфляжники жестко приказали:

— Всем лечь на пол, руки за спину!

Заявив, что будет производиться поиск оружия и наркотиков, камуфляжники в подтверждение крайней серьезности своих намерений не только передернули затворы автоматов, но и столкнули со стойки телефонный аппарат, разбили посуду на одном из столов. Иностранец, не выполнивший требование, был свален на пол ударом в бок. Охранники кафе-бара, не протестуя, покорились напору «омоновцев».

Пытаясь воспрепятствовать им, Сергей Григорьевич заявил, что он является депутатом Госдумы, и потребовал прекратить произвол. На это один из камуфляжников высказался: «Ежели ты депутат, то сейчас пойдешь домой». Затем достал из кармана лежащего Скорочкина депутатское удостоверение и безапелляционно констатировал, что оно фальшивое, поскольку такие продаются на Арбате.

Налетчики надели на запястья Скорочкина наручники и вывели его из помещения на улицу. Перед уходом один из нападавших скомандовал всем оставаться на полу, громко объявив, что тот, кто встанет, получит пулю в лоб.

Уже через несколько минут дежурный Зарайского райотдела внутренних дел объявил сбор личного состава по плану операции «Перехват», но преступники успели скрыться.

Никто из находившихся в кафе-баре не смог сказать, на чем приехали и уехали налетчики, некоторые лишь слышали шум мотора какого-то легкового автомобиля. В свидетельских показаниях отмечалось, что нападавшие действовали уверенно, без суеты, распределив роли.

Позже одна из местных жительниц рассказала, что где-то около полуночи она пришла к кафе-бару «У Виктора», чтобы купить пиво, но в помещение ее не пропустил усатый мужчина в милицейской форме. На нем была шинель с портупеей, а на голове — зимняя шапка с кокардой. Во время разговора с ним женщина видела через приоткрытую дверь тамбура человека в камуфлированной одежде... Был изготовлен фоторобот «милиционера»-усача, но, конечно же, в Зарайской милиции похожего на него сотрудника не нашлось.

Было возбуждено уголовное дело, в течение дня осуществлялись поисковые мероприятия, черту под

180

которыми подвел случай. В 15 часов того же дня жительница деревни Сарыбьево подмосковного Луховицкого района, пробираясь по тропинке к проселочной дороге, увидела у вывороченного из земли пня торчащие из-под свежевыпавшего снежка человеческие руки...

Прибывшая на место следственно-оперативная группа обнаружила труп мужчины. Руки потерпевшего были скованы стальными наручниками, голова и часть туловища прикрыты мешком. Пострадавшего застрелили — на голове виднелось несколько огнестрельных ранений.

В карманах убитого нашли заграничный паспорт на имя С.Г. Скорочкина, его авиабилет из аэропорта Шеннон в Москву, портмоне с бумагами на английском языке...

Для раскрытия преступления, сенсационно прогремевшего в Российской Федерации и даже за пределами нашей страны, совместным приказом начальника ГУВД Московской области и прокурора Московской области была создана большая следственно-оперативная группа. В ее состав вошли четыре следователя, оперативные работники подмосковного Управления уголовного розыска А. С. Кротов, А. Н. Квасов, С. А. Куликов, В. В. Колесник и Е. Н. Горбачев, начальник 14-го отдела Регионального управления по борьбе с организованной преступностью при ГУВД Московской области (РУОП Центрального экономического региона Российской Федерации) В. Н. Соловьев, сотрудники различных служб Зарайского и Луховицкого районных отделов внутренних дел. Координацию работы на месте

181

осуществлял начальник отдела Главного управления уголовного розыска МВД России В. А. Петухов, подключился к «раскрутке» тяжкого преступления оперуполномоченный ГУУР Министерства внутренних дел РФ А. А. Невмянов. Общий контроль и руководство следственно-оперативной группой были возложены на первого заместителя начальника ГУВД Подмосковья А. Н. Прокопьева и первого заместителя прокурора столичной области Э. Г. Денисова (он впоследствии возглавит Мособлпрокуратуру).

Сначала уголовное дело находилось в производстве руководившего следственной группой начальника отдела по расследованию особо важных дел прокуратуры Московской области Г. И. Иванцова, а затем — теперь уже старшего следователя Мособлпрокуратуры А. Г. Маркова. Определенную лепту в работу следственно-оперативной группы вносил руководитель подмосковного Управления уголовного розыска Н. Н. Чекмазов, который потом будет занимать должностной ранг заместителя начальника ГУВД Московской области и получит звание генерал-майора милиции.

Кстати, Марков с участием руководившего оперативной группой заместителя начальника УУР ГУВД столичной области Ю. В. Торопина (позднее он примет под свое командование подмосковный угрозыск и тоже сменит полковничьи погоны на генеральские), приглашенного в качестве специалиста эксперта ЭКО Зарайского отдела внутренних дел В. А. Жукова и в присутствии понятых произвел дополнительный осмотр места, где месяц назад был обнаружен труп Скорочкина. В нескольких метрах от пня, в рыхлом подтаявшем снегу был найден пистолет черного цвета, с черной же пластмассовой накладкой. Баллистическая экспертиза подтвердила, что депутата застрелили именно из него.

На первых порах было выдвинуто несколько версий убийства народного избранника, который стал депутатом Государственной думы по 107-му Коломенскому избирательному округу 12 декабря 1993 года. Примкнув сначала к «Союзу 12 декабря», Сергей Григорьевич потом сблизился с Владимиром Вольфовичем Жириновским и вступил в думскую фракцию ЛДПР.

По одной из версий, проверялось предположение, что со Скорочкиным могли свести счеты люди, отомстившие ему за гибель Шанидзе и Гусевой. Однако эта версия не подтвердилась.

В последнее время — перед неафишируемым выездом депутата в Великобританию — между Скорочкиным и одним из уголовных лидеров Зарайска существовали нешуточные разногласия на почве коммерческой деятельности. Поэтому не исключалось, что с бывшим водочным магнатом районного масштаба свела счеты местная преступная группировка. К тому же Сергей Григорьевич затаил обиду на недавнего крутого покровителя, который, по всей видимости, точно ведал, при каких обстоятельствах в июне 1994 года была вывезена на автомашине и изнасилована неустановленными преступниками 11-летняя дочь депутата. В правоохранительные органы Скорочкины тогда не стали обращаться, семья сразу же вылетела в Лондон. Там было проведено освидетельствование потерпевшей английскими врачами, удостоверившими факт надругательства над несовершеннолетней. Девочка пояснила, что насильники использовали автомашину уголовного лидера, который сам лично в глумлении над ней участия не принимал, но «при этом присутствовал».

Как знать, не было ли одной из причин возвращения Скорочкина в Россию желание по-своему разобраться с уголовным лидером за то, что он, по крайней мере, не попытался помешать насильникам? Но «прокачка» и этой второй версии, в конце концов, тоже оказалась тупиковой.

Не буду перечислять другие рассыпавшиеся следственные гипотезы, а перейду сразу к той версии, отработка которой увенчалась в дальнейшем логической концовкой — составлением обвинительного заключения по уголовному делу.

Итак, следственно-оперативная группа неспроста основательно взялась за отработку версии, что убийство Скорочкина организовано жителем города Нижнего Новгорода Николаем Луховым. Как-никак при осмотре одежды, снятой в морге с тела убитого, в кармане брюк была найдена расписка Лухова, в которой он обязался до 1 февраля 1995-го вернуть долг в сумме свыше 1 миллиона 200 тысяч долларов, с начислением пени по полпроцента в день.

В Нижний Новгород направили следственно-оперативную группу, составленную из опытных работников ГУУРа и ГУЭПа Министерства внутренних дел Российской Федерации, для проверки финансовой деятельности фирм, владельцем либо совладельцем которых является Лухов. Следствие

184

выяснило, что в июне 1994-го в Нижнем Новгороде он зарегистрировал фирму «Атлант», но еще в апреле того же года заключил от этой фирмы договор о приобретении в Зарайске ТОО «Радуга» по остаточной стоимости основных фондов в 800 миллионов рублей — с последующим переименованием предприятия в АО «Спирт».

Оказывается, Сергей Григорьевич специально прилетал из Великобритании за две недели до своей трагической кончины, чтобы получить от Лухова нотариально не заверенную, но подписанную «в присутствии третьих лиц» долговую расписку.

В этот день Сергей Григорьевич на автомашине поехал с несколькими сопровождающими в Нижний Новгород, где в ресторане и состоялась встреча с Луховым. Не оспаривая правильности расчетов и соглашаясь с суммой долга почти в 400 тысяч американских долларов, нижегородский предприниматель тут же, в ресторане, написал расписку и черкнул свою подпись в записной книжке Скорочкина.

Вероятнее всего, основной целью следующего приезда Сергея Григорьевича в Зарайск было получение долга. Но, как установило следствие, Лухов в это время проживал в столичной гостинице «Балчуг» и не намеревался встречаться с продавцом водочной «Радуги», которому уже отдал миллион «зеленых» и задолжал 388 тысяч.

Вместо этого, по утверждению следствия, бандгруппа из пяти человек, совершившая дерзкий налет на кафе-бар, выполнила «заказ» нижегородца, посулившего заплатить доморощенным киллерам триста тысяч «баксов». На наемное убийство подрядилась, как полагало следствие, луховицкая уголовная «бригада», в которой верховодил Олег Лакин — бывший армейский офицер. Да-да, тот самый Лакин, которого всуе пару раз упомянул Сергей Григорьевич, когда его допрашивал еще в 1994-м заместитель прокурора Московской области Вячеслав Иванович Шульга.

Согласно обвинительному заключению, в подручных у главаря этой преступной группировки были Алексей Евтеев, Сергей Зырин, Теймураз Кудин и Виктор Малев. Когда из кафе-бара для них передали по телефону в луховицкий ночной магазин условную фразу о появлении в Зарайске Скорочкина, «бригада» сработала, как в лихом кинобоевике, тут же выехав на заказанное «мокрое дело» на двух автомашинах.

Все следственные действия по уголовному делу были завершены к 7 июня 1996 года, обвиняемые содержались под стражей, однако... Однако в суд оно было направлено только через год с лишним.

Столь длительная затяжка объясняется тем, что почти все это время обвиняемые и их защитники знакомились с материалами дела, в соответствии с требованиями статьи 201-й российского Уголовно-процессуального кодекса. Необходимо пояснить, что, согласно УПК, обвиняемые и их защитники не могут быть ограничены во времени изучения дела. А оно в данном случае состояло из 17 томов с материалами следственных действий, а также множества аудио- и видеозаписей.

Хотя, в соответствии с той же статьей, в случае если обвиняемые и защитники умышленно затягивают ознакомление с материалами дела, то следователь имеет право своим постановлением, санкционированным прокурором, установить будущим подсудимым и отстаивающим интересы своих клиентов адвокатам определенный срок для завершения этой обязательной процедуры.

Но как показывает практика, при рассмотрении уголовных дел суды зачастую принимают решение, что следствие нарушило право обвиняемых и их защитников в части... всестороннего изучения материалов. И дело все равно не движется.

Вот и тут обвиняемые и их защитники, мягко говоря, не торопились прочитать 17 томов. И в данной ситуации отчетливо угадывался их маневр: дождаться истечения сроков содержания обвиняемых под стражей и, вследствие этого, изменения им меры пресечения.

Способы затягивания использовались разные. Некоторые обвиняемые порой просто отказывались знакомиться с делом — до выполнения следствием каких-либо определенных условий. Другие ссылались на плохое состояние здоровья, хотя медики этого и не подтверждали, а уж об их адвокатах и говорить нечего — те или «болели» без конца, или были заняты в других процессах, или уезжали в отпуск...

К слову сказать, подобные действия адвокатов стали чуть ли не нормой при рассмотрении уголовных дел, хотя являются недопустимыми.

Между тем у общества формируется искаженное представление, что во всем виноваты следователи, что следственные органы «копошатся» — чересчур медленно работают. Хотя именно они ограничены максимальным 18-месячным сроком содержания обвиняемых под стражей. За эти полтора года следствие обязано выполнить все необходимые процессуальные действия, собрать доказательства виновности обвиняемых и ознакомить их вместе с защитниками с материалами дела.

Короче говоря, то по этой причине, то потому, что обвиняемым не разъяснили, что они имеют право на суд присяжных, уголовное дело № 117251 затянулось беспрецедентно. Но еще большей неожиданностью для всех стало, когда 26 ноября 1998 года в Мособлсуде приговором суда присяжных под председательством федерального судьи Михаила Елычева четверо подсудимых, включая и Лухова, были оправданы — «за недоказанностью участия в совершении преступления»!

Точнее сказать, главные обвиняемые по этому уголовному делу, Лакин и Кудин, были признаны виновными лишь в похищении депутата, злостном хулиганстве и ограблении одного коммерсанта, за что их приговорили, соответственно, к пяти с половиной и четырем с половиной годам лишения свободы.

И вот что в 1999 году написал об этом процессе журналист Анатолий Семенов на страницах периодического издания Министерства внутренних дел России — газеты «Щит и меч» (цитируемая часть публикации приводится с незначительной стилистической правкой).

«Известное выражение: «Жизнь — театр, и мы в ней все актеры», очевидно, более всего подходит к суду присяжных. Если «театр начинается с вешалки», как говорил великий реформатор сцены К. С. Станиславский, то суд присяжных начинается с улицы. Именно оттуда набирают 12 присяжных заседателей, которые, не обладая юридическими знаниями, опираясь только на собственный жизненный опыт, мировоззрение, интуицию и чувство справедливости, должны определить, виновен ли подсудимый или подлежит оправданию. Они — зрители — и должны оценить театральное действие, которое разворачивается перед ними. Борьба обвинения и защиты в лице прокурора и адвоката, их подача документов, фактов, аргументация поступков обвиняемых и свидетелей, манера говорить, дикция, костюм или платье, поведение во время судебного процесса — все имеет огромное значение и эмоциональное влияние на присяжных.

Судья здесь — режиссер, на сцене от его действий многое зависит, но, увы, он не может предвидеть финал, в этом его отличие от роли судьи в обычном процессе. Он лишь корректирует и направляет действие пьесы, которая написана в обвинительном заключении и в томах уголовного дела. Кроме того, он не может определить, в каком жанре предстанет спектакль, потому что многое зависит от выступлений свидетелей и поведения обвиняемых.

...Судебный процесс начался в самом конце августа минувшего года, когда рухнул рубль, взлетели цены и у большинства семейный бюджет затрещал по швам. В такой обстановке люди с улицы (дюжина присяжных заседателей: восемь женщин и вдвое меньше мужчин. — *А. Т.*) пришли выразить свое отношение к правосудию, то есть третьей власти!

...При аресте Олега Лакина из кармана его куртки была изъята граната РГД-5 и фальшивое удостоверение майора Российской армии. Олега Лакина и Сергея Скорочкина связывали давнее знакомство и открытая вражда. Бывшего организатора охраны водочного завода Лакина не устраивало зависимое положение, он стал влезать в управление и расширять свое влияние, тогда Скорочкин указал ему на дверь. Вместе с ним были уволены и его дружки — Алексей Евтеев и Виктор Малев, которые были на побегушках у братьев Паниных. Житель Зарайска Сергей Зырин ранее работал страховым агентом, был дружен с семейством Кудиных и в последнее время занимался частным извозом. Теймураз Кудин души не чаял в Олеге Лакине, который принял его в свой клуб бокса и спортивной борьбы в Коломне. Теймураз бросил школу, нигде не работал и все время проводил в клубе, который превратился в штаб-квартиру группы Лакина...

Однако вернемся к событиям 1 февраля 1995 года и убийству Скорочкина. Постоянные посетители клуба Олега Лакина, свидетели Александр Раев, Константин Немов и Михаил Клюбский, на предварительном следствии показали, что Лакин предлагал им участвовать в похищении и убийстве депутата, но они отказались. Зато арестованные Сергей Зырин, Алексей Евтеев, Виктор Малев и Павел Лакин, младший из братьев, рассказали о происшествии подробно.

Узнав, что Скорочкин вернулся из Англии и в этот день обязательно приедет в Зарайск, Олег Лакин договорился со своим знакомым М-вым, который часто посещал кафе «У Виктора», что тот позвонит по телефону в магазин «Сова», если появится Скорочкин, и скажет фразу-пароль: «Водки нет!» Около 23 часов Павел Лакин такой сигнал получил и передал его брату, после чего отправился домой. Группа в составе Олега Лакина, Кудина, Зырина,

190

Евтеева и Малева на двух машинах помчалась из Луховиц в Зарайск. Впереди ехал Малев с рацией, чтобы предупредить остальных о возможной опасности. Похищенного Скорочкина затолкали в машину, которую вел Зырин, вывезли за город обходными путями. На окраине деревни Сарыбьево Лакин приказал остановиться. Он и Кудин вывели Скорочкина, надели ему на голову мешок из-под картофеля и отвели его на несколько метров от дороги. Прозвучали пять выстрелов. Рано утром к Павлу Лакину, который не знал о совершенном убийстве, приехал Зырин и передал ему камуфляжи, ботинки, маски, которые велел сжечь, а два бронежилета и автоматы — спрятать. Через несколько дней к нему приехал незнакомый парень от брата и забрал их. В следственном эксперименте, который был зафиксирован на видеопленку, Павел Лакин показал место в лесу, где сжигал форму, и сарай, в котором прятал оружие, бронежилеты. В июле 1995 года следователь освободил младшего Лакина из-под стражи...

Однако оставался нерешенным главный вопрос — мотив убийства. Были проверены коммерческие и деловые связи Скорочкина. Выяснилось, что он продал АО «Спирт» и водочный завод нижегородскому предпринимателю Николаю Лухову. Бывший студент Государственной академии водного транспорта, исключенный за прогулы и неуспеваемость, новоявленный крутой бизнесмен отдавать огромную сумму не торопился. Депутат был вынужден несколько раз ездить к должнику, чтобы получить свои деньги. Перед отъездом Скорочкина в Англию Лухов написал расписку на 388 тысяч долларов, которые обязался вернуть к 1 февраля 1995 года... Стало понятно, почему депутат должен был вернуться к этому числу. Должник же договорился с Олегом Паниным, чтобы тот убрал Скорочкина, и вручил ему 35 тысяч долларов аванса, а общая стоимость «услуги» была оценена в 300 тысяч долларов. Так выглядела окончательная версия обвинения, подкрепленная свидетельскими показаниями самого должника, окружением Скорочкина и документами. Узел был развязан. Николая Лухова арестовали 22 июня как заказчика убийства депутата...

Детективная драма, версия обвинения, которую жаждут увидеть присяжные, начинает рассыпаться с первых же заседаний. Во-первых, все подсудимые дружно заявили, что отказываются от своих показаний, которые «были выбиты из них милицией в ходе предварительного следствия». (Такие заявления делают все подсудимые, и для профессиональных судей это не ново.) Зато на присяжных это обстоятельство оказывает соответствующее впечатление.

Во-вторых, поведение подсудимых, играющих роль невинных граждан, которых ждут дома семьи и маленькие дети, их скорбные лица, тихие голоса, постоянно притворяющийся спящим Теймураз Кудин — все это тоже рассчитано на то, чтобы вызвать жалость у женской части присяжных заседателей.

В-третьих, наступательная тактика адвокатов, которые настойчиво требуют от свидетелей и потерпевших назвать конкретно, указать пальцем, кто их избивал и кого они видели в кафе 1 февраля 1995 года. Сами адвокаты прекрасно знают, что все подсудимые были в масках и камуфляжах. Прошло более трех с половиной лет. Кого могут опознать свидетели, которые лежали на полу? В этом ракурсе каждый человек, даже маленького роста, от страха казался им страшным великаном. Этот прием удается на славу, потому что все свидетели и потерпевшие никого не узнают и пальцем не указывают. Более того, обвинительная сторона втягивается в эту «угадайку» на радость защите и подсудимым. А что же судья, режиссер спектакля? Он молчит! Драма постепенно переходит в комедию! Вот еще один яркий пример.

Мать Кудина заявляет перед присяжными, что именно 1 февраля каждый год их семья поминает дедушку — это, мол, неопровержимое алиби для сына и Олега Панина, который тоже «присутствовал на этом скорбном застолье». Она размахивает справкой о смерти, которую «случайно нашла»! Но в уголовном деле есть справка из Сухуми, где зафиксирована смерть ее отца 28 января. Однако это не смущает ее и адвокатов, они настаивают на своем. А прокуроры пропускают этот финт, не задавая вопрос: «Почему этот важнейший документ появился только сейчас, а не был подшит к уголовному делу в течение всех лет, что сын был под арестом?» Можно еще долго перечислять эпизоды, когда адвокаты перевертыванием фактов, выдавая белое за черное, легко переигрывали обвинительную сторону. Свидетели защиты витийствовали, лгали непринужденно, с удовольствием, а прокуроры ворчали или взрывались замечаниями, которые приводили лишь к вспышке взаимных упреков и обвинениям между ними и адвокатами. Это явно веселило присяжных и подсудимых, не хватало лишь аплодисментов со стороны публики.

Свидетель Павел Лакин театрально просит прощения у своего брата, которого он «оговорил под угрозой физической расправы и морального давления со стороны милиции... в отношении его жены, которая была беременна!» Дав присягу говорить правду, он отказывается от всех признательных показаний, данных на предварительном следствии, даже тогда, когда была показана видеозапись следственного эксперимента с его участием.

Комедийные приемы нарастают, когда судья Елычев исключает из оглашения протоколы очных ставок между Павлом Лакиным и обвиняемыми Малевым, Зыриным в августе 1995 года. На этих ставках он был уже в качестве свидетеля, присутствовали адвокаты, тем не менее судья усматривает здесь нарушения УПК. Но в чем они? Непонятно!

Судьей была полностью исключена из показа присяжным видеозапись следственного эксперимента, где подсудимый Виктор Малев в присутствии понятых, с участием эксперта и криминалиста подробно рассказывает и показывает действия группы в день похищения и убийства Скорочкина. Не удалось присяжным увидеть видеозапись и с участием Сергея Зырина. Для людей, не искушенных в юриспруденции, для простых людей с улицы проще понять и увидеть все, что происходило на телеэкране, а не слушать сухие протоколы. Естественно, это не могло не повлиять на окончательные решения коллегии присяжных заседателей, как и то, что были исключены из показа фототаблицы места происшествия (бар «У Виктора»), на том основании, что к ним не были приложены негативы пленки. Но ведь фотографий без негативов не бывает! Однако адвокаты усмотрели здесь возможный фотомонтаж.

Было особенно смешно, когда подсудимый Николай Лухов патетично заявил, что «никого из рядом сидящих до начала суда он не знал, а Олега Лакина впервые увидел только здесь, никаких расписок не писал». Что касается заказного убийства, то он не «идиот платить 300 тысяч долларов, если сейчас за это платят 3 тысячи!»

(Увы, можно только сожалеть: за три года мы так деградировали, что заказные убийства и человеческая жизнь уже ничего не стоят!)

Судья Михаил Елычев исключил из оглашения перед присяжными все протоколы показаний Николая Лухова, данные им до его ареста, «ввиду изменения его статуса».

Из этих протоколов ясно прослеживались его связь со Скорочкиным и отношения с Лакиным. (В соответствии со статьей 72 УПК России в качестве свидетеля может быть допрошен любой человек, от которого могут быть получены сведения по уголовному делу. По статье 74 УПК могут быть допрошены лица, имеющие личные и деловые контакты с обвиняемым для установления его личности.) Поэтому Лухов до ареста и допрашивался как свидетель, потому что тогда следствие только собирало информацию о деятельности и личности Скорочкина и братьях Лакиных. После ареста и предъявления обвинения в заказном убийстве он стал все отрицать, как и на судебных заседаниях. Поэтому присяжные не смогли верно оценить действительную роль Лухова, и все вопросы о его виновности в своем решении оставили без ответа! После оглашения вердикта он был освобожден в зале суда...

Комедия откровенно веселила всех участников процесса, когда давали свои показания свидетели. Я уже говорил о показаниях потерпевших в баре «У Виктора» и других посетителей. Оперативные работники милиции спустя столько времени тоже, конечно, не смогли вспомнить, из какого кармана Олега Лакина извлекли гранату, при каких обстоятельствах задержали его и других подсудимых. Многих свидетелей, которых не могла разыскать милиция, привозили молодые люди спортивного вида. Эти свидетели тоже уже ничего «не помнили, ссылаясь на давность происшествия».

Кульминация любой комедии наступает тогда, когда козни злых персонажей представлены перед публикой, маски сорваны и торжествует добро. Кульминация суда присяжных — дискуссия и прения сторон, обвинения и защиты. Здесь нужна не только доказательность своей точки зрения на совершенное преступление, но и вдохновенность выступлений. Суд улицы ждет представления. Оно получилось у защиты ярким, агрессивно-атакующим, эмоционально-страстным. Сторона обвинения ничего не могла противопоставить этому напору, в очередной раз лишь сухо повторив обвинительное заключение. Команда адвокатов вчистую переиграла двоих прокурорских работников. В этом «соревновании» все средства хороши!

Поэтому не случайно, перед тем как зачитать вердикт присяжных, судья выразил всем признательность, что «корабль судебного плаванья достиг тихой гавани и встал на якорь»...

196

Действительно, «судебный корабль» прошел штормы, бури и достиг удобной гавани на радость подсудимых. Из 88 вопросов более половины осталось без ответа, в некоторых счет голосов: 6 «за» — 6 «против», что трактуется в пользу обвиняемых, но самая большая сенсация заключалась в том, что присяжные НЕ ОПРЕДЕЛИЛИ убийц, согласившись с фактом похищения депутата обвиняемыми! ЧУДО СВЕРШИЛОСЬ!

Присяжные признали, что Олег Лакин и Теймураз Кудин участвовали в налете на бар «У Виктора» 1 февраля 1995 года, что они применяли физическую силу в отношении посетителей и угрожали им расправой, однако тут же проголосовали единогласно за применение к ним «особого снисхождения». Интересно, за что же? Очевидно, за то, что не стали поливать всех очередями из автоматов? На вопросы, принимали ли участие в нападении на бар Евтеев и Зырин, присяжные не дали ответа. (Они оправданы!) А мы помним, что именно они дали показательные признания в этом преступлении. Тогда возникает логический вопрос: «Кто же тогда еще двое налетчиков, помимо Лакина и Кудина? Кто бы мог рассказать об их действиях?»

Далее на вопрос, было ли совершено похищение Скорочкина из бара и был ли он увезен в сторону деревни Сарыбьево, присяжные единогласно признают этот факт, как и тот, что именно Олег Лакин разработал и осуществил это похищение со своими подельниками, стало быть, виновен в совершении этого преступления. Признают они виновным в этом эпизоде и Кудина.

Присяжные единогласно голосуют, признавая сам факт убийства депутата.

Однако на вопрос, виновен ли в этом Олег Лакин, голосуют 6 голосами против, оправдывают его, а на вопрос, виновен ли Кудин, ответа не дают. Вот он, абсурд — убийц нет, а человек убит! Тогда кто же произвел пять выстрелов?

Следователи в обвинительном заключении, на основании экспертиз и следственных экспериментов, делают четкий вывод: первые два выстрела сделал Лакин, потом передал пистолет Кудину, и тот добил Скорочкина. Именно этот момент адвокаты Лакина старались замазать и не упомнить, а защитники Кудина патетически взывали, что их «несовершеннолетний пацан будет потерян для общества и родных, если присяжные объявят его виновным». Присяжные не стали брать грех на душу, они решили так, как решили...

На все вопросы судьи относительно участия в этом преступлении Малева присяжные отвечают «не доказано» или оставляют вопросы без ответа. (Он оправдан!)

Зато, отвечая на 86-й вопрос, единогласно признают доказанным факт наличия у Лакина фальшивого удостоверения, которое давало право на ношение огнестрельного оружия, виновным в том, что им пользовался. И отвечая на последний 88-й вопрос, единственный раз отказывают ему в снисхождении.

Так что же это за суд присяжных, спросит читатель. Комедия? Увы, фарс!..

Здесь нельзя не учитывать и экономический фактор, когда суд присяжных требует гораздо больших финансовых затрат. В то время, когда шел суд над участниками убийства депутата, Московский областной суд был отключен от внешней телефонной связи за неуплату долга. Суд сталкивался с ситуацией, когда присяжные отказывались от вынесения вердикта до тех пор, пока им не будет выплачена вся задолженность по оплате их работы. Были случаи, когда не могли оплатить даже проезд присяжным, и судьи скидывались, чтобы не сорвать заседание. Может ли такой суд вызывать уважение у присяжных, у людей с улицы?

...Целый месяц понадобился федеральному судье Михаилу Елычеву, чтобы свести концы с концами и как-то попытаться объяснить несуразицу вердикта присяжных в окончательном приговоре...»

Как бы то ни было, но прокуратура 4 декабря 1998 года опротестовала приговор по «депутатскому делу».

Во второй половине февраля 1999 года этот протест был удовлетворен Верховным судом РФ, принявшим во внимание аргументы прокуратуры. Она сумела доказать, что Московский областной суд недооценил отдельные немаловажные доказательства: такие, как, например, те же видеозаписи следственных экспериментов, во время которых обвиняемые рассказывали о совершенных ими преступлениях. Прокуратура пришла к выводу, что этими доказательствами Лакин и Кудин прямо уличались в убийстве депутата Госдумы. Кстати, в определении Верховного суда отмечалась неправомерность исключения из числа доказательств протоколов допросов, на которых подследственные признавали свою вину. Хотя судья Елычев и рассудил иначе, что эти материалы предварительного следствия нельзя расценивать в качестве доказательств, поскольку обвиняемые не были предупреждены об их конституционном праве не свидетельствовать против себя, предусмотренном в статье 51-й Основного закона нашей страны. Правда, данное нарушение Верховный суд счел малозначительным, чтобы из-за такого повода не принимать в расчет доказательственную основу обвинения.

Судьи Верховного суда РФ в своем определении еще указали, что старшина присяжных «утратила объективность», так как во время вынесения вердикта воспользовалась мобильным телефоном адвоката, чьим подзащитным был... Лакин.

Комментируя следующий «депутатский» судебный процесс и причины опротестования его результатов, корреспондент газеты «Коммерсантъ-daily» Екатерина Заподинская в статье, напечатанной в номере за 26 февраля 2001-го, отмечала:

«...Около года ушло на подбор нового состава присяжных: они то болели, то просто прогуливали заседания. Обвиняемые же вновь были помещены в СИЗО и ждали начала процесса. Их ожидание в итоге оказалось не напрасным: новый состав присяжных вчистую оправдал всех, кроме Олега Лакина, а его признали виновным лишь в использовании поддельного удостоверения офицера (с ним он был задержан) и освободили от наказания в связи с истечением срока давности.

Оправданные и их адвокаты полагали, что на этом в деле будет поставлена точка. Но гособвинитель Мособлпрокуратуры Михаил Мертехин вновь вынес протест на оправдательный приговор. В нем он сообщил, что суд нарушил закрепленный в УПК принцип состязательности и равенства сторон на судебном процессе, а именно отказал потерпевшим и гособвинителю в проведении экспертизы долговой расписки от некоего К-ина, который якобы одалживал деньги предпринимателю Лухову, чтобы тот возвратил их депутату Скорочкину. Эта расписка была представлена в суд адвокатом подсудимого Лухова. Однако на заседании выяснилось, что паспортные данные господина К-ина в ней указаны неверно. Суд же не стал в этом разбираться, сославшись на нецелесообразность.

Кроме того, гособвинитель указал на неправомерный отказ суда приобщить к материалам дела протокол обыска дома у подсудимого Кудина. Именно в ходе этого обыска были найдены пистолеты и автомат со спаренным магазином, которые, по данным следствия, принадлежали банде Лакина. А автомат был похож на оружие, которое имелось у нападавших на бар «У Виктора» в момент похищения депутата Скорочкина.

Гособвинитель Мертехин, назначенный недавно судьей Мособлсуда, попросил в протесте вернуть дело на новое, третье по счету судебное рассмотрение. В прокуратуре убеждены, что на присяжных, оправдавших подсудимых, оказала влияние личность убитого. А именно тот факт, что сам Сергей Скорочкин... расстрелял в состоянии алкогольного опьянения из автомата двух человек — 27-летнего врача-хирурга из Тбилиси Ираклия Шанидзе и его знакомую, школьную воспитательницу из Зарайска Оксану Гусеву...

Присяжные, хорошо изучившие личность убитого, восприняли группировку Лакина как мстителей, справедливо покаравших убийцу. И сколько не меняй присяжных, вряд ли они изменят свое мнение. Поэтому в прокуратуре не надеются на удовлетворение протеста, хотя и считают, что искать убийц депутата Скорочкина где-либо еще бессмысленно, ведь они уже найдены...»

Тем не менее Верховный суд страны повторно отменил оправдательный приговор, который был вынесен новым составом присяжных заседателей по «депутатскому делу». Олег Стулов, другой корреспондент «Ъ» (газета «Коммерсантъ-daily»), высказал свою точку зрения:

«...Теперь всем обвиняемым придется предстать перед судом в третий раз. Никаких новых доказательств за это время в деле не появилось. В прокуратуре считают, что доказательств и так достаточно, все зависит от того, какую позицию займут присяжные. И если они вновь сочтут, что господин Скорочкин получил по заслугам, то дальнейшая тяжба будет бессмысленной. Да и формальные причины для опротестования приговора, которые до сих пор находила прокуратура, исчерпаны».

16 мая 2002 года Мособлсуд начал в третий раз рассмотрение уголовного дела об убийстве депутата Государственной думы Сергея Скорочкина. На предварительном слушании государственный обвинитель, а им был представитель Мособлпрокуратуры, заявил ходатайство о необходимости проведения экспертизы приобщенных к делу в качестве вещественных доказательств расписок о передаче денег Скорочкину от Лухова — предполагаемого за-

казчика убийства депутата. Заявленное гособвинителем ходатайство было признано подлежащим удовлетворению.

К моменту начала третьего слушания дела, между прочим, из шестерых обвиняемых пятеро находились на свободе. Лишь один Сергей Зырин, которого ранее осудили за совершение другого преступления, отбывал наказание в местах лишения свободы, и заключенного надо было оттуда этапировать для участия в «депутатском» процессе.

Правда, едва открылось новое судебное слушание по «нескончаемому» делу, как число обвиняемых уменьшилось на одного человека. Адвокат Георгий Каганер, который отстаивал интересы обвиняемого Теймураза Кудина, полностью вывел его из-под дамоклова меча закона. Юрист заявил, что к его подзащитному должен быть применен новый Уголовный кодекс РФ в части сроков давности, которые для Кудина, как для обвиняемого «в совершении преступления в несовершеннолетнем возрасте», составляют 5 лет со дня насильственной смерти Сергея Скорочкина. Согласившийся с заявлением защитника суд освободил Кудина от уголовной ответственности и перевел его из обвиняемого в свидетели. Это было продиктованное действующим законодательством судебное решение, только оно лишний раз напомнило про пресловутое правовое «дышло» и еще про то, что на процессе в состязании сторон обвинения и защиты далеко не всегда торжествует истина.

Все-таки неладно как-то ныне в нашем Отечестве... Повсеместно, включая и столичный регион, на авансцену вышел разномастный криминалитет, который пытается устроить едва ли не тотальный уголовный террор: грохочут смертоносные взрывы, идут перестрелки, вершится бандитская жуть, совершаются налеты, происходят наемные расправы...

Стремясь восстановить хронологию убийственной «истории с продолжением», я не мог не обратить внимания на то, какой мрачный фон был в дальнем Подмосковье как до самой двухактной кровавой драмы, так и после нее. Конвейер зла неостановим: пути будущих жертв пересекались с кривыми дорожками крутых мужчин. И — не очень.

Отрабатывая версии, милицейские оперативники анализировали происходящие в самой уголовной среде убийства, разбирались в хитросплетениях экономических афер, связанных, в частности, с изготовлением и «безналоговым» сбытом водочной продукции, подмечали нередкие проявления жестокой конкурентной борьбы в «диком бизнесе»...

Не знаю, смогла бы теперь управлять государством кухарка или нет, а вот бывший механизатор Сергей Скорочкин, который к полученному в школе среднему образованию присовокупил тракторстскую подготовку в СПТУ, умудрился заиметь «много денег» и прикрепить на левый лацкан пиджака госдумовский депутатский значок под 107-м порядковым номером.

Но, несмотря на это кажущееся благополучие, жизнь Сергея Григорьевича, который был ранее судим по статье УК за подделку документов, катастрофически катилась под уклон. И какой-то скрытый символ, по-моему, есть в том, что в момент похищения из кафе-бара у богатея Скорочкина, носившего при себе чужую долговую расписку на 388 тысяч американских долларов и еще не потратившего на мелкие расходы пять банкнот английской валюты в 80 фунтов стерлингов, в правом кармане брюк жалобно позвякивали две российские монеты.

ЖИЗНЬ И СМЕРТЬ ФОТОХУДОЖНИКА

«Совсем недавно вернулся в родной Курск из Парижа известный российский фотохудожник Геннадий Бодров. Тем читателям, кто еще не знает имя этого талантливого фотомастера, могу сказать следующее: сейчас готовится к изданию книга «Известные люди в России». Союз фотохудожников страны рекомендовал ввести в нее сведения о Геннадии Бодрове, удивительно тонкой творческой натуре, чьи превосходные снимки публиковались во многих отечественных изданиях, а также в популярных журналах Франции и Италии, в знаменитых «Вашингтон пост», «Штерн» и множестве других.

Геннадий — обладатель множества наград различных отечественных и международных выставок. Два раза он получал годовую государственную стипендию согласно указу президента, которая выдается наиболее одаренным и талантливым мастерам в области фотоискусства.

В Париже Геннадий пробыл целый месяц. Приехал он туда по гостевому приглашению. Правда, жил не в черте исторического Парижа, а в коммуне Коломбо Большого Парижа. И каждое утро совершал на электричке десятиминутную неутомительную поездку до здания громадного железнодорожного вокзала Сен-Лазар, находящегося вблизи Больших Бульваров и прекрасного здания Гранд-Опера в самом центре Парижа. На перроны этого железнодорожного монстра под гигантской крышей прибывают бесчисленные поезда, привозящие каждое утро на работу в Париж свыше 250 тысяч человек. Вечером вокзал поглощает такую же людскую массу, чтобы увезти ее из центра французской столицы.

В один из первых дней Геннадий Бодров, выйдя из здания вокзала Сен-Лазар, пересел в скоростное метро, которое вскоре доставило его на знаменитую площадь имени Шарля де Голля (бывшая Звезды). Полюбовавшись здоровенной Триумфальной аркой, он не спеша отправился по изумительно выложенным гранитным тротуарам Елисейских Полей и неожиданно наткнулся на знакомого фотокорреспондента газеты «Вашингтон пост» Люшиена Перкинса, возвращавшегося в США из Москвы и на три дня сделавшего остановку в Париже. По-дружески прошлись под липами проспекта, чуть поговорили по-английски (в пределах бодровского запаса слов) и, попрощавшись, разошлись по своим делам...»

С этих слов корреспондент курской газеты «Молодая гвардия» Владимир Степанов начал свой очерк «Праздник, который всегда с тобой». Между прочим, у публикации, появившейся 27 августа 1998 года на одной из страниц областного молодежного периодического издания, был буквально именной подзаголовок — «Геннадий Бодров в Париже».

Украшением напечатанного материала стали восемь снимков, сделанных во французской столице курским фотомастером. По-фотографически изысканно и совершенно он запечатлел на них не только архитектурные шедевры города, перекинутый через реку Сену знаменитейший мост имени российского императора Александра и поражающие роскошью апартаменты императора Наполеона III в Луврском дворце, но и совсем по-своему увидел уличную жизнь Парижа как раз в то время, когда во Франции проводился финальный турнир чемпионата мира по футболу. В галерею парижских фотонаблюдений Бодрова попал необычный кадр. Геннадий увековечил болельщика, который, не достав билета на «золотой матч» между сборными командами Бразилии и хозяев футбольного поля, забрался на высившийся на площади Ратуши фонарный столб, чтобы по устроенному на ней большому-пребольшому экрану посмотреть трансляцию увлекательнейшего поединка. Кстати, от острого взгляда Бодрова не укрылось, что даже в бурлящем человеческом потоке Парижа, у пользующихся наибольшей любовью туристов со всего мира легендарных Елисейских Полей и неподалеку от великолепного выставочного дворца Пти-Пале, можно забрести в безлюдный сквер, обрамленный ажурной металлической решеткой с симметрическим рисунком. Во дворе Лувра внимание российского фотохудожника привлек сидящий на ступеньках малолетний музыкант-нищий, просящий подаяние у прохожих. Так что даже в городе, вся атмосфера которого, казалось бы, пропитана любовью и аурой праздника, гость из Курска подметил и нечто, не вписывающееся в этот стереотип восприятия Парижа.

Разве мог редакционный коллектив «Молодой гвардии» предположить, что всего-то через неполных полгода Геннадий подвергнется весьма изощренному разбойному нападению. Просто не укладывается в голове, что свой злодейский расчет в отношении фотохудожника преступники специально построили на его профессиональной обязательности.

В субботу 13 февраля 1999 года в квартире Бодровых раздался телефонный звонок. Трубку снял Геннадий и, побеседовав с кем-то, сказал матери Зое Александровне, что знакомый журналист Георгий Алексеевич подкинул ему работу. Во всяком случае, сославшись на него, позвонивший попросил Бодрова сфотографировать венчание в церкви. Как пояснил Геннадий, ему предстоит поехать на машине куда-то за город и сделать цветные фотографии. С позвонившим он должен встретиться завтра в 13 часов у ателье «Элегант».

Утром в воскресенье Бодров ушел из дома, чтобы сделать несколько репортажных фотоснимков для газеты «Курский вестник», а вернувшись в половине двенадцатого, обронил, что попьет чаю и пойдет на назначенную встречу. Мать в это время отправилась за продуктами и, когда пришла домой, сына уже не застала. А когда Геннадий не явился ночевать, хотя и речи не было, что съемка растянется на два дня, Зоя Александровна встревожилась не на шутку.

С утра в понедельник она стала названивать в редакцию «Молодой гвардии», чтобы у журналиста этой газеты, имя которого упомянул Геннадий, попытаться выяснить его местонахождение. Однако так до него и не дозвонилась, и только во вторник вечером Георгий Алексеевич сам набрал шестизначный телефонный номер Бодровых и на вопрос Зои Александровны озадаченно ответил, что ничего не знает ни о каком венчании и никому не рекомендовал обратиться к Геннадию.

После беседы с матерью Бодрова, тоже обеспокоенный журналист обзвонил больницы и морги города, но не получил никакой информации об исчезнувшем. Тогда он обратился в 3-й отдел милиции Управления внутренних дел Курска и вместе с его работниками побывал у Зои Александровны. С этого момента Геннадий Борисович Бодров был официально объявлен в розыск как пропавший без вести. По словам матери, ее сын ушел на злополучную встречу у кафе «Элегант» одетым в черную матерчатую куртку на цигейковой основе с каракулевым воротником, темные брюки в мелкую полосочку, синие шерстяные носки, красный свитер... Обулся в резиновые утепленные сапоги, на голове у него была вязаная шапочка, на шее — красный шерстяной шарф.

Вскоре выяснилось, что в воскресенье в Курске проводилось венчание, но никого из профессиональных фотографов на него не приглашали. В нескольких десятках ближайших к областному центру сельских населенных пунктов, как оказалось, венчаний и вовсе не было.

Тайна исчезновения фотографа начала проясняться уже через два дня, когда милиции стало известно, что кто-то пытается задешево продать редкостную дорогостоящую фотоаппаратуру. Выйдя на этого продавца, стражи порядка задержали ранее не судимого 36-летнего холостяка Александра Панькова, его племянника, неоднократно судимого 20-летнего

Дмитрия Чешко и автолюбителя-извозчика Михаила. Двое первых признались в жестокой расправе над Бодровым в лесной чаще неподалеку от деревни Духовец. Не мог об этом не знать и третий, так как обратно на трассу из леса заказчики поездки вышли уже вдвоем, и один из них нес чужой кофр, принадлежавший отсутствовавшему пассажиру...

Следственно-оперативная группа, выехав на указанное место, обнаружила там изуродованный труп фотохудожника...

Трагическая новость мгновенно облетела областной центр. Отдавая дань светлой памяти погибшего фотомастера, еженедельник «Курский вестник» отвел всю третью полосу под своеобразную газетную выставку работ Геннадия Бодрова — «Такой он видел нашу жизнь», а на первой странице поместил его портрет и опубликовал берущие за душу строки:

«В понедельник, 22 февраля, Курск провожал в последний путь одного из своих самых замечательных мастеров — фотохудожника и журналиста Геннадия Бодрова. И даже сами похороны показали, что от нас ушел человек, составляющий гордость курского края. Торжественно и скорбно звучал голос владыки Ювеналия, совершившего обряд отпевания в Знаменском соборе... Долго-долго тянулась цепочка друзей, коллег и просто почитателей бодровского таланта через курский Дом журналиста — именно здесь куряне прощались с Геннадием... Организацию похорон взял на себя областной Союз журналистов, похоронили Бодрова на Северном кладбище (так решила городская власть), и здесь тоже было много горя и мало слов. Без них пронзительно ясно, какого человека лишился Курск.

Для редакции «Курского вестника» это особенно тяжелый удар. Ни один номер нашей молодой газеты, начиная с первого, без снимков Бодрова не выходил. Это они определяли облик «Вестника», стали важнейшей составляющей его смыслового и эмоционального заряда. Нам льстило, что большой мастер, чьи работы получили признание во многих общероссийских изданиях и не раз отмечались высокими наградами на международных конкурсах, добровольно взял на себя обязанность отвечать за фотоиллюстрацию в новой областной газете. И, кажется, в данном случае чувства были взаимными. Геннадий принял душой наше издание, оно его явно грело, и мастер безотказно брался выполнять для газеты даже самую обычную репортерскую работу. Очень хотел иметь удостоверение сотрудника «Курского вестника», не раз интересовался, когда его выдадим. Бланки удостоверений поступили из типографии только на прошлой неделе, когда Гены, увы, уже не было в живых...

Четырнадцатого февраля, в воскресенье, он принял мученическую смерть в лесу неподалеку от деревни Духовец и несколько дней считался без вести пропавшим.

Мы хватились его в понедельник, при верстке очередного номера. В субботу Бодров кое-что снимал для нас в городе, и вдруг — чего с ним никогда не бывало — снимков в редакцию не принес. Позвонили домой — его мама Зоя Александровна, убитая дурными предчувствиями, сказала, что Гена как ушел на съемки до обеда в воскресенье, так и не появился. А накануне кто-то ему позвонил: дескать, коллега (назвали фамилию) попросил выручить и вместо него поснимать чье-то венчание.

После выяснилось: Гену специально выманили из дома, чтобы повенчать со смертью. Знали, сволочи, что выручить товарища Бодров не откажется. И что на съемки выйдет, как всегда, во всеоружии — со своей уникальной аппаратурой, в которую он вкладывал все свои заработки. Встреча с «клиентами» состоялась около ателье «Элегант». Геннадия увезли на машине, и увезли навсегда. В лесу под Духовцом его не просто убили, а убивали, как звери, безжалостно и методично.

Из-за чего глумились, за что лишили жизни человека?

В милицейской сводке сказано сухо: убийство совершено «с целью завладения фотоаппаратурой». Именно так: решили отнять, договорились убить. И убили. И уже назавтра кинулись сбывать через продавца магазина «Сивма» две камеры и пять объективов, которые могли принадлежать только Бодрову... Курские фотографы, которым предложили эту технику, сразу поняли, в чем дело, и сообщили в милицию.

Правоохранители сработали четко. Первого из злодеев взяли... В пятницу он и привел следственно-оперативную группу туда, где лежало бездыханное тело нашего друга. Выезжавший на место преступления вместе с этой группой корреспондент «Курского вестника», вернувшись в редакцию, кое-как рассказал о том, что увидел, а писать не смог — ручка валилась на лист бумаги. В глазах у него стояли обнаруженные в кармане у Гены мандаринка и газовый баллончик, которым он так почему-то и не воспользовался...

Сегодня мы низко кланяемся горю матери — Бодровой Зои Александровны, потерявшей единственного сына.

Сегодня мы вместе с нею переживаем боль утраты.

Сегодня мы свыкаемся с мыслью, что Бодрова никем заменить нельзя: такие мастера приходят в мир в единственном и неповторимом экземпляре.

...За поминальным столом кто-то из коллег напомнил, как обычно Геннадий звонил в редакцию. Всего три слова, произнесенные с неподражаемой бодровской интонацией, звучат в ушах и у нас: «Алё... Как дела?..»

Что тут сказать? Плохие, Гена, без тебя дела!..»

Оглядываясь на прожитые годы, вспоминаю незабываемое. Летом 1984 года, когда меня приняли корреспондентом в штат редакции курской областной газеты «Молодая гвардия», я познакомился там с худощавым парнем, который скромно представился газетным фоторепортером, хотя уже тогда его имя было известно среди истинных ценителей фотоискусства не только в нашей стране, но и за границей: работы курского мастера светописи получили высокую оценку специалистов и завоевали целый ряд престижных отечественных и зарубежных творческих наград.

Особенно врезалось в память, что Бодров фактически никогда не расставался с фотоаппаратом. Куда бы он ни шел, всегда брал с собой какую-нибудь оптику. Помнится, даже в нашу издательскую столовую спускался технически вооруженным — а вдруг подвернется какой-нибудь нестандартный «миг между прошлым и будущим».

К 50-летию «Молодой гвардии», а оно было в августе 1984 года, редакция подготовила праздничный номер, в который замакетировали фотопортреты всех сотрудников областной молодежной газеты. Генина и моя фотографии там оказались рядом. Под его сделали шутливую надпись: «А все же сам себя я бы лучше сфотографировал».

Когда я впервые побывал у Геннадия дома, то он показал мне внушительную коллекцию своих профессиональных наград. При этом вскользь заметил, что ему этот «фотографический спорт» ни к чему, вполне достаточно уже имеющихся трофеев за удачное участие в представительных выставках и крупнейших фотосалонах международного уровня. Например, его работа «Белая лошадь» на 49-м фотосалоне «Мидланд» (Англия) была отмечена медалью Стена Дэвиса.

Помню, в декабре 1986-го газета «Молодая гвардия» опубликовала сообщение об очередном его фототриумфе:

«...Наш Гена вернулся! — в редакции «Молодой гвардии» раздались дружные продолжительные аплодисменты.

Да, на днях наш «всемирно известный, всеми почитаемый и уважаемый», постоянно ищущий, творческий фотокорреспондент Геннадий Бодров вернулся в Курск, и, как обычно, — с медалью. На сей раз он участвовал во Всесоюзном фотоконкурсе в литовском городе Шяуляе.

Про все его награды сразу и не вспомнишь. Только в этом году Бодров получил четыре медали на одних выставках, четыре приза — на других и еще несколько дипломов. Фотографические работы Геннадия представлялись на 11 конкурсах — в ГДР, Венгрии, Чехословакии, Болгарии, Гонконге, в нашей стране — в Армавире, Липецке, Шяуляе.

214

О его творческих возможностях, способностях и широком круге интересов говорит тематика выставок: «Оружием смеха», «Охрана окружающей среды», «Коллеги», «Велосипед — спорт, здоровье, транспорт», «Человек и металл», экспериментальная фотография.

Многие из работ, отмеченных в этом году медалями и призами, уже знакомы нашим читателям. Ведь именно на страницах «Молодой гвардии» большая их часть появляется впервые. Напомним: это снимки «В новом микрорайоне», «Белая лошадь», «Воспоминание», «Новая природа», «9 Мая», «Всадник».

Но у Бодрова еще грандиозные планы на будущее! Уже сейчас он получил предложения о проведении персональных выставок в Литве, Эстонии, Белоруссии, Свердловске. С 1 по 10 сентября следующего года в болгарском курортном городке Созопол пройдут Международные фотографические каникулы стран Европы. Пригласили для участия в них и нашего корреспондента.

...И вот он опять в поиске: «колдует» над чем-то, готовит нечто такое, чего еще никто не видывал. Что поделаешь: он человек творческий, наш Гена».

Судьба распорядилась так, что в 1989 году я перебрался на постоянное жительство в Москву и стал ответственным секретарем ведомственного издания — газеты «На страже», органа Главного управления внутренних дел Московской области. Но дружеская и творческая связь с Бодровым, к моей радости, не прервалась. Приезжая в Москву, Геннадий несколько раз останавливался в моем жилище — ничем не примечательной квартире в типовой панельной многоэтажке. И хотя гостил он у меня обычно недолго, все же успевал и показать новые мастерские фотокартины, и рассказать о своих дальнейших творческих планах и любопытных задумках в области светописных поисков. Да и еще поведать о приобретении каких-то сугубо профессиональных аксессуаров, предназначенных для получения дополнительных эффектов при съемке: например, таких, какие достигаются при использовании широкоугольного объектива...

Когда для журнала «Россия молодая» я готовил к печати очерк «Юдоль скорби в гуще жизни» о московском Новодевичьем кладбище, Геннадий охотно согласился, как в наши былые репортерские «молодогвардейские годы», проиллюстрировать его. Мы долго ходили с ним по аллеям главного столичного некрополя, и Бодров сделал не только прекрасные снимки для журнального очерка, но и, по его признанию, «пополнил свою фотофилософскую серию о жизни и вечности».

В этой серии, которую он создавал многие годы, меня особенно всегда поражал один снимок: безлюдие убегающей к горизонту округлой земной поверхности, а на переднем плане — валяющийся в грязи опрокинутый металлический надгробный памятник. Горестный символ человеческого беспамятства.

С завидной целеустремленностью и кропотливостью Геннадий готовил к выходу в свет свой первый авторский фотоальбом, придирчиво отбирая для него лучшие из лучших снимки. Показывая их мне, он пояснял, что, по его замыслу, композиционным центром книги будет раздел о людях верующих. Увы, мечта курского фотомастера, надеявшегося в

216

ближайшее время взять в руки пахнущую свежей типографской краской собственную книгу фотонаблюдений, не сбылась. Жизнь самородка от фотоискусства, умевшего по-своему увидеть прекрасное в обыденном мире, оборвали преступники.

Начальник отдела милиции № 3 УВД города Курска Александр Петрухин взял под личный контроль розыск пропавшего фотохудожника, а затем — расследование особо тяжкого преступления, как только выяснилось, что Геннадий Бодров был убит. Руководитель службы криминальной милиции ОМ-3 городского Управления внутренних дел Борис Скребнев и его подчиненные — старший оперуполномоченный Игорь Абраменко, оперуполномоченные Михаил Кривдин, Юрий Лунин и другие сыщики — довольно быстро сумели разобраться, как произошло само злодейство и как потом убийцы пытались уничтожить следы преступления.

Следствие установило, что 14 февраля Чешко и Паньков, прихватившие с собой электрический провод и «предмет, похожий на пистолет», подошли на улице к занимавшемуся частным извозом на отцовской автомашине автолюбителю Михаилу и попросили отвезти их в одну из деревень Курского района области. В поведении хорошо одетых мужчин автолюбителя ничто не насторожило, и он быстро с ними столковался за соответствующее денежное вознаграждение.

Но до встречи с Бодровым, назначенной на 13 часов у ателье «Элегант», еще оставалось время, и наниматели отпустили Михаила, наказав ему подъехать их забрать в половине первого.

Однако купив в магазине липкую ленту типа скотча, злоумышленники, решившие завладеть непростой аппаратурой фотохудожника, в оговоренное время извозчика не дождались и тогда отправились за ним к нему домой. Оттуда все трое подкатили к ателье «Элегант», где в салон «Жигулей» подсел не почуявший смертельной западни Геннадий.

На автотрассе, ведущей из Духовца в деревню Жеребцово Курского района, Чешко велел водителю «пятерки» остановиться. Пассажиры покинули салон легковушки, а извозчик сделал так, как ему приказали наниматели — проехал дальше и стал их ждать.

Оставшись втроем вблизи соснового леса, злоумышленники скинули маски. Угрожая Бодрову физической расправой и наставив на него «ствол», они заставили его зайти в лесную чащу. Там потребовали, чтобы Геннадий присел возле дерева, после чего Паньков стал заматывать кисти его рук скотчевой лентой. Но тут заметил, что ремень сумки с фотоаппаратурой остался на плече жертвы, размотал «липкие путы» и начал снимать этот походный кофр. Бодров попытался удержать сумку, но преступники нанесли ему несколько ударов по голове. Причем Чешко бил «стволом», а Паньков — кулаком.

Войдя в раж, уголовник Чешко набросил на шею Геннадию электропровод и душил его до тех пор, пока кабельная жилка не начала рваться и Бодров не упал на землю. При этом Паньков удерживал его руки, не давая фотохудожнику возможности сопротивляться.

И все-таки Геннадий попытался подняться. Тогда Паньков толкнул его опять на землю, ударил ногой по лицу, и бандиты с удвоенной энергией взялись за

218

завершение расправы — продолжили душить жертву его шарфом. Как затем будет отмечено в обвинительном заключении, «после этого Чешко Д. В. и Паньков А. В., действуя с особой жестокостью, стали наносить лежащему на земле Бодрову Г. Б. удары ногами по голове, туловищу и другим частям тела, осознавая, что причиняют ему (потерпевшему) особые страдания, и желая этого». Предварительным следствием было выяснено, что в те страшные секунды ожесточения один из обвиняемых нанес Геннадию «множественные удары ногами в область лица», а второй несколько раз сильно пнул ногами в шею. В конце расправы преступники еще несколько раз «прыгнули обеими ногами на грудь Бодрову Г. Б., после чего Чешко Д. В. продолжил наносить удары ногами... в область лица».

Убедившись, что от полученных травм Геннадий скончался, душегубы похитили его сумку, в которой находились два фотоаппарата «Canon», пять импортных объективов и другие профессиональные принадлежности, а также и удостоверение фотокорреспондента. После чего вышли из леса и уехали с места преступления, заплатив водителю уже в городе 150 рублей. Судя по материалам предварительного следствия, извозчик сразу догадался, почему отсутствует третий пассажир. Однако допытываться не стал, где фотограф, а удовлетворился ответом Чешко, что «все нормально» и надо ехать обратно в город.

Позже свидетельница Жанна, которая «поддерживала дружеские отношения» с Чешко, сообщила следствию, как преступники вели себя по возвращении.

Еще утром они зашли на Северный рынок, где она торговала. Жанна обратила внимание, что оба были одеты парадно — в белых рубашках при галстуках.

Впоследствии на допросах обвиняемые признаются, что специально оделись не по-будничному, чтобы Бодров не засомневался, действительно ли они направляются в качестве приглашенных на чье-то венчание. Дмитрий успел сказать Жанне, что один мужчина предложил им продать принадлежащие ему фотоаппараты и они сейчас идут на встречу с этим человеком. Паньков поторапливал племянника, и они ушли.

Через несколько часов оба в той же одежде вновь заглянули на Северный рынок. В руках Александра, припомнила позже Жанна, была какая-то сумка. Чешко сообщил подруге, что придет вечером в гости и они будут пить. Поскольку Жанна считала, что Чешко редко употребляет спиртные напитки, то спросила, чем вызвано его желание организовать застолье. Парень туманно отговорился, что возлияние устраивается в честь праздника влюбленных — Дня святого Валентина.

Не дожидаясь наступления вечера, около 4 часов дня Чешко и Паньков заехали за Жанной на рынок, и все вместе направились к ней домой, где за стол вместе с ними уселись ее мать и дочка. Паньков достал из пакета фотоаппарат, название которого было заклеено черной лентой, и пояснил Жанне, что эту камеру для реализации передал им ее владелец.

Потом не чуждый фотодела, он сделал застольные кадры, но, доставая из камеры пленку, нечаянно ее засветил. Отсняв вторую пленку, на этот раз не ошибся и, вытащив ее из фотоаппарата, отдал Дмитрию.

Захмелев, Паньков предложил:

— Давайте выпьем за хорошего человека.

— Это за кого же? — поинтересовалась Жанна.

Опередив дядю, отозвался племянник:

— За умершего деда.

Часа за полтора до полуночи участники застолья напраздновались. Паньков ушел, не взяв фотоаппарата, а Чешко остался переночевать у подруги. На другой день, покидая Жанну, припомнил, что надо сделать фотографии с лежащей у него в кармане пленки.

Шестнадцатого февраля под вечер родственники-сообщники пробрались в студенческое общежитие Курского государственного медуниверситета, где попытались продать фотоаппаратуру иностранным студентам. Один из них ливанец Поль Эль Азури, удивившись, что за два фотоаппарата «Canon» и объектив продавцы хотят получить всего тысячу американских долларов, отказался от выгодной сделки.

Паньков попытался его разжалобить:

— У меня мать в больнице, ей необходима операция, по этой причине я и вынужден продавать фотоаппаратуру.

Поль Эль Азури ответил:

— Мне понравилась большая фотокамера, которую я купил бы за триста долларов. Но сейчас у меня нет при себе таких денег, надо позвонить в Ливан родителям, посоветоваться.

Договорились увидеться через два дня. Восемнадцатого февраля Чешко и Паньков вновь разыскали ливанца в общежитии, но тот отказался от приобретения понравившейся зеркальной фотокамеры. В этот момент к ним подошел другой иностранный студент, который согласился купить «маленький фотоаппарат» за 100 долларов. Паньков стал торговаться, что уступит эту зеркальную камеру за 130 долларов. В свою очередь, иностранец объявил, что готов выложить 120 долларов, если продавцы отдадут ему кроме фотоаппарата и два объектива. На том и сошлись: покупателю достались фотокамера-зеркалка со вспышкой и два дорогих объектива, а преступники-сбытчики унесли с собой заокеанскую валюту.

Семнадцатого февраля Чешко и Паньков зашли к еще одной знакомой Ирине, проживавшей вместе с подругами Ольгой и Надеждой. Продемонстрировав хозяйкам жилья «фотоаппарат с длинной вспышкой» и фирменный объектив, Паньков доверительно сообщил, что эта классная импортная фотоаппаратура досталась ему в подарок за услугу. Правда, не уточнил, за какую именно. Предложил всех сфотографировать и, естественно, не услышал возражения. А пока дядя наводил камеру на Ольгу и Надежду, Чешко похвалился Ирине, что собирается обзавестись автомашиной «Волга». Погостив часа два, Паньков и его младший родич ушли налегке, оставив сумку с фотоаппаратурой в комнате общительных девушек. Забрали ее только на другой день.

Вот так преступники втягивали ничего не ведающих людей в свой криминал — одних больше, других — меньше.

О желании Дмитрия стать владельцем «Волги» Жанна узнала неделей раньше. Пожаловался, что ему не хватает для ее приобретения всего трех тысяч. Отзывчивая подруга расстаралась для дружка, уже на следующий день заняла недостающую сумму, отдала ее Чешко, поверив на слово, что тот вернет долг через одну-две недели. Дмитрий похвалился, что у него будет много денег после осуществления какой-то «коммерческой операции».

А, например, к знакомому Игорю, которого приятели по-свойски называли «Комбатом», преступники обратились за помощью заранее, до совершения задуманного преступления. Чешко поинтересовался, нет ли у него знакомых, которые хотели бы приобрести отличнейший фотоаппарат «Canon» или могли бы оставить его в залог. Игорь ответил, что никто из его друзей не высказывал такого намерения, да и он сам не имеет ни малейшего желания обзавестись недешевым заграничным фотоаппаратом.

Пропустив мимо ушей столь однозначный ответ, Дмитрий и Паньков наведались к Комбату уже с фотоаппаратом, вспышкой и двумя объективами. Причем Чешко заверил, что это его собственность.

Игорю надоели назойливые приятели, и он предложил сходить к его другу Константину.

Тот тоже не горел желанием приобрести фототехнику ибо вообще о фотоделе имел смутное представление. И тогда посредник Игорь его уговорил, сыграв на «коммерческой жилке» друга. Разъяснил, что эта техника очень дорогая, а хозяин «толкает» ее задаром, потому что ему срочно понадобились деньги на покупку автомашины. Константин, оставив у себя фотоаппарат, вспышку и четыре аккумулятора, выдал 200 долларов, в качестве залога за сохранность аппаратуры. И пообещал показать ее кому-нибудь, кто в ней разбирается.

И... «показал». После чего к нему немедленно нагрянула милиция.

Установив всех подозреваемых, следствие стало искать и изымать вещественные доказательства их виновности. Константин добровольно выдал хранившуюся у него аппаратуру. Также добровольно расстался с приобретенным фотоаппаратом и объективами студент-иностранец из общежития медуниверситета. При осмотре в одном фотоаппарате была обнаружена пленка с четырнадцатью отснятыми кадрами, на которых оказалась запечатлена мать Дмитрия Чешко. На другой пленке, которую нашли в его квартире, была сфотографирована Жанна. Иначе говоря, следствие располагало объективным подтверждением, что Чешко и его дядя использовали фотоаппаратуру Геннадия Бодрова после его убийства.

Найденная на месте преступления полоска липкой ленты образовала единое целое с найденным у Чешко мотком скотча.

Следственно-оперативная группа осмотрела и место, где преступники после расправы над фотохудожником сожгли часть его имущества. В лесном массиве дядя с племянником сожгли сумку «Lowerto», 20 черно-белых пленок, записную книжку, паспорт и удостоверение на имя Геннадия Бодрова.

Из материалов следствия стало известно, что дядя Паньков заговорил с племянником Чешко о человеке, имеющем дорогую фотоаппаратуру, за год с

Скамейка, где Геру (он — в верхнем левом углу фотомонтажа) поразили в правую руку первым выстрелом

Оперуполномоченный угрозыска Александр Иванов стоит у края пирса, с которого упал в песок смертельно раненный постоялец пансионата

Сумка застреленного Геры, в которой были два «калашника», осталась в лодке.

Версионные портреты преступника, разыскивавшегося при проведении операции «Удав»

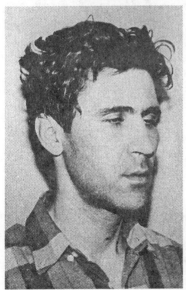

Задержанный старший зоотехник-селекционер Московского конного завода № 1 Сергей Головкин, за которым закрепились клички Фишер и Удав

Фоторобот убийцы подростков и снимок пойманного маньяка Головкина, запечатленного в полный рост казенным фотографом

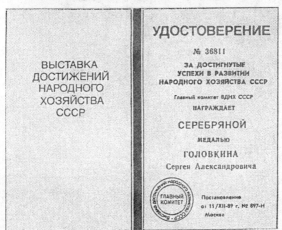

*Коллеги по работе на МКЗ № 1 считали выпускника Тимирязевской
сельхозакадемии неплохим человеком и отличным специалистом,
поскольку Головкин прилюдно демонстрировал похвальную заботу
о поселковых ребятишках, а за трудовые достижения был
награжден серебряной медалью ВДНХ СССР*

Для тайных детских захоронений преступник-автолюбитель облюбовал лесной массив, примыкающий ко 2-му бетонному кольцу

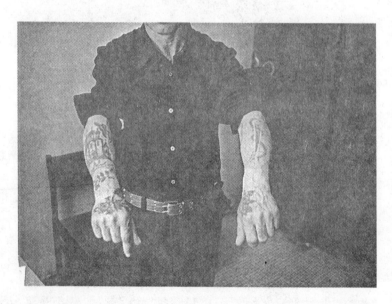

Один из тех, кого в ходе операции «Удав» проверяли из-за наличия характерной татуировки: кинжала, обвитого змеей

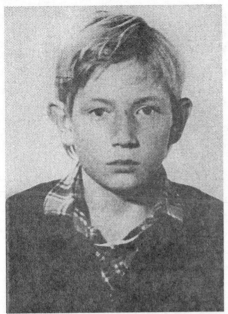

Как и другие десять мальчишек, этот подросток погиб от рук серийного убийцы-насильника — обладателя академического диплома о высшем образовании

В 1992 году внимание участников операции «Удав» сосредоточилось на этом поселке

*На протяжении ряда лет во все, что было связано с «Удавом»,
скрупулезно вникал начальник ГУВД Московской области
Константин Белин*

Непосредственно занимались поиском и установлением маньяка-зоотехника работник прокуратуры Виктор Зайцев и сотрудники милиции Игорь Кравцов и Владимир Цхай

На втором этаже этого особняка МКЗ № 1 в комнате «красного уголка» проживал селекционер Головкин

«Гараж ужасов», который после изобличения сексуального убийцы-«серийника» местные жители сровняли с землей

*Обвиняемый
Головкин во время
проведения
различных
следственных
действий.*

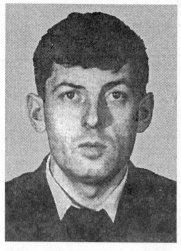

Подозревавшийся прокуратурой в двойном убийстве депутат Государственной Думы Сергей Скорочкин сам стал в феврале 1995 года жертвой уголовной расправы

Изготовленный в подмосковном Экспертно-криминалистическом управлении фоторобот неизвестного преступника, участвовавшего в похищении депутата Госдумы из кафе-бара «У Виктора»

Сфотографированный корреспондентом «Московских новостей» выкорчеванный пень, рядом с которым нашли застреленного народного избранника от 107-го Коломенского округа

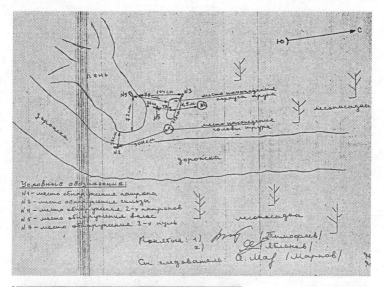

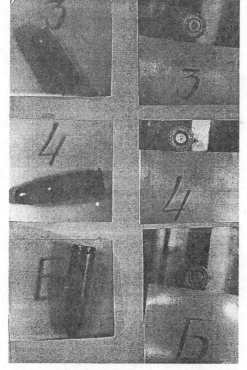

Процессуальный
документ,
оформленный при
осмотре места
происшествия у
деревни Сарыбьево
Луховицкого района
Подмосковья

Изъятые
вещественные
доказательства по
зарайскому
«депутатскому
делу»

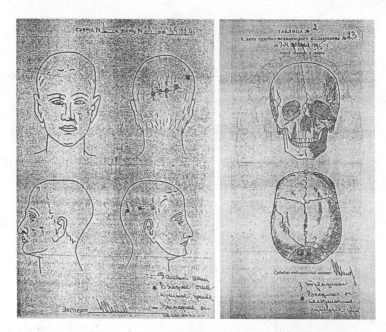

Схема и таблица судебно-медицинского исследования трупа Скорочкина

Автограф фотохудожника Геннадия Бодрова на снимке, который был помещен в выпущенный к 50-летию курской областной газеты «Молодая гвардия» специальный юбилейный номер этого периодического издания

*Фотоработы курского мастера светописи: «Водовоз»,
«Наедине с вечностью», «Живые сраму не имут».*

О сороковинах со дня трагической гибели Геннадия Бодрова своим читателям газета «Курская правда» в номере за 25 марта 1999 года напомнила этим печальным кадром с места погребения фотохудожника на Северном кладбище областного центра

Таким был выполненный по показаниям оставшихся в живых жертв серийного преступника Сергея Ряховского его «безликий» портрет

лишним до свершения убийства. Уверял, что ее можно просто отобрать, а если ограбленного запугать, он не будет заявлять в милицию. И позже они не раз возвращались к этому разговору, пока наконец племянника не охватило желание во что бы то ни стало приобрести подержанную «Волгу».

Естественно, арестованные долго юлили, пытались перевалить вину друг на друга, уверяли, что задумывали лишь бескровное ограбление, да вот как-то получилось по-другому.

К сороковинам со дня трагической гибели фотохудожника Геннадия Бодрова областная газета «Курская правда» опубликовала очерк Татьяны Латышевой «Увидеть Париж — и умереть?..», или «Друзей моих прекрасные черты появятся и растворятся снова...». С большим трудом привыкали коллеги Бодрова к мысли, что больше нет среди них талантливого фотомастера, прекрасного человека. Вот как об этом писала Татьяна:

«...Безумие какое-то! Так не должно быть, так не бывает, смерть, убийство в контексте с ним — нелепость!

Невозможно представить более созданного для Жизни человека, более мирного, более гармоничного. Открываю подшивку, газету — старую, новую, нашу, чужую, любую: «Фото Г. Бодрова». Открываю свои домашние альбомы: я с полуторагодовалым сыном у фонтана рядом с Домом обуви — Генка, свадьба племянницы — Генка, турслет, театр, концерт, улица — Генка, Генка... И так наверняка многие — те же ощущения, те же зрительные образы, ассоциации, воспоминания. Впрочем, воспоминания у каждого свои, и помнят Генку все и одинаково, и по-своему. Какие-то черточки, штрихи — вот бы составить из них целую картину. Ведь, как ни крути, мы, общаясь с ним по два десятилетия, знали его так мало.

Нет, Генка Бодров, безусловно, не был «графом Монте-Кристо», таинственной личностью, но он был слишком автономным, слишком «гуляющим сам по себе», слишком индивидуальным. Застенчивый, чересчур скромный? Нет, не то. Попробуй с такими качествами стать одним из лучших российских фотохудожников, признанным мастером мирового уровня! Застенчивость была частью его внешнего имиджа? Тоже, пожалуй, не то. Вряд ли ему приходило в голову намеренно заботиться об имидже. Скорее это пошло от ранних лет, служило защитной реакцией, а потом, когда он уже стал признанным мастером, осталось, как остались с детства покалеченные пальцы рук (разбирал снаряд с «Мертвухи». О, это страшное «Мертвое поле» на Дальних парках — эхо прошедшей войны, сколько поколений мальчишек в прямом смысле рисковали там жизнью!) и весь его какой-то детский образ — худенький мальчик (и в сорок тоже) с кофром через плечо.

Он часто был открыт, непосредствен и искренен до детскости: мог пробиться через переполненный салон троллейбуса к знакомой (даже не приятельнице) и сразу начать радостно рассказывать о том, где он был, что наснимал, о творческих планах и интересных предложениях. Принимая похвалы, он краснел, но о работе Генка любил говорить очень.

Многие считали его медлительным, даже заторможенным, но никто быстрее его не успевал увидеть и запечатлеть.

226

Лето. Август. Жара. Улица Луначарского. У старого дома сидит на табуретке древняя старуха. Откуда-то снизу, прогуливаясь и созерцая мир, поднимается Гена, как всегда, в полной амуниции и «во всеоружии». Вся сцена происходит у меня на глазах в считанные секунды. Гена снимает с плеча камеру — щелчок, еще один, еще... Старуха проснулась, вопит, размахивает палкой. Гены и след простыл. Догоняю. По лицу вижу — счастлив. Еще один гениальный кадр.

Как он видел, ловил и высвечивал нужный ракурс, образ, то, что и другие видели, но не замечали или просто не могли сделать так, как он! Иные говорили: просто он свободный художник и снимает все подряд, а потом отбирает «озарения». Не без этого. Поэт переплавлял «тонны словесной руды», ради одного, того самого слова, а Гена — метры пленки, килограммы фотобумаги. И все-таки... Слишком много было тех самых гениальных кадров, а остальные все равно не были пустой породой, все равно на них лежала печать Божьего промысла, чувствовалась рука Мастера, штучный талант.

Была еще и неимоверная трудоспособность. Впрочем, если человек живет своим делом, если это единственно возможный для него способ существования, слово «работоспособность» уместно? Он начал фотографировать рано, в пионерском возрасте. Все началось с подаренного отцом «Киева». Им и еще «Зенитом» он и снимал долгие-долгие годы, и, не знаю, могут ли специалисты отличить те его шедевры от тех, что сняты зарубежной, заработанной многолетним трудом, дорогой аппаратурой.

Лучше б ее не вспоминать, ту треклятую аппаратуру. Впрочем, аппаратура была в этой жуткой драме не главной причиной. Сальери. Ничтожный сальери от фотографии, только в отличие от Сальери настоящего — откровенный дилетант. Он посмел завидовать Генке, Генке Бодрову, которому талантливые не завидовали — восхищались, учились у него, но и не пытались себя с ним сравнивать. Этот подонок не раз повторял, что, если б ему бодровскую аппаратуру... и даже писал письмо в администрацию с тем, чтобы ему такую аппаратуру купили. Генке-то никто ничего никогда не покупал — заработал. Сколько было перед этим побед на престижных международных конкурсах, сколько альбомов, сколько труда! Этому чудовищу даже однажды приснилось (делился с ребятами-фотографами), что он отнимает у Бодрова аппаратуру. Это была идея-фикс. Мы недооцениваем черные последствия зависти. Зависть потенциально способна на убийства — реальные, воображаемые, не всегда физические. Черная зависть — удел бесталанных...

Страшно представить то февральское воскресенье (День всех влюбленных). Наверное, эти подонки воображали себя героями боевика. «...Не мог щадить он нашей славы; не мог понять в сей миг кровавый, на ЧТО он руку поднимал!..» Лермонтовские строчки отнюдь не кажутся пафосным преувеличением — Бодров был гениален. Об этом говорили часто и вслух. О чем он думал, что чувствовал в те свои последние часы? Наверняка был убежден, что это еще не Всё. Он слишком любил жизнь, понимал и чувствовал ее, чтобы смириться, что вот так...

...Слабое утешение, но Генкины похороны — это единый порыв всего лучшего, что в нас есть. Они еще раз доказали, кто такой был Гена Бодров, если его так любили столь разные люди. Видели б вы, как плакали, не стесняясь слез, здоровые мужики-фотографы, слышали б, какие слова — искренние, настоящие, — находили в тот день люди.

Знаменский собор — отпевание (ах, что за снимки получались у Гены с крестных ходов, из Коренной пустыни — какие лица, какие чувства!). Домжур — красивая и грустная музыка и нескончаемый поток курян, пришедших проститься, цветы и слезы. Северное кладбище — свежая могила и какой великолепный вид на снежное поле и лес! Сияющий солнцем и легким морозом зимний день. Но где же Генка со своей камерой — он же всегда присутствует на всех возможных и невозможных, больших и малых городских мероприятиях? Генкин портрет, Генкин гроб (Боже, что они с ним сделали — лицо буквально собирали по кусочкам!).

«...Что-то на могиле говорили, кого-то проклинали, в чем-то крепко клялись, но все это плохо слышала Натка...» — с детства помню из «Военной тайны». Это про Генину маму, Зою Александровну. Мужественная, окаменевшая женщина, которая потеряла все. Она жила им и ради него. Их было двое в мире — Генина мама и мамин Гена. В их двухкомнатной квартире она выбрала себе маленькую комнату, все остальное, включая кладовку, коридор, ванную и кухню — Генкина мастерская. Мама знала всех, с кем он общался, она была первый судья, секретарь и менеджер. И первые детские Генины фотографии, опубликованные в престижном «Совет-

229

ском фото», послала в журнал она. Как она теперь будет жить?

На поминки в Центральном собралось несколько сотен людей. Никогда не приходилось видеть сразу столько фотографов. Как они о нем говорили, почти все (даже маститые) называли себя его учениками. А он не считался — щедро делился секретами, охотно объяснял и показывал. Он хотел объединить всех фотографов города (ему-то это было зачем?).

Лариса Трубникова права: он был счастливым, живя в согласии с собой и с миром, он был гармоничной личностью. Штучный человек Гена Бодров, Божий, светлый человек, никому ничего, кроме добра, не сделавший.

Кое-что о нем, конечно, мифы. На самом деле он был гораздо сильнее, чем казался. И странным он не был — скорее, странные все мы. Бог задумывал человека таким, как Генка, — свободным, влюбленным в свое дело. Все остальное — маленькие причуды гения. Гений имеет право на причуды. Остроумный, вежливый, неторопливый. А неторопливость его была от основательности — ведь Гена был очень основательным человеком.

...Мы все куда-то торопимся. Вот и в последний раз видела его (буквально за несколько дней) в фотолаборатории нашего фотокора Виталия. Они пили чай и беседовали, а я, забежав на секунду, умчалась — не присела. Кто б знал, что больше никогда не услышать этот мягкий, глуховатый голос, эти характерные интонации, что никогда он не придет к тебе в кабинет, не присядет на краешек кресла и, попивая кофе, не станет, улыбаясь, неторопливо вспоминать, переживая заново, Париж, Кливленд, Волгу или Москву...

Фотохудожник Виктор Гридасов (они с Геной очень дружили и часто ездили вместе в творческие командировки) справедливо заметил, что тихая, медленная, раздумчивая Генина речь располагала к задушевной, непустой беседе. Да, это, безусловно, так. Но мы, увы, слишком редко слышим друг друга при жизни...

Смотрю его фотографии в газетах. Раньше многие из его снимков называли остросоциальными, а он просто видел нашу жизнь такой, как она есть, — только очень умно ее видел. А вот его, бодровский, Париж. Парижские парочки, парижские старики, парижские женщины, собор Парижской Богоматери, Лувр, Латинский квартал... Будто это твои собственные впечатления — так ярко эта мозаика собирается в целую картину. И несколько фраз из того талантливого интервью (Саша Прозоров беседовал), сейчас от них веет предвидением:

— Кто был твоим гидом в Париже?

— Да никто! Купил себе проездной — автобус, метро, электричка — и один по городу мотался. Там, между прочим, везде можно и ночью бродить — никто не тронет и не обидит.

И еще...

Корр.:

— ...Согласен. Но пора и закругляться. Классиком сказано: «Увидеть Париж — и умереть». Но есть и другое мнение: «Париж — это праздник, который всегда с тобой». Надеюсь, ты выбираешь второе. Но праздники праздниками, а будни-то трудовые. Что в творческих планах?

Гена:

— Одно из зарубежных издательств предложило сделать мой персональный альбом — это год работы. Ну есть и кой-какие другие идеи.

...Несколько дней мы еще надеялись почти до конца, до пятницы. Поднялась на свой четвертый этаж, увидела «перевернутые» лица молодогвардейцев. Все. Вечером, перед «ТАКТ-новостями» по телевидению показали видеоряд: Гена снимает художественную выставку, кадр застыл — его портрет (больно резанула черная рамка!): как по-детски застенчиво и лукаво он улыбается — никто так не умеет!

...Какие пронзительные, искренние строки писали о Генке в те дни такие разные газеты. (Заголовок под огромным его портретом в «Курском вестнике» бил прямо в сердце — «Плохие, Гена, без тебя дела!») Именно это меня потрясло: так можно писать и говорить, только когда очень любишь человека. Оказывается, его так любили!

Он входил как-то боком, садился на краешек стула, говорил тихо и мало. А мы, хотя и понимали, что рядом с нами Талант от Бога (иные так и каламбурили всерьез: «Гена-гений»), не знали, какая черная дыра образуется в душах на месте, где был он.

Сегодня, в сороковины, в Доме архитекторов открывается Генина выставка, а в галерее «АЯ» — фотовыставка, героем которой будет Гена. Не его фотографии, а он сам. Фотографы редко снимают друг друга — чаще, когда пробуют новую камеру или пленку, когда коллега просто попадает в кадр, но, к счастью, Гениных фотографий набралось немало. Ведь Генка был на удивление контактным и компанейским человеком...»

232

Газете «Курская правда» будто вторит еженедельник «Курский вестник», выплеснувший под рубрикой «Самое-самое» в номере за 24 марта 1999 года горечь от невосполнимой потери:

«Пусто. Хоть и говорят, что к сороковинам, когда душа умершего человека покидает нашу грешную землю, чувство утраты теряет пронзительную остроту. Ничего подобного. Все равно пусто.

Двадцать пятого марта исполнится 40 дней, как не стало замечательного курского фотохудожника Геннадия Бодрова, принявшего лютую смерть от корыстных подонков. Убийцы давно в руках правоохранительных органов. Они во всем признались. Следствие благополучно движется к завершению. И суд уже не за горами — возможно, он состоится в начале лета. Вот только, по большому счету, без разницы, какие сроки заключения ожидают преступников в приговоре...

Тихо готовится к негромким поминам Геннадия Бодрова творческий Курск. В галерее «АЯ» открывается фотовыставка. С каждого ее экспоната на зрителя будут смотреть по-детски чистые и в то же время потрясающе мудрые глаза Мастера. Который все-таки предпочитал находиться по другую, привычную сторону объектива. И незаметно населять мир своими снимками-шедеврами. Лежит в нашей редакции пухлая кипа уникальных фотографий, которые сделал Гена. Они еще помнят миг своего рождения. Объектив, пленку, красный фонарь и тепло пальцев того, кто их напечатал. Того, без кого сейчас так пусто».

Уложившись в процессуальные сроки, юрист третьего класса Олег Кравченко обобщил итоги предварительного следствия и 16 июля 1999 года составил обвинительное заключение.

Когда уголовное дело было назначено к слушанию в областном суде, мне удалось встретиться и побеседовать со старшим следователем прокуратуры города Курска О. Кравченко. Олег Викторович, в частности, поделился впечатлениями от общения с обвиняемым Паньковым. Тот поначалу признавал, что Бодров — хороший фотограф, но к концу следствия позволял себе отзываться о нем уничижительно: да какой он, мол, специалист, за счет связей пролез — только и всего. А еще арестант радовался, что о нем (в связи с расследованием уголовного дела) пишут в газетах, хоть и «неправильно», как он изволил выразиться...

Наконец над преступниками состоялся суд. Вот как поведал о нем еженедельник «Курский вестник»:

«В понедельник, 16 августа, в Курском областном суде начался процесс по делу об убийстве Геннадия Бодрова — нашего талантливого земляка, фотохудожника редкостного дара. По сути, ровно полгода отмерила жизнь с момента жестокой трагедии в лесу под пригородным Духовцом до традиционно-бесстрастного: «Встать! Суд идет...» Этот отрезок времени вместил в себя слишком многое и, что там говорить, постепенно превратил боль несправедливой утраты из кровоточащей, острой в приглушенно-тягучую.

За прутьями клетки в зале заседаний — два молодых человека. Оба одеты во все черное. Вряд ли таким образом подсудимые обозначают траур в связи с предстоящим прощанием со свободой. Просто

234

черная одежда практична в СИЗО. Надо сказать, что молодые люди (по закону до решения суда их нельзя назвать преступниками), вообще — практичные ребята. И Геннадия Бодрова лишили жизни исключительно из практических соображений. А точнее — за два профессиональных, уникальных в наших краях фотоаппарата. И за пять объективов.

Раскаиваются ли, осознают ли вину, просят ли прощения перед Богом или хотя бы своей совестью за содеянное? Непохоже. Пока окаменевшая от горя мать Гены, Зоя Александровна, мудро искала утешения в добрых делах и от чистого сердца в непереносимую летнюю жару носила нам в редакцию холодный мятный квас, один из подсудимых, Александр Паньков, стремился максимально облегчить свою дальнейшую жизнь, цепляясь за призрачные соломинки. Боясь некоего «давления общественности на суд», просил, чтобы процесс проходил в Москве, да еще носил закрытый характер, да чтобы решение принимала коллегия присяжных. Направлял ходатайство об изменении меры пресечения, настаивал на проведении повторной стационарной судебно-психиатрической экспертизы...

Исследование доказательств виновности подсудимых еще впереди. И председательствующий на процессе судья Н. Колоколов с высоты своего опыта осторожно называет представителям прессы предполагаемый срок окончания слушания дела — недели через полторы. Если, конечно, не случится ничего сверхординарного...

...До здания Курскоблсуда Панькова и Чешко доставляли на автозаке из следственного изолятора, а выпущенный под подписку о невыезде водитель-частник Михаил на процесс прикатывал на зеленых «Жигулях». Если чего опасались подсудимые и их адвокаты, так это того, что судья Никита Колоколов склонится к наиболее жесткому решению при определении кары, поскольку доказательств их виновности в уголовном деле и на самом процессе набралось предостаточно».

Наконец, в начале первого осеннего месяца куряне узнали судебный вердикт. Вот как информировал их о нем еженедельник «Курск»:

«Самое, пожалуй, громкое дело нынешнего года по убийству фотокорреспондента Бодрова закрыто. Приговор вынесен.

Д. Чешко получил 22 года, А. Паньков — 20 лет, с конфискацией имущества и отбыванием срока в колонии строгого режима. Кроме того, судом вынесено решение о возмещении Зое Александровне Бодровой морального и материального вреда в размере 50 тысяч рублей. Убийцы остались «довольны», они ожидали большего...

Последнее заседание суда мало чем отличалось от предыдущих. Защиты интересов потерпевшей, впрочем как и раньше, не получалось. Коллегиальный адвокат Струков (гонорар которого, кстати, составил четыре тысячи рублей — деньги, отложенные З. А. Бодровой на памятник сыну) вел защиту как-то очень неубедительно. Независимый адвокат Севрюков (дополнительно нанятый потерпевшей) был более эмоционален. Но вся его защита свелась к демонстрации подсудимым фото убитого Геннадия Бодрова (во время чего один из убийц, Чешко, отворачивался — тяжело, наверное, было смотреть на свою жертву). Адвокаты подсудимых подсуетились немного больше — результатом чего и стал вынесенный приговор. Государственный обвинитель просил для Чешко — пожизненное заключение, а Панькову — 25 лет с отбыванием наказания в колонии особого режима.

Панькову, как всегда, было «не интересно», и если на предыдущем заседании он мирно спал, то на сегодняшнем ограничился откровенным зеванием. Совесть, если, конечно, это слово здесь уместно, у подсудимых взыграла, когда им предоставили возможность сказать последнее слово. Они «просили прощения» (!) у матери Бодрова (!) за убийство (!) ее сына. А Чешко даже пустил слезу.

Но Паньков и Чешко убили не только Геннадия Бодрова, они морально убили и еще одного человека... Ни один суд не в состоянии дать оценку преступления, совершенного по отношению к матери».

В приговоре отмечалось, что преступники, осужденные к длительным срокам пребывания в колонии строгого режима, наказаны «за сопряженное с разбоем убийство, совершенное группой лиц по предварительному сговору с особой жестокостью». За транспортное обслуживание убийц извозчик отделался полуторалетним условным сроком лишения свободы, да и к тому же с применением амнистии.

Итак, правосудие покарало преступников, но завершить рассказ о жизни и смерти фотохудожника хотелось бы не этим. Убежден, в работы Геннадия Бодрова еще очень долго будут вглядываться не только люди его поколения, но и те, кому предстоит продолжать в XXI веке традиции современного российского фотоискусства. Уже сейчас фотокартины курского мастера приравниваются к музейным раритетам.

В номере за 27 сентября 1994 года газета «Сегодня», опубликовав фотопсихологическую сцену Г. Бодрова «Любовник», оповестила читателей, что этот снимок «поедет в Техас». О том, что это значит, там же, в статье «Свет и правда» поведал Павел Эрлих:

«Россия — единственная страна с богатыми традициями в области фотографии — до сих пор не получила должного признания на Западе», — сказал в интервью корреспонденту «Сегодня» американский фотограф Билл Райт. Это одна из причин, по которой год назад фотоархив научно-исследовательского гуманитарного центра при Техасском университете оказал поддержку московскому Музею фотографических коллекций. По условиям договора, подписанного тогда между музеем и университетом, один экземпляр коллекции современной российской фотографии будет храниться в фотоархиве в Техасе. В минувшее воскресенье первые 50 работ были переданы куратору фотоархива Рою Флукенджеру.

Техасский фотоархив — одно из крупнейших в мире собраний фотографий — был основан в 1963 году. В рамках программы по изучению гуманитарных наук и искусств XIX и XX веков научно-исследовательский центр купил тогда фотоколлекцию Эрнста Геренсайда. С тех пор собрание постоянно пополняется, и сейчас в здании, специально построенном на территории университетского городка, хранится около 5 млн негативов и отпечатков, 35 тыс. изданий и 3 тыс. экспонатов музея фотооборудования. Помимо специально оборудованных хранилищ, в здании фотоархива расположены помещения для исследовательских работ и выставочная галерея.

Коллекция техасского фотоархива позволяет проследить всю историю фотографии. Здесь хранится первый дагерротип, сделанный Нисофором Нипсом в 1826 году, «Вид из окна», на котором с трудом различимы силуэты крыш и стен домов, первый стеклянный позитив Сержента Фэйшела в раме, собранной из деталей его телескопа, «Солнечные картинки Шотландии» 1845 года Уильяма Талбота, круглая фотография королевы Виктории в своем саду, сделанная первым катушечным фотоаппаратом.

Двадцать лет спустя после изобретения дагерротипа уже существовало несколько жанров фотографии. Одной из первых появилась документальная фотография. В техасском собрании есть снимки 1845 года из жизни шотландских рыбаков и лондонских бродяг. Уже в те годы фотографы поднимались на альпийские ледники (Батье Биссон), чтобы снять горные пейзажи, Френсис Бэдфорд путешествовал по Нилу и фотографировал развалины античных храмов, Роберт Макферсон экспериментировал со светом на улицах Рима.

В 60-х годах прошлого века появилась раскрашенная фотография («Пейзажи американского запада» Генри Джексона), Генри Пич Рабинсон отпечатал первые фотоколлажи из нескольких негативов. В то время в изобразительном искусстве царила живопись, и потому многие фотографы стремились подражать ей в выборе композиции и освещения. Работы Генри Рабинсона напоминают старых голландцев, Густав Лайрендер имитировал росписи Рафаэля, Прайз Блейк Уильям снимал натюрморты с битой птицей.

«Сегодня в эту компанию попали 50 российских фотохудожников, — говорит президент Музея фотографических коллекций Юрий Рыбчинский. — Это почетно для нас и интересно для американцев — в Техасе очень мало русской фотографии. Несмотря на то что финансовые возможности нашего музея не сравнимы с бюджетом техасского фотоцентра, наша коллекция тоже продолжает пополняться».

«Нас интересуют все аспекты фотографии, — сказал г-н Флукенджер на встрече с создателями музея, фотографами и журналистами. — Даже в 1855 году не было единого взгляда на фотографию. Его нет и сейчас. Свет и правда — два идеала, к которым стремятся фотографы и историки. Быть может, мы не достигнем их, но все же попытаемся».

Читая публикации разных лет о Геннадии Бодрове, я не мог не обратить внимания, что до 1999 года фактически в каждом из напечатанных материалов рассказывалось о фотоудачах мастера светописи и почти ничего о нем самом.

Правда, исключением стал один небольшой материал, напечатанный курской газетой «Хорошие новости» в октябре 1992 года. Это местное периодическое издание не только рассказало о творчестве Бодрова, но и предоставило ему возможность высказаться самому:

«Фотохудожник. Член Союза журналистов и фотохудожников. Лауреат порядка 50 (сам не помнит точно) выставок. В 1988 году прошла персональная выставка в Польше. Публиковался практически во всех центральных газетах. Дважды был задержан доблестной курской милицией во время исполнения служебных обязанностей. Редкие гастроли заезжих «звезд» обходятся без участия Бодрова в качестве фоторепортера.

— Гена, ты печатался и участвовал во многих выставках за рубежом: Франция, Англия, Бельгия, ГДР, ФРГ, Дания, США, Югославия, Венгрия и т. д. Как сотрудники зарубежных фотоагентств находят тебя? У тебя есть менеджер на Западе?

— Какого-то отлаженного механизма здесь нет. Обычно как бывает: увидят мои работы в печати или на выставке, заинтересуются и выходят на меня напрямую со своими предложениями или через моих знакомых в этих странах. Менеджера у меня тоже нет. Есть за границей друзья, знакомые, которые любят мое творчество и помогают. Вот и все.

— С какими проблемами тебе приходится сталкиваться в твоем творчестве?

— С постоянными перебоями с холодной водой у меня дома. Разрушает все творческие планы.

— А если серьезно?

— Да какие шутки... Только я начинаю проявлять пленку, как у меня вырубают холодную воду. По этой же причине я не успел отпечатать все фотокарточки, запланированные к показу во французском фильме о советском фото...

— Многие артисты, художники покинули и покидают нашу страну... Почему же ты не уедешь, Гена, не уедешь туда, где тебе хотя бы не будут отключать холодную воду?

— Сейчас внимание всего мира приковано к событиям в нашей стране. У меня масса работы здесь. Наше время дает уникальные возможности для творчества в моей области».

Член Союза фотохудожников страны Геннадий Борисович Бодров прожил достойную жизнь, озаренную творческой одержимостью и стремлением сохранить для будущего запечатленные мгновения того, что умел гениально увидеть. С детства очарованный магией светописного созидания, он всегда верил, что фотоискусство — вечно, как вечно всё, что является Искусством.

Часть II
ПРЕСТУПЛЕНИЯ И НАКАЗАНИЯ

«УГОДЬЯ» РЯХОВСКОГО

«...Начальник космодрома не успел даже пикнуть, когда на его руках защелкнулись наручники.

— За что, Господин Великий Командор? — воскликнул он, когда кибернетический солдат потащил его.

— Мне кажется, ты слишком строго наказал его, отец, — произнесла дочь.

— Напротив. Его следовало отправить на одну из новых, еще не обжитых планет. Выживет — помиловать, нет — туда и дорога...»

Вот такие сочинения выходили из-под пера балашихинского маньяка Сергея Ряховского, когда он отдыхал от своей жуткой «работы», которая позже была отражена в 26 томах уголовного дела № 18/101157-93. В нем фигурировали уже совсем иные его рассказы-признания. К примеру, приведу один из них:

«В октябре 1992 года я в очередной раз прибыл в Измайловский парк Москвы. Недалеко от центральной аллеи заметил прохаживающегося там молодого человека лет тридцати, на котором было демисезонное пальто темного цвета, свитер под горло, брюки черного цвета.

Я прикинулся пьяным, полагая, что гомосексуалисты «клюют» на таких.

Незнакомец подошел ко мне и стал предлагать мне вступить с ним в половую связь. Я согласился, предложив ему уединиться.

Несмотря на то что мужчина был с бородой, вел он себя как женщина легкого поведения. Полез ко мне целоваться, однако я ему ответил: «Поцелуйся со своей смертью!» И тут же схватил его двумя руками за горло, стал душить.

Сопротивляясь, он схватил меня... Однако с помощью заранее приготовленного ножа я сумел отрезать ему половые органы...»

Информация, содержавшаяся в документе для служебного пользования — суточной оперативной сводке дежурной части ГУВД Московской области, была весьма-весьма скудной:

«11.03.93 г. в 10.00 в п. Барвихе около Рублево-Успенского шоссе, в пустующем сарае, с ранением в области живота и побоями на теле обнаружен труп жительницы г. Москвы Ш-о О. Л., 1938 года рождения, инженера института по проектированию предприятий цветной металлургии».

Хотя, конечно же, милицейским сыщикам было доподлинно известно, что за этими казенными сухими фразами скрывается не просто тяжкое преступление, а нечто даже из ряда вон выходящее. В заброшенной хозяйственной постройке, находящейся на территории элитно-престижного ближнего Подмосковья, побывал маньяк-изувер. Мало того, что он зверски убил и надругался над женщиной, так еще, простите за эту подробность, взорвал ее поло-

244

вые органы, сжег на голове волосы, лицо изуродовал до неузнаваемости каким-то штырем...

Для раскрытия этого беспрецедентного преступления были привлечены, помимо работников прокуратуры, не только местные сотрудники уголовного розыска, но и опытнейшие профессионалы оперативных служб ГУВД Московской области и ГУУР Министерства внутренних дел РФ. Следственно-оперативная бригада не могла не обеспокоиться тем, что уголовное «ЧП районного масштаба» случилось рядом с одинцовским полесьем, где охранные комплексные мероприятия обеспечивались по высшему разряду не время от времени, а круглогодично. Ведь неподалеку от места происшествия находятся загородная резиденция Президента России, дачи Генерального прокурора страны, многих членов правительства...

Проанализировав происшедшие за последние годы нераскрытые убийства и покушения, работники правоохранительных органов выявили, что в барвихинских окрестностях было зарегистрировано несколько подобных преступлений. Значит, почему-то тут вновь объявился маньяк, имевший изощренный почерк.

Сменяя друг друга, оперативники в гражданской одежде стали держать округу под неослабным наблюдением. И уже через месяц дежурившие по графику сотрудники подразделения Одинцовского УВД С. Т. Головачев и И. А. Пенкин заметили в лесном массиве, где проходила водопроводная труба, мужчину крупного телосложения. Он спокойно шествовал в сторону принадлежащих рядовым гражданам дачных участков. Остановив могучего детину под предлогом прикурить, Пенкин начал осторожно преодолевать вырытую перед трубой траншею, но вдруг, поскользнувшись, сделал резковатое движение и... В этот самый миг, углядев у него под пальто слегка выпирающую кобуру, прохожий бросился бежать. Конечно же, стражи порядка не упустили подозрительного увальня, нежданно-негаданно проявившего такую прыть. И задержав, доставили его в Барвихинское городское отделение милиции.

— Когда мы только начали работу по раскрытию убийства женщины-инженера, то предположили, что преступник, скорее всего, не местный житель, а «шатун», то есть приехавший сюда откуда-то, — рассказывал майор милиции Игорь Кравцов, заместитель начальника 2-го отдела Управления уголовного розыска ГУВД Московской области. — Переговорив с огородниками, быстро выяснили, что у чужих земельных наделов «ошивался огромный, как шкаф, парень», которым мы сразу же и заинтересовались всерьез. Располагали мы и другой настораживающей информацией: на здешних дачных участках неоднократно взламывались двери хозблоков, из которых, правда, ничего не похищалось — очевидно, кто-то забирался туда на ночевку. И уж, понятно, совсем встревожились, когда в одном из сараев обнаружили свисавшую с потолка петлю, которую убийца, возможно, приготовил для новой жертвы. И вот вовремя выставленные милицейские посты выполнили свою роль — преступника удалось задержать. Им оказался 30-летний житель подмосковного города Балашиха Сергей Ряховский — ранее судимый за агрессивные хулиганские выходки.

246

«Раскрутка» подозреваемого осуществлялась, можно сказать, по традиционному следственно-оперативному варианту. При обыске по месту жительства Ряховского были изъяты вещественные доказательства, неопровержимо подтверждающие его причастность к убийству в поселке Барвиха. Были найдены наручные часы пострадавшей, что подтвердилось сохранившимся у нее дома паспортом к ним.

В ходе дальнейшего расследования была раскрыта и тайна давнего «висяка» — преступления, совершенного еще летом 1989 года. Тогда в лесном массиве на территории Одинцовского района обнаружили труп женщины. Под давлением улик балашихинский монстр признался, что и это его рук дело, да еще пояснил, что оба преступления совершены им «на сексуальной почве».

Вскоре выяснилось, что накануне задержания маньяк порешил еще одну неизвестную женщину 50—60 лет у деревни Шульгино Одинцовского района. В лесной чаще — в 400 метрах от деревенской околицы — члены следственно-оперативной группы обнаружили ее труп. По заключению судмедэксперта, смерть ее наступила от механической асфиксии. Задержанный Ряховский повинился и в этом преступлении...

На допросах он вел себя очень нервозно, поэтому вполне логично было предположить, что пойманный «шатун» что-то недоговаривает. Между тем сыщики уже проверяли оперативную информацию о совершении других нераскрытых «мокрых» дел. И тут, видимо, сообразив, что от возмездия ему не уйти, Ряховский принялся писать «явки с повинной».

Первую он адресовал прокурору города Одинцова: «...Хочу сделать чистосердечное признание о всех совершенных мною преступлениях». И перечислил их... свыше десятка! Действительно, из тех, что до этого времени не поддавались следственной разгадке, «подзависли», да еще как! Крепко-накрепко...

Вторую — уже на имя Генерального прокурора Ряховский написал спустя еще пять дней: «...Я раскаиваюсь, вспоминая свои преступления, которые... совершил в огромных количествах и от которых мне самому страшно...

Я описываю Вам частично все свои преступления. Начались они с лета 1982 года. У меня появилось неодолимое желание близости с женщиной. По молодости и незнанию я вначале не придал этому значения. Я совершил десять — или более — нападений на женщин в лесном массиве неподалеку от микрорайона Гольяново (г. Москва). Позже я понял, что со мной происходит что-то странное, но остановиться уже не мог. 24 ноября 1982 года я был задержан работниками милиции, и против меня было возбуждено уголовное дело по статье 206, часть 2 (то есть за злостное хулиганство. — А. Т.).

Освободился я в ноябре 1986 года, но и после освобождения мне не было покоя...

Я не знаю, что со мной произошло, но у меня появилась какая-то агрессивность, которую я ничем и никак не мог сдержать...»

Серию нападений на женщин, за которую Ряховский и схлопотал первый срок, он затеял якобы в горячем запале, расставшись с невестой. Освободившись из «зоны», пытался трудоустроиться, но в отделах кадров предприятий, куда он обращался, в уголовниках не нуждались.

Изложив таким образом свою печальную биографию, в этой «явке с повинной», Ряховский сознался в совершении убийств еще 15 человек: пятерых женщин, троих подростков и семерых мужчин.

Чтобы читать «признания» этого душегуба о том, как он расправлялся со своими жертвами, надо иметь очень крепкие нервы. Но Ряховский, похоже, наслаждался, описывая свои страшные оргии. Как убив несовершеннолетнего парнишку и надругавшись над ним, отрезал его голову и сжег ее на костре. Как в Измайловском парке, неподалеку от центральной аллеи, задушил и кастрировал «голубого». Как глумился в сарае над той женщиной-инженером, поджигая ей волосы зажигалкой... Припомнил он и свои «неудачные» нападения на женщин, несмотря на нанесенные им травмы ножом, топором, заточенной отверткой... Как-то, убив двух лыжниц — молодую женщину и подростка, — он напал еще и на пожилую любительницу этого зимнего вида спорта. К счастью, бывшей спортсменке удалось вырваться и убежать.

Заканчивал свои «чистосердечные признания» маньяк, разумеется, жалостливой просьбой: «На основании вышеизложенного прошу учесть мое раскаяние и направить меня на лечение от моего навязчивого недуга. Я осознал, что принес много зла как человечеству, так и своим родным, близким.

Несмотря на все содеянное мною зло, прошу... понять меня как человека, а не принимать только за чудовище, которым, по сути дела, я являюсь...

Я не сплю уже много ночей — весь этот ужас стоит у меня перед глазами...»

Еще задолго до судебного процесса запросил, видите ли, пощады!

А о том, что он «осознал», свидетельствует хотя бы такой эпизод. Как-то молодой лейтенант, Владимир Сушков, присматривал за Ряховским, когда его переводили из следственного изолятора на медэкспертизу.

Впившись в него взглядом, маньяк вдруг спросил:

— Ты кто — прокурор?

— Нет, я — оперуполномоченный уголовного розыска.

Хмыкнув, Ряховский недоверчиво поинтересовался:

— Точно?!

— Да.

Арестант, поерзав на жестком сиденье в зарешеченном автозаковском отсеке, попросил:

— Покажи-ка удостоверение.

Сначала сыщик хотел проигнорировать его пожелание, но затем передумал и раскрыл свою служебную «красную корочку».

Маньяк ухмыльнулся:

— Ты, наверное, человек добрый?

— Конечно же, добрый. Но если бы ты мне попался, тебе было бы несдобровать.

Ряховский непритворно вздохнул:

— Эх, если бы у меня была машина, я бы еще больше дел натворил...

Позже Владимир поделился впечатлением:

— Наверное, этот тип действительно мог придавить кого угодно. Даже в автозаке он был похож на

250

хищника, едва-едва сдерживающего в себе что-то нечеловеческое, звериное...

На первых порах делом Ряховского занимался следователь Юрий Михайлович Колесов, проработавший к тому времени в Одинцовской прокуратуре 12 лет. А доводил «уголовный многотомник» до суда заместитель начальника отдела по расследованию дел особой важности прокуратуры Московской области Михаил Дмитриевич Белотуров.

Наконец, в январе 1995 года было составлено обвинительное заключение. Прочитать его мало у кого хватит духу, настолько леденит кровь ужасающее содержание этого многостраничного итогового документа предварительного следствия. Ведь Ряховский обвинялся в совершении 19 (!) душегубств и еще шести покушений на убийство, не считая нескольких так называемых «связочных» преступных эпизодов.

Обвинительное заключение — это ведь не простая констатация злодейских шатаний маньяка, а сконцентрированная, будто застывшая боль загубленных им жертв. И — неизбывная, кровоточащая горечь живых, которые были признаны потерпевшими по уголовному делу № 18/101157-93. Поэтому как ни тяжел этот экскурс в монстровские похождения, их стоит сделать. В память о жертвах и как предостережение живым. Люди, будьте бдительны! Вот лишь некоторые эпизоды.

...Затаившись январским вечером 1988 года в лесном массиве на территории Волгоградского района столицы — близ автобусной остановки «11-й километр Московской кольцевой автомобильной дороги», злоумышленник напал на первую жертву — пожилую женщину, одиноко стоявшую в считанных метрах от подземного перехода. Подойдя к ней сзади, Ряховский ударил женщину ножом в живот, едва она повернулась к нему лицом. Затем отошел к лесу и стал оттуда за ней наблюдать. Раненой удалось выбраться на проезжую часть дороги, где, к счастью, ее подобрал добропорядочный водитель такси. Он доставил крепившуюся из последних сил пассажирку в 72-е отделение милиции города Москвы, куда незамедлительно была вызвана «скорая». Врачи смогли спасти ей жизнь.

А очутилась эта пожилая женщина на злополучном 11-м километре МКАД всего лишь потому, что, отправившись домой после окончания работы, случайно проехала на автобусе свою остановку. Чтобы вернуться обратно, перешла трассу и стала ждать автобус в обратном направлении.

Ровно через две недели там же — на 11-м километре МКАД — Ряховский выследил шедшую к остановке молоденькую женщину. И, поравнявшись с ней, несколько раз ударил ее топором по голове. Впоследствии потерпевшая показала:

— Я прошла половину пути к остановке автобуса, как увидела, что с правой стороны, из леса, быстрым шагом ко мне направляется мужчина. Затем он перешел на бег, подбежал ко мне. Одной рукой закрыл мне рот и опрокинул на землю. Я сразу же стала кричать, звать на помощь. Напавший стал бить меня по голове. Чем именно, я не видела. Может быть, он достал что-либо из кармана дубленки. Все это происходило на дороге. Почему-то он не стал тащить меня в лес. Я плакала, даже предложила ему

252

(обвиняемому. — *А. Т.*) сделать со мной его «мужское дело». На что он мне грубо ответил, чтобы я молчала. По-видимому, от удара по голове я на некоторое время потеряла сознание. Когда очнулась, то его уже рядом не было... Я поднялась с земли и обратилась за помощью к сотрудникам ГАИ, которые вызвали «скорую помощь».

На допросе Ряховский подтвердил:

— Да, это мое преступление... В тот момент я посчитал, что эта женщина проститутка, а их надо уничтожать...

Пострадавшая предполагала, что преступника спугнул кто-то из прохожих. На самом деле, преступник ушел, считая, что его жертва скончалась.

Мужчину-почтальона, который, по утверждению Ряховского, был гомосексуалистом, он отправил на тот свет в июне 1988 года, применив новое орудие преступления — специально заточенную отвертку. С этим потерпевшим балашихинец познакомился на автобусной остановке. Разговорились; не почувствовав смертельного подвоха, почтовый работник согласился съездить к парню-гиганту «на дачу». Посмотрев дома карту, Ряховский решил прокатиться с новым знакомым с Курского вокзала до станции Битца. Через три дня, выйдя там из электрички, мужчины углубились за поселком в лесной массив лишь метров на 150, где маньяк и заколол отверткой спутника. Осмотрев его сумку, прихватил с собой приемник «Селга-404» и проездной билет почтовой службы, которым затем попользовался для бесплатного проезда в метро.

Повторно Ряховский пустил в ход отвертку 4 июля 1988 года, повстречав в дневное время на пешеходной тропе 75-летнюю женщину. Старушка мучительно отходила в мир иной, получив три проникающих колотых ранения. Местом этого убийства стал лесной массив, находящийся между деревней Студенцы и поселком Дубровицы подмосковного Подольского района.

Через два с лишним месяца, 8 сентября, «шатун» затаился в другом лесном массиве — на территории Кунцевского района столицы, за указателем «58-й километр МКАД». И опять зловещей отверткой была оборвана жизнь 62-летней женщины, собиравшей грибы.

Начало нового года маньяк отметил по-своему. В парке «Лосиный остров», он, как из-под земли, вырос перед подростком, скользящим на лыжах по основной просеке. Повалив мальчишку на снег, оттащил его в глубь леса. Пацаненок сопротивлялся как мог... Однако разве по силам было 16-летнему школьнику отбиться от гиганта, сжимавшего в руке нож?

Из материалов уголовного дела:

«Учинив акт мужеложства, Ряховский, продолжая лишать мальчика жизни и понимая, что причиняет ему особые страдания и физические мучения, ввел потерпевшему в задний проход заостренным концом лыжную палку, вследствие чего у него (пострадавшего) последовательно возникли повреждения прямой кишки, мочевого пузыря, брыжейки тонкой кишки, желудка, диафрагмы, левого легкого и пристенной плевры слева.

Смерть подростка последовала на месте происшествия от острой кровопотери, возникшей вследствие причинения ранения на шее, спине и повреждений внутренних органов».

Невозможно вообразить, что пережил в те черные январские сутки отец потерпевшего. Отправившись вместе с соседом на поиски запропастившегося сына, он увидел его лежащим на окровавленном снегу, в стороне от лыжни.

Одиннадцатого марта того же года маньяк забрел в Измайловский парк, где быстро обрел нового знакомца и предложил ему уединиться для «мужского интима». Но не успел улыбчивый 42-летний мужчина снять брюки, как Ряховский расправился с ним топором.

Через полтора с лишним месяца, 30 мая, «шатун» наведался в лесной окоем деревни Ромашково в Одинцовском районе. Из обвинительного заключения:

«...С целью умышленного убийства на почве удовлетворения своих извращенных половых влечений Ряховский напал на женщину 58 лет, шедшую по тропинке в сторону железнодорожной платформы Ромашково.

Для исполнения своего замысла Ряховский схватил женщину руками за шею, повалил ее и оттащил в сторону от тропы, где нанес потерпевшей два ранения ножом в область груди...

Смерть пострадавшей наступила на месте происшествия вследствие проникающего ранения сердца.

После этого Ряховский, оголив нижнюю часть туловища трупа, пытался ввести половой член во влагалище, однако этого сделать не смог по физиологическим причинам...»

Это был лишь восьмой эпизод из обвинительного заключения. Кажется, нет предела монстровскому одичанию...

Возвращаясь в июне 1989 года из Липецкой области со свадьбы двоюродного племянника, Ряховский в поезде «Елец — Москва» познакомился с женщиной далеко не молодого возраста. Попутчица могла улететь домой в Приморье лишь на следующий день и поэтому попросила нового знакомого показать ей, провинциалке, зоопарк и Ваганьковское кладбище. Злодей с готовностью откликнулся на просьбу. Поглазев на зверинец, вскоре они прошествовали за кладбищенскую ограду. У могилы известного артиста жительница города Артема якобы сказала: «Вот это, мол, был «мужик». Провожатый встрепенулся, и у него, как он объяснил, «началось такое же ощущение, которое было накануне совершения прошлых убийств, то есть непреодолимая тяга к половой близости с женщиной». Уговорив столичную гостью переночевать у него на даче, он отвел ее к Новолюберецкому кладбищу, где бывал неоднократно.

Судебно-медицинской экспертизой было установлено, что смерть потерпевшей «наступила от механической асфиксии, развившейся в результате закрытия входа в гортань инородным телом — кляпом». Им стал носовой платок, свернутый в плотный комок. А завершил сексуально озабоченный уголовник глумление над трупом тем, что написал на ногах убитой красным красителем несколько нецензурных слов.

Забрав из сумочки жертвы жетончики, он получил по ним в камере хранения Павелецкого вокзала вещи приезжей и, покопавшись в них, разочарованно сплюнул: кофты, платья и три пары обуви уголовник выбросил, а вытащенные из бокового кармашка дорожного баула паспорт и похоронные фотографии порвал. Убитая им женщина возвращалась с похорон отца.

Затем еще были «женщина в синем», с которой Ряховский зверски расправился в Измайловском парке, старушка, собиравшая хворост неподалеку от деревни Вялки Раменского района, еще одна лыжница у поселка Лукьяновка Люберецкого района, врач-хирург, спешившая от садового товарищества в Ленинском районе Подмосковья к автобусной остановке, пенсионер, 38-летний мужчина, подросток-москвич, показавшийся серийному убийце представителем «мира голубых»...

Лишь в промежутке между убийством женщины-инженера в сарае, когда Ряховский применил взрывпакет, и его арестом маньяк успел расправиться с несколькими людьми. Среди них был пожилой мужчина, труп которого убийца на следующий день расчленил, и школьник, отрезанную голову которого сжег на костре...

Увы, по нескольким убийствам, хотя Ряховский в них сознался, а следствие провело поисковые мероприятия, получить объективные доказательства не удалось.

Отправляя маньяка на скамью подсудимых, предварительное следствие обвинило его в 19 страшных убийствах и шести покушениях на них.

Будущий маньяк родился здоровым крупным ребенком и в полуторагодовалом возрасте весил целых 11 килограммов. Однако затем рос болезненным, часто хворал, в основном от простуд. Поэтому родители сына в детсад не отдали, окружив его домашней всесторонней заботой. А вот в школе однокашники дразнили Ряховского сразу двумя обидными прозвищами — «толстым» и «уродом», поэтому он сторонился сверстников, предпочитая даже играть в одиночку.

Окончив восемь классов, малообщительный парень поступил в балашихинское профессионально-техническое училище, где получил специальность электромонтера. Продолжая дальше осваивать это ремесло, с сентября 1981 по июнь 1982 года Ряховский работал в НПО «Криогенмаш» города Балашихи, а затем... Затем был привлечен к уголовной ответственности и отбывал наказание в местах лишения свободы до ноября 1986 года.

На свободе не без труда Ряховский все же устроился контролером охраны на то же предприятие «Криогенмаш». Однако «во время несения службы допускал грубое, нетактичное поведение по отношению к сотрудникам», из-за чего ему вскоре пришлось подыскивать новую работу. Трудился мойщиком в московском таксомоторном парке № 8, затем пару месяцев автослесарем в товариществе с ограниченной ответственностью «Кряж», обосновавшегося в поселке Купавна подмосковного Ногинского района. С 30 октября 1992 года Ряховский больше нигде не работал, но родителей, с которыми по-прежнему проживал в одной квартире в Балашихе, об этом факте не уведомил. И в будни ежедневно уходил «на работу». А однажды даже вручил несведущей матери «приличную зарплату».

258

Дома 130 килограммовый наследничек, сытно подкрепившись, обычно смотрел телевизор или сосредоточенно исписывал тетрадные странички, сочиняя фантастическую повесть об устройстве Межпланетной федерации

На следствии Ряховский объяснял, что его земное предназначение — служить «санитаром общества», убивать тех, кого он принимал за гомосексуалистов и проституток, чтобы для следующей жизни они возродились нормальными, беспорочными.

Обследовав его, комиссия экспертов Государственного научного центра социальной и судебной психиатрии имени профессора В. П. Сербского сделала однозначный вывод: «Ряховского следует считать ВМЕНЯЕМЫМ...»

Належавшись на нарах, подследственный вдруг стал юмористом. Даже во время выездов на места происшествий, где ему приходилось в деталях описывать творимые им кошмары, пытался травить скабрезные анекдоты.

На допросах позволял себе порассуждать о творчестве Р. Брэдбери, А. Азимова и прочих писателей-фантастов, хотя и вопросы следователя не оставлял безответными. В школьные годы Ряховский учился посредственно, а, загремев в казенный дом, принялся демонстрировать грамотность, указывая следователю на допущенные им описки.

По окончании предварительного следствия Ряховский настоятельно просил, чтобы его уголовное дело было рассмотрено судом присяжных. Это требование удовлетворили, и 32-летний балашихинец предстал в Московском областном суде перед коллегией присяжных заседателей.

Государственный обвинитель, старший советник юстиции Анатолий Васильевич Сокин, в течение 40 минут оглашал невообразимо ужасающие злодейства маньяка, который спустя почти 13 лет после своего первого судебного процесса опять угодил на скамью подсудимых.

«Ваша честь» — так обращался Ряховский к судье. А вот в отношении тех, кто проводил предварительное следствие, подсудимый сделал контрвыпад. Вдруг принялся твердить, что оговорил себя, не устояв перед напором милицейских чинов и работников прокуратуры. Они, мол, уломали его взвалить на себя накопившиеся нераскрытые преступления, пообещав выпустить на волю после лечения в психиатрической спецбольнице...

— Я убежден, уважаемые присяжные заседатели, что голословные, ничем не подтвержденные заявления Ряховского о том, что он давал показания под давлением следствия, будут вами отвергнуты. Допрошенные в суде работники милиции и следователи привели убедительные аргументы того, что Ряховский не только давал признательные показания, но и способствовал раскрытию отдельных эпизодов, — парировал старший советник юстиции А. Сокин.

Думается, нет надобности вдаваться в подробности судебного процесса, ставшего изматывающим марафоном для его участников. Ведь дело по обвинению Ряховского слушалось коллегией присяжных заседателей два с половиной месяца! Громкий судебный процесс получил широкое освещение в периодической печати, о нем прошли обстоятельные сюжеты по телевидению и прозвучали информационные сообщения в радиоэфире.

Потерпевшие, выступавшие перед судом, просили приговорить Ряховского к смертной казни. Присяжные заседатели, перед которыми были поставлены 123 вопроса, после двухдневного совещания вынесли свой вердикт. Согласно ему, подсудимый был признан виновным в 18 убийствах, шести покушениях, насильственном акте мужеложства с подростком и трех кражах имущества потерпевших. Одно душегубство Ряховского присяжные заседатели все-таки сочли недоказанным. Хотя в найденном у него дома при обыске своеобразном дневнике в рисунках, который скрупулезно вел маньяк, насчитывалось именно 19 ритуальных повторений. На тетрадной странице была нарисована старуха с косой, символизирующая смерть, а по обе стороны от нее белое бумажное пространство заполоняли маленькие гробы: 12 синих и семь красных. Синие обозначали мужчин и подростков, которых убийца таким образом «похоронил», красные — женщин.

По совокупности совершенных преступлений «серийника» Ряховского приговорили к исключительной мере наказания. Новоявленный «смертник» в зале судебного заседания не впал в истерику, но, когда конвой его уводил, угрожающе пообещал залу, что он еще вернется...

Рассмотрев кассационную жалобу, Верховный суд Российской Федерации оставил этот приговор в силе. Однако расстрела маньяк-убийца избежал, потому что в нашей стране был введен мораторий на смертную казнь. В настоящее время Ряховский находится в местах лишения свободы, где заклю-

ченные отбывают «нескончаемый срок». Балаши-
хинскому душегубу «вышку» заменили на пожизненное заключение.

...Работники следственно-оперативной бригады между собой называли Ряховского «Миклухо-Макла-
ем» за то, что при обыске у него дома нашли множество географических карт столичного региона, по которым он разрабатывал свои кровавые маршруты.
И как-то во время предварительного следствия, получив у Григория Королева разрешение подойти к ви-
севшей на стене карте Москвы, Ряховский показал:

— Вот мои угодья: Измайлово, Лосиный остров,
Кунцево. Жалко, на этой карте нет Одинцова и Раменского...

КАК ПОГИБАЮТ СЫЩИКИ

Очевидно, именно такие случаи принято называть роковым стечением обстоятельств. Непопра-
вимого несчастья могло не произойти, если бы, скажем, где-нибудь по дороге домой оперуполномоченный 2-го подотдела Отдела уголовного розыска
ГУВД Московской области Владимир Сушков задержался минут на 15. Если бы...

С 5 января 1994 года он, сотрудник угрозыска, находился на межсезонных сборах Московского юри-
дического института МВД РФ, где являлся слуша-
телем третьего курса. И вот 18 января поздно вечером отправился домой. Добравшись до своего
микрорайона, Владимир зашел в коммерческую палатку, чтобы купить сигареты. Там в это время оказалось четверо работников ТОО (товарищества с

ограниченной ответственностью), и среди них — знакомый Владимира.

Приятели разговорились, не так-то часто им доводилось общаться, что поделаешь, каждого одолевала жизненная текучка... Не успели они выкурить по сигарете, как на коммерческую палатку совершили налет четверо неизвестных. Криминальный квартет сбил с ног сторожа, сразу же продемонстрировав агрессивность своих намерений.

Оперуполномоченный Сушков попытался образумить напавших, тотчас вмешавшись в назревавшую жестокую «разборку». Но непредвиденная встреча с сотрудником милиции не только не остановила крутых парней, а, наоборот, еще больше их разозлила. Главарь разбойников выхватил нож и, ни слова не говоря, ударил им оперативника в живот.

Избив работников ТОО, преступники похитили из палатки несколько бутылок спиртного, сигареты, продукты и забрали несколько тысяч рублей. Затем вразвалочку двинулись к легковой автомашине, на которой и приехали.

Раненый Владимир Сушков, превозмогая боль, с неимоверными усилиями выбрался из коммерческой палатки и проводил взглядом разбойничью четверку. Один из них, обернувшись, заметил наблюдавшего за ними милицейского работника и завопил, обращаясь к главарю:

— Добей, добей мента!

Но тот, по-видимому, не сомневался в том, что сыщик доживает последние минуты, и лишь отмахнулся. Усевшись в «Жигули», лихие парни скрылись в неизвестном направлении.

Сушков же, истекая кровью, прислонился к ближней березе и, как в замедленной съемке, сполз по стволу дерева вниз. И все-таки он нашел в себе силы продержаться до приезда коллег — столичных стражей порядка. Подмосковный сыщик до конца остался профессионалом: сначала он сообщил прибывшему наряду милиции номер автомашины, на которой укатили преступники, назвал их приметы и только после этого, собрав последние силы, простонал:

— Ребята, мне больно, я теряю сознание...

Оперуполномоченного офицера доставили в столичную городскую больницу, но врачи его спасти не смогли.

Столичные оперативники, приступившие к расследованию кровавого «наезда» на коммерческую палатку, известили о случившемся подмосковный угрозыск. Формально данным уголовным делом должны были заниматься, помимо работников прокуратуры, сотрудники МУРа и ОВД муниципального округа «Богородское», поскольку разбойное нападение произошло на территории этого отдела. Однако во всех коллективах, специализирующихся на сыскной работе, считается непреложным: если от рук уголовников погибает коллега, то необходимо незамедлительно подключаться к расследованию, чтобы как можно скорее найти и наверняка изобличить виновников смерти боевого сослуживца.

Утром 19 января в «Богородское» приехали заместитель начальника ОУР ГУВД Московской области полковник милиции А. Горбовский и старшие оперуполномоченные по особо важным делам из областного угрозыска майор А. Родичев и старший лейтенант С. Зарянский. Узнав обстоятельства гибели оперуполномоченного Сушкова, подмосковное подкрепление совместно с муровцами и оперативным составом местного Отдела внутренних дел продолжили поиск преступников.

Прежде всего был установлен водитель автомашины «ВАЗ-21053», принадлежавшей, как оказалось, Управлению по обслуживанию административных зданий одного из округов Москвы. Этот элитный шофер неохотно вспомнил вчерашний поздний извоз, сообразив, что влип в прескверную криминальную историю. Единственное, что сказал внятно, так это время и место, где в автомашину «Жигули» подсели четверо неизвестных. Это было примерно в 22 часа 20 минут на улице Хабаровской.

Пассажиры попросили подвезти их в район станции метро «Преображенская». Вот там-то в палатке и пересеклись пути лейтенанта Сушкова, решившего приобрести сигареты, и злоумышленников, воспылавших желанием подебоширить и поживиться. А нанятый водитель терпеливо ждал, когда его пассажиры опять плюхнутся на сиденья «Жигулей». С его слов, никого из этих четверых парней он не знал, не видел, что случилось в палатке. К скудным показаниям лишь добавил, что доставил их потом обратно на Хабаровскую улицу.

Сыщикам довольно быстро удалось вычислить главаря этой бандитской компании и его подручного-горлопана. Однако преступники где-то затаились, и предстояло разузнать их местонахождение. Наконец, следственно-оперативной группе стало известно, что разыскиваемые могут появиться в подмосковном Чеховском районе: в небезызвестных Белых Столбах, где находится психбольница. Поступили сведения, что сообщники покатили туда, чтобы забрать выписывающегося оттуда дружка. Перед местными оперативниками была поставлена четкая задача: в случае появления разыскиваемых на чеховской земле незамедлительно их задержать.

Работники милиции отлично справилась с непростым заданием: схватили обоих преступников, сразу же как только они появились в поле ее зрения. А вскоре московские сыщики, «прокрутив» связи задержанных, надели наручники и на двух других участников разбойного нападения.

Лейтенант милиции Сушков прожил короткую, но славную жизнь. Каким же он нам запомнится?

Володя родился 30 сентября 1969 года в Москве, уже с пяти лет читал и писал. Учился в столичной общеобразовательной школе № 66, стремился попробовать себя в разных областях. Одноклассники знали, что Володя неплохо фотографирует и отлично рисует, увлекается спортом: был теннисистом-разрядником, слыл хорошим волейболистом, защищал честь школы в футбольных турнирах, участвовал в легкоатлетических пробегах по столичному проспекту Мира...

Мама Раиса Борисовна привила сыну любовь к театру. У Сушковых была собрана приличная домашняя библиотека, и когда Володя учился в старших классах, то перечитал многие из этих книг. Особенно ему нравилась отечественная классика, военная проза, мемуары военачальников — участников Великой Отечественной войны. Иными словами, мальчишка воспитывался на примерах самоотверженности и героизма старшего поколения, вышедшего победителем в самой страшной битве, которую знало человечество.

Когда Володя учился в восьмом—десятом классах, на их Малой Черкизовской улице стройбатовцы возводили жилую многоэтажку. И он почти ежедневно приносил военным строителям — представителям разных национальностей — «домашние продуктовые подарки». Увольняясь в запас, двое солдат — украинец и белорус — даже зашли в гости к Сушковым, чтобы попрощаться с ними перед отъездом в родные места. По этому поводу радушная московская семья устроила чаепитие, а в конце непринужденного застолья вручила отслужившим стройбатовцам подарки для их родителей.

Пришла пора, и в 1987 году Владимир Сушков тоже надел солдатскую форму. Попал он в пограничные войска: сначала служил на Кольском полуострове, а затем — в Архангельске. Отпуска новобранцу все не предоставляли, и поэтому мать сама навещала сына в северном городе, где по-настоящему подружилась с начальником штаба погранотряда Игорем Дмитриевичем Симоненко. Между тем Владимир освоился со специфической пограничной службой и в письмах родным и знакомым непременно подчеркивал, что она хотя и нелегка, но зато весьма почетна.

Не без юмора он помечал свою армейскую корреспонденцию шутливыми грифами: «Срочно», «Секретно», «Сверхсекретно» и тому подобное. И точно фиксировал вплоть до минут и секунд время написания послания, не говоря уже о дате. Может быть, еще тогда Владимир пусть и неосознанно, начал приучать себя к дотошности и собранности. Недаром же в письме московскому другу Игорю он провозгласил один из своих жизненных постулатов: «Силен не тот, кто не падает, а тот, кто, упав, сумел подняться». И еще привел философичное четверостишие, которое полностью отвечало его душевному настрою:

«Будут слезы — сотри... Будут ветры — не гнись... Будет трудно — держись... Помни! Жизнь — это жизнь!»

На излете первого осеннего месяца 1989 года из Архангельска в Москву позвонил начальник штаба погранотряда Симоненко и обрадовал Раису Борисовну Сушкову:

— Ваш сын уже едет поездом домой по случаю полного прохождения действительной срочной воинской службы. Ждите, к своему дню рождения будет дома...

И, действительно, вскоре сияющий Володя переступил порог родной квартиры. Высокорослый страж рубежей Отчизны был при полном параде: на груди возмужавшего парня-«дембеля» красовались награды за солдатское усердие — знаки «Отличник погранвойск» 1-й и 2-й степеней, значок «Воин-спортсмен»...

На «гражданке» для вчерашнего военнослужащего-срочника соблазнов предостаточно, но Владимира не увлекала суета сует. Поначалу он решил подучиться на годичных подготовительных курсах в МГУ, так как хотел поступить на юрфак, чтобы стать квалифицированным юристом. Бывшего пограничника охотно зачислили на так называемый «рабфак» в престижный университет, однако после более взвешенных размышлений он отказался от первоначального намерения, забрал документы и решил начать овладевать профессией с практической правоохранительной работы. Парня с отменной характеристикой, выданной руководством пограничной войсковой части, охотно приняли стажером в специальное оперативное подразделение ГУВД Московской области. Жизненный выбор был сделан.

В биографии Сушкова особое место занимает декабрь 1989 года, когда молодой работник милиции стал полноправным оперативным сотрудником. С этого момента он принимал участие в раскрытии особо опасных преступлений, проявляя в операциях по захвату вооруженных уголовников решительность и смелость. Достаточно сказать, что Сушков был включен в оперативную группу, занимавшуюся расследованием убийства священника Александра Меня в Загорском (ныне Сергиево-Посадском) районе столичной области. Доводилось ему работать и по раскрытию краж икон и церковной утвари из подмосковных храмов.

Довольно быстро Владимир зарекомендовал себя перспективным оперативником, выдвинулся по служебным показателям в подразделении на ведущие позиции. В зависимости от складывающейся ситуации во время проведения разнообразных оперативных мероприятий, он мог взять инициативу на себя. Например, в городе Загорске, напав на след рецидивиста, находящегося в розыске, Сушков самостоятельно задержал матерого преступника и доставил его в «стальных браслетах» в камеру изолятора временного содержания.

Работая в специальном оперативном подразделении ГУВД Московской области, младший лейтенант милиции Сушков исподволь приглядывался к деятельности коллег — сотрудников уголовного розыска. Владимира восхищали настоящие сыщики, которые, без всякого преувеличения, сражались с преступным миром. Кто-кто, а он-то знал, как несказанно трудно приходится им в последнее время сдерживать вконец распоясавшихся уголовников. И немало их отдали жизнь на боевом посту. Громадный общественный резонанс получила гибель в начале сентября 1991 года в подмосковной Щербинке трех муровцев: первым уголовники садистски убили Андрея Гальперина, а затем: Михаил Самойлов и Михаил Луканин были смертельно ранены гранатой, брошенной им под ноги предводителем шайки мошенников-«кукольников». Семнадцатого апреля 1992 года поздно вечером был убит ехавший в поезде сотрудник Главного управления уголовного розыска МВД России Анатолий Свириденко. Летом 1993 года капитан милиции В. Апенин, работавший в угрозыске Балашихинского отдела внутренних дел, отправился с оперативником-стажером на проверку квартиры, где, по сведениям сыщиков, хранились краденые вещи. Послав начинающего розыскника за понятыми, офицер остался в чужой «хате» один. И вдруг в квартиру позвонили трое неизвестных, которые, как позже выяснилось, пришли «разобраться» с хозяином воровской «малины». Капитан спас его от расправы, а сам в длившейся несколько минут жесточайшей схватке получил тяжелейшие травмы. Вызванные на помощь стажером сотрудники Балашихинского ОВД задержали бандитов и изъяли у них орудия преступления: нож и молоток. Такая вот у стражей порядка служба: приходится защищать всех, включая и преступников, если на них покушаются «собратья» по уголовной среде...

В начале 1993 года Сушков, которому к тому времени уже присвоили звание лейтенанта милиции, перевелся в областной уголовный розыск. Новичка в ОУР Главного управления внутренних дел определили, пожалуй, на самый трудный с профессиональной точки зрения участок: во второй подотдел, занимающийся расследованием преступлений против личности. Недаром между собой сыщики называют его «убойным», так как этому подотделу в основном приходится заниматься раскрытием убийств.

На аттестационной комиссии Владимир сказал то, что другие на таком официальном служебном экзамене предпочитают вслух не произносить. Подтянутый сосредоточенный лейтенант твердо заявил:

— Я пришел в службу криминальной милиции не ради звезд и славы, а чтобы настигать и обезвреживать преступников...

В этих словах — весь Сушков, отличительными чертами характера которого были искренность, целеустремленность, порядочность и принципиальность. Это быстро поняли и по достоинству оценили сотрудники второго подотдела — ведь их голословными заверениями не проведешь.

— Сушкову для обслуживания попался крайне неблагополучный регион Подмосковья, — вспоминал начальник отделения ОУР ГУВД Юрий Романов. — Это была едва ли не самая криминогенная зона: Подольск — Видное — Домодедово — Серпухов — Чехов — Протвино — Ступино — Кашира — Озеры — Серебряные Пруды. Я тогда был старшим оперуполномоченным и как раз курировал этот регион. Коллектив второго подотдела воспринял Владимира как своего, будто он все время здесь работал. Никогда у него не возникало конфликтных ситуаций, хотя в нашем подразделении сыщики подобрались боевитые, горячие. А самое главное, что он здорово «вгрызался» в работу, интересовался буквально всем, чтобы поскорее полностью войти в курс дела.

— Действительно, — подтвердил оперуполномоченный Отдела уголовного розыска Глеб Яцковский, — у Сушкова налицо было призвание к сыскной работе. Причем он никогда не отказывался помочь, даже если это не очень стыковалось с его служебными планами. Владимир был удивительно открытым, прямодушным, общительным и доброжелательным человеком.

— Испытательного срока ему не понадобилось, — добавил старший оперуполномоченный по особо важным делам Отдела уголовного розыска Сергей Зарянский, — он без робости включился в работу, и мы его сразу признали как сыщика. Да и в подопечных районах быстро узнали Сушкова: ему звонили следователи из Подольска, Домодедова, Каширы... К слову, иной работник может и не один год «отвечать» за какую-нибудь достаточно обширную территорию, однако на месте «телефонного куратора» никто и знать не будет. А Владимир, что называется, владел обстановкой: мог подробно изложить обстоятельства всех убийств, совершенных преступниками в обслуживаемом им регионе, не загляды-

272

вая в записную книжку. Не считал за труд проконсультироваться со мной и другими сыщиками, если в чем-то сомневался или не ведал о какой-нибудь оперативной премудрости. Он хотел вникнуть досконально во всю нашу сыскную «кухню».

Да, Владимир Сушков стремился стать профессионалом.

В последние годы угрозыск столичной области, как, впрочем, и другие аналогичные оперативные подразделения страны, работают на пределе, ибо сильно выросла преступность. Немало перегрузок выпало и на сотрудников второго подотдела ОУР Подмосковья: если раньше здесь за неделю регистрировалось максимум несколько убийств, то теперь «мокрые дела» вершатся фактически каждый день. По городам и весям течет жуткий и неудержимый кровавый поток...

Первой профессиональной удачей оперуполномоченного Сушкова стало участие в составе следственно-оперативной группы в раскрытии убийства в городе Ступино. Вместе с Юрием Романовым и другими коллегами он работал по «вычислению» преступников, когда был очерчен круг подозреваемых. Оперативникам тогда удалось изобличить злодеев.

В городе Домодедово сотрудники второго подотдела совместно с местными оперативниками «раскрутили» заказное убийство, обставленное не совсем стандартно: на кладбище осыпался могильный холмик, и кто-то из посетителей некрополя заметил, что из земли торчит нога трупа. Загадка двойного захоронения была разрешена безошибочно: один лихой коммерсант, разочаровавшись в компаньоне, нанял нескольких парней, которые за вознаграждение «убрали» неугодного и закопали в чужую могилу.

Потом на оперуполномоченного Сушкова почти одновременно «свалились» еще два наемных убийства: в Ступине прикончили местного уголовного «авторитета», а в Каширском районе неизвестные, прикатившие на шикарной «тачке», поднялись на второй этаж административного здания птицефабрики и открыли огонь по директору предприятия. В обоих случаях заказчики и исполнители тщательно спланировали расправу, поэтому подобраться к беспощадным киллерам оказалось неимоверно тяжело. Но Сушкову в тесном взаимодействии с местными сыщиками это уже почти удалось.

Широко разнеслось эхо от стрельбы, которую ночью 26 августа 1993 года учинили неизвестные в подмосковном Серпуховском районе. Нападение было совершено на дачу депутата Верховного Совета Российской Федерации Ю. Гехта: преступники пустили в ход автоматическое оружие, но, к счастью, на этот раз обошлось без человеческих жертв. Пострадали лишь автомашины «Ока» и «Крайслер», стоящие во дворе. Оперативная группа, в которую наряду с опытными сыщиками входил В.Сушков, под руководством заместителя начальника областного угрозыска полковника милиции Анатолия Горбовского уже через две недели арестовала налетчиков.

Страшное преступление произошло дождливой осенью 1993 года на улице Мира в поселке Снегири Истринского района. Здесь в квартире, пол которой был залит кровью, обнаружили мертвыми хозяина жилища и двоих его земляков-приятелей. Все погибшие, как было сказано в оперативной милицей-

274

ской сводке, «скончались от множественных колото-резаных ранений».

Помимо работников Истринского УВД и здешней прокуратуры, на место происшествия прибыли первый заместитель начальника ГУВД столичной области Валерий Севринов, руководитель подмосковного угрозыска Николай Чекмазов, заместитель начальника второго подотдела ОУР Виталий Романенко. Весть о тройном убийстве в Снегирях еще не успела облететь район, а преступники уже были взяты под стражу. Скромную лепту в их поиск внес оперуполномоченный Владимир Сушков, которому к тому же довелось надеть наручники на одного из убийц и этапировать его в ИВС.

Той же осенью в Ивантеевке, на дискотеке, убили оперуполномоченного районной службы БЭП. В помещении бара милицейского работника забили насмерть палками, дубинами и тумбочкой. Эту дикую сцену вроде бы видело немало молодежи, но к моменту приезда оперативников их и след простыл...

— Сушков сразу схватил суть дела и побежал «прочесывать» адреса, — рассказывал выезжавший на место преступления заместитель начальника второго подотдела ОУР ГУВД Алексей Квасов. — Он быстро установил свидетельницу, давшую первые показания. Как мы и предполагали, убийство совершили местные уголовники-беспредельщики...

Кому-то мир всегда видится прекрасным, добрым и удивительным, однако оперативники хорошо представляют себе его изнанку — сумрачную, злобную и отвратительную.

Двадцать пятого ноября 1993 года, за два часа до полуночи, в столичном 70-м отделении милиции раздался телефонный звонок. Поздняя весть была ужасной: напротив аптеки на улице Сергия Радонежского, проинформировал гражданин, пожелавший остаться неизвестным, лежат двое убитых милицейских работников. Те, кто находились в отделении, бросились к аптеке. Капитан Алексей Жирнов, получивший ножевые ранения в живот и руку, еще дышал: теряя сознание, он успел сообщить сослуживцам приметы двух преступников и пояснил, что нападение было внезапным. Старший сержант милиции Николай Рыжков, стажировавшийся у Алексея Васильевича, был уже бездыханным — молодого оперативника ударили ножом точно в сердце. Не приходя больше в сознание, к сожалению, скончался и старший оперуполномоченный уголовного розыска А. Жирнов.

Конечно же, Владимир Сушков слышал и об этой трагедии. Был он осведомлен и о том, что в подмосковном Мытищинском районе пропал без вести его тезка — оперуполномоченный уголовного розыска Лобненского ОВД лейтенант милиции Владимир Галко. Его убили шестеро уголовников, которым сыщик случайно встретился поздним вечером.

Безрадостным выдался для солдат правопорядка и декабрь 1993 года: в городе Чехове на улице Дорожной произошел взрыв в палатке, где в это время находился молодой оперуполномоченный уголовного розыска Чеховского ОВД Александр Егоров, лишь полгода назад приступивший к исполнению своих должностных обязанностей. Сыщик погиб, получив тяжелейшие ранения.

Как установили специалисты, уголовники использовали взрывное устройство фугасного действия огневого типа с 200-граммовым зарядом в тротиловом эквиваленте.

Для раскрытия этого преступления была создана следственно-оперативная группа из сотрудников областного милицейского главка, Чеховского ОВД и работников местной горпрокуратуры. Полноправным членом следственно-оперативной группы был лейтенант В. Сушков, который и в этой нетипичной истории проявил себя с самой наилучшей стороны: участвовал в «просеивании» версий, собирал полезную информацию.

Следствию стало известно, что в адрес продавцов и владельца коммерческой палатки неоднократно высказывались угрозы, а однажды в ней даже вспыхнул странный пожар. К сожалению, потерпевшие не захотели своевременно известить правоохранительные органы о шантаже, а может, просто-напросто и не решились. Но теперь были изготовлены фотокомпозиционные портреты предполагаемых преступников, терроризировавших коммерсантов со скромным достатком, и их быстро вычислили. Возможно, следственно-оперативная группа предотвратила не один подобный взрыв, так как при обысках у них изъяли внушительное количество боеприпасов.

Московский журналист Н. Модестов, с которым у В. Сушкова сложились доверительные отношения, подарил лейтенанту милиции выпущенную к 75-летию уголовного розыска страны книгу «Российский сыщик», составителем и автором которой он был.

Прочитав ее, Владимир поделился с матерью:

— Мам, а ведь я тоже — российский сыщик...

А при очередной встрече с Модестовым пообещал:

— Скоро подкину тебе интересный сюжет.

Николай Сергеевич согласно кивнул головой: мол, замечательно — ловлю на слове.

— А пока — возьми ребенку в подарок, — Владимир протянул ему игрушечного слоненка.

Разве мог журналист тогда предположить, что этого доброго, открытого и жизнерадостного парня он видит живым последний раз? Теперь российский сыщик Сушков покоится на погосте близ Каширы. В этом городе дальнего Подмосковья Володя с отрочества часто навещал свою бабушку Анну Никаноровну, гонял вместе с местными ребятишками футбольный мяч, рыбачил на раздольной Оке...

Его короткая жизнь будто освящена двумя знаменательными христианскими праздниками. Родился он в День Веры, Надежды, Любови и матери их Софьи, который отмечается в русском православии 30 сентября. Праздник этот установлен в ознаменование жестокой расправы римского императора Адриана над римлянкой Софьей и ее тремя дочерьми. Мать и ее дети приняли христианство и не отказались от этой веры даже под угрозой смерти, за что римляне подвергли их жестоким истязаниям. Согласно повествованию в житиях святых, Софья похоронила погибших дочерей и сама умерла на их могиле. Крещение Господне — один из двунадесятых праздников Русской православной церкви, отмечаемый 19 января и установленный в память описанного в евангелиях крещения Иисуса Христа в реке Иордан Иоанном Крестителем. В христианстве Крещение Господне, которое нередко называют «праздником световым», или «праздником просве-

278

щения», согласуется с представлениями о том, что, только вступив в лоно церкви, люди могут надеяться на воскресение и вечную жизнь. И именно в этот зимний день перестало биться сердце лейтенанта Владимира Сушкова.

С погибшим оперуполномоченным, которого в последний путь провожали с воинскими почестями, пришли проститься все сотрудники Отдела уголовного розыска ГУВД, работники других служб главка. Из Архангельска приехал начальник штаба погранотряда И. Симоненко, воспринявший трагическую кончину Володи как потерю родного сына. На девятый день его гибели Игорь Дмитриевич зажег свечу на снегу у коммерческой палатки на столичной улице Малой Черкизовской, где сыщик вступил в свой последний бой с преступниками.

Еще дошкольником Володя впервые побывал на могиле Неизвестного солдата у Кремлевской стены, возложив на гранитный постамент у Вечного огня цветы и открытку, на которой была нарисована солдатская каска и сделана надпись на ленточке «Великая Отечественная война». С тех пор он ежегодно приходил в День Победы к этому священному месту и даже когда служил пограничником, то переправлял матери открытки, которые просил отнести к мемориалу. Вот такая была душа у российского сыщика. Теперь в каждую годовщину Великой Победы Раиса Борисовна Сушкова ходит в Александровский сад одна...

«У моей мамы трудная жизнь. Хочу видеть маму счастливой, чтобы ей всегда светило солнце, чтобы она чаще улыбалась. Мы с мамой большие друзья. Она говорит со мной, как с равным. И когда говорят, что я похож чем-то на маму, я горжусь», — так написал Володя в школьном сочинении, когда учился в четвертом классе.

Для сына Раиса Борисовна была непререкаемым авторитетом, и именно по ее примеру он поступил на службу в органы внутренних дел. Полковник милиции Р. Сушкова отмечена шестью государственными наградами, в том числе и медалью «За доблестный труд». С 1962 по 1973 год Раиса Борисовна была участковым инспектором по делам несовершеннолетних в Каширском ОВД, затем работала в Центральной детской комнате подмосковного Управления внутренних дел, впоследствии связала свою жизнь с уголовным розыском и вплоть до прошлого года занимала должность старшего оперуполномоченного по особо важным делам УУР ГУВД столичной области.

Володя очень любил бардовскую песню Вадима Егорова «Облака», которая словно предсказала не только его судьбу.

Над землей бушуют травы,
Облака плывут, как павы,
А одно, вон то, что справа, —
Это я. Это я! Это я...
И мне не надо славы.
Ничего уже не надо
Мне и тем, плывущим рядом.
Нам бы жить, и — вся награда.
Нам бы жить...
Нам бы жить!
Нам бы жить, а мы плывем
по небу...

Но, к глубочайшему прискорбию, подмосковная сыскная милиция продолжает нести боевые потери.

Задержаны трое преступников, которые на железнодорожной станции в полночь 24 марта 1994-го избили до смерти старшего оперуполномоченного ОУР ГУВД Московской области капитана милиции Валерия Сухова, возвращавшегося из служебной командировки.

Первого апреля того же года старший оперуполномоченный по особо важным делам подмосковного Регионального управления по борьбе с организованной преступностью майор милиции Андрей Рязанов, отражая бандитское нападение, успел из пистолета ранить одного из преступников, но был убит другим уголовником, которого позднее арестовали.

Через три недели, 22 апреля, непоправимое случилось и в городе Балашихе. При задержании преступной группы оперуполномоченный ОУР местного Управления внутренних дел старший лейтенант милиции Евгений Садков получил 14 ножевых ранений и, не приходя в сознание, в тот же день скончался в Балашихинской центральной городской больнице.

Оперуполномоченный отдела угрозыска Пушкинского УВД младший лейтенант милиции Юрий Вячеславович Степанов, находясь при исполнении служебных обязанностей, попытался призвать к порядку молодых хулиганов на дискотеке. И был убит из огнестрельного оружия.

Следующей в этом мартирологе стоит фамилия лейтенанта Константина Минвалиева, оперуполномоченного ОУР Дмитровского отдела внутренних дел. Восемнадцатого июля 1995 года при попытке задержания преступников он получил огнестрельное ранение, от которого скончался.

Участвуя в освобождении заложницы, 23-летний лейтенант милиции Антон Ветчинов — старший оперуполномоченный отдела угрозыска Пушкинского УВД — погиб от пули, выпущенной в него разъярившимся рецидивистом. Это произошло в подмосковном городе Ивантеевке 14 августа того же года.

Двумя сутками раньше вооруженный бандит застрелил старшего оперуполномоченного из Жуковского ОВД капитана милиции Евгения Сыромятникова...

Увы, список растет. А им бы жить, и — вся награда...

В декабре 1995 года подполковник милиции Раиса Борисовна Сушкова вместе с майорами Александром Сергеевичем Кротовым, Алексеем Николаевичем Квасовым и другими коллегами пришла в московскую среднюю школу № 1033. Здесь лучшим учащимся были вручены премии имени лейтенанта милиции Владимира Сушкова. Первыми лауреатами этой единственной в своем роде именной награды, учрежденной подмосковным Управлением уголовного розыска, стали старшеклассники Люба Дулькова, Катя Лукашевич, Дима Овсянников и другие ребята. После окончания торжественной церемонии участники этого необыкновенно волнующего события затеплили свечку у березки на Малой Черкизовской.

А что же убийцы? Учитывая «обстоятельства совершенных тяжких преступлений», 2 июля 1996 года Мосгорсуд назначил главарю разбойничьей шайки исключительную меру наказания — смертную казнь, а его сообщников приговорил к различным срокам изоляции от общества. В ноябре того года вместе с Раисой Борисовной Сушковой я побывал в Верховном суде Российской Федерации, где рассматривались кассационные жалобы преступников. Восторжествовала законная справедливость: судебная коллегия Верховного суда оставила приговор Мосгорсуда без изменения. И тем не менее у нас стало чуть ли не обыденным гуманное отношение к убийцам. Позже осужденного-«смертника», непосредственно повинного в гибели двух человек, помиловали! Заменили расстрел даже не на пожизненное заключение, а лишь на длительное лишение свободы.

Впрочем, лучше скажу еще о Володе. Его подвиг был оценен по достоинству — президентским Указом от 26 мая 1997 года Владимир Владимирович Сушков посмертно награжден орденом Мужества, а спустя пять месяцев, 28 октября, приказом министра внутренних дел Российской Федерации подмосковный сыщик навечно зачислен в списки личного состава УУР ГУВД столичной области. Очерк о лейтенанте Сушкове и его матери был включен в подготовленный Главным управлением уголовного розыска МВД РФ юбилейный книжный сборник, который вышел в свет осенью 1998 года — к 80-летию милицейского сыска страны.

Мемориальный зал, посвященный памяти погибших сотрудников, есть теперь в Музее истории милиции Московской области: в нем на одном из стендов помещена фотография оперуполномоченного

Владимира Сушкова. Большая экспозиция о его жизни, срочной службе в погранвойсках и милицейской работе недавно открыта и в муниципальном краеведческом музее Каширы, в этом же городе снят документальный фильм о нем «Таким он парнем был».

...За 24 года Владимир Сушков успел немногое и тем не менее прожил яркую жизнь, в которой было сполна и доброты, и красоты, и возвышенности, и целеустремленности, и самоотверженности...

НЕСОСТОЯВШАЯСЯ КРЕМАЦИЯ

Подойдя к легковой автомашине, убийцы оглянулись и успокоились: на деревянном мостике через речку Лавровку полыхало пламя — скоро оно подчистую уничтожит следы их дикого преступления. Немного полюбовались костром и благополучно уехали, кто ж из них мог знать, что случится непредвиденное?

Вообще-то, сыщики недолюбливают ненастную погоду, потому что дождь, как известно, смывает все следы. Но на сей раз, именно благодаря нежданно разверзшимся небесным хлябям, преступление убийцам скрыть не удалось. Вскоре заморосил дождичек и... погасил огонь.

Потихоньку рассвело, настал новый день. Но на берегу Лавровки первые прохожие появились только под вечер. Они-то 8 апреля 1993 года и обнаружили на мостике, перекинутом через узкую речку, два сильно обгоревших трупа.

Тотчас отреагировав на тревожное сообщение, на место происшествия выехали работники местных правоохранительных органов: начальник подмосковного Ногинского УВД Н. Ситников, прокурор Ф. Ильин, руководитель районной криминальной милиции А. Ксынкин, начальник уголовного розыска П. Дробот, возглавлявшие Буньковский ТПМ (территориальный пункт милиции) А. Повалов и Черноголовское ПОМ (поселковое отделение милиции) А. Бондарев, заместитель последнего по оперативной работе С. Разуваев, оперуполномоченные угро И. Коротков, Б. Капитанов, участковый инспектор В. Белаш и другие. Для оказания помощи в раскрытии двойного убийства из Главного управления внутренних дел Московской области в Ногинск прибыли начальник подотдела Отдела уголовного розыска главка А. Кротов и оперуполномоченный ОУР ГУВД Г. Яцковский.

Было очевидно, что неизвестные преступники вовсе не случайно очутились в этом укромном местечке, находящемся вблизи автотрассы, но скрытом от нее плотной стеной деревьев. Раньше здесь находилась Молзинская свалка, однако и после ее закрытия некоторые недобросовестные водители по старой памяти продолжали украдкой сваливать тут городские отходы, экономя бензин на дополнительные километры пробега до новой свалки. Чтобы положить этому конец, основательный мост демонтировали, заменив его хлипким деревянным пешеходным переходом. Так что «заезжих гастролеров» сыщики сразу же исключили — про «законсервированный» съезд с основной дороги знали только жители Ногинска.

Даже без заключения судмедэксперта было ясно, что пострадавшие умерли насильственной смертью: преступники не удосужились хотя бы снять с них удавки из витого бельевого шнура и электрического провода, облили бензином и чиркнули спичкой. Один труп был обезображен огнем до неузнаваемости, а вот второй оказалось еще возможным опознать. Пламя почти не добралось до его головы, и это позволило членам следственно-оперативной группы сделать безошибочный вывод, кто пострадал. Убитой оказалась женщина-вьетнамка. Сохранились у мостика и свежие оттиски автомобильных протекторов. Ясно — трупы перевезли сюда на легковушке. В качестве основной была выдвинута версия об убийстве иностранок с целью ограбления.

Началась работа по установлению личностей жертв. В Ногинском районе было несколько общежитий, где временно проживали вьетнамки, работавшие на местных предприятиях. Но оперативники сразу же выделили одно из них: общежитие «Юность» — самое близкое к месту происшествия.

Прежде чем приступить к обходу комнат, необходимо было найти переводчика, дабы избежать языковых проблем. И такой специалист нашелся — вьетнамский гражданин, считавшийся в общежитии старшим группы.

Уже на следующий день были установлены имена пострадавших: Л. Т. Иен и Н. К. Туэт прибыли в Ногинск еще в июле 1989 года по организованному набору на Глуховский комбинат, позже переименованный в концерн «Глуховотекс».

С помощью переводчика милицейские работники начали беседовать с соотечественницами погибших.

Однако сведения выудили весьма скудные: приходили какие-то русские, наверное, намеревались что-то продать вьетнамкам — и все. Переводчик о чем-то спорил со своими землячками, и было очень заметно, что преподносит их ответы с купюрами. У розыскников даже сложилось впечатление, что он сознательно уводит их в сторону, неправильно передавая показания обитательниц общежития.

Пришлось обратиться в милицейский главк столичной области, чтобы в Ногинск прислали квалифицированного вьетнамского переводчика. И вскоре сюда прибыл квалифицированный языковый посредник, между прочим, коллега подмосковных сыщиков — сотрудник вьетнамского уголовного розыска, в свое время окончивший в Москве высшую школу милиции, а теперь работавший при посольстве своего государства.

Переговорив с землячками, переводчик подтвердил, что его предшественник и впрямь переиначил по собственному усмотрению некоторые показания свидетелей, опасаясь, что пострадает сам. Дело в том, что он занимался мелкой «коммерцией» и побоялся, что в ходе расследования двойного убийства всплывет и его неафишируемая деятельность. При этом желание сохранить «коммерческую тайну» у него оказалось столь велико, что совершенно неожиданно для окружающих он срочно уехал на родину.

Теперь сразу же стало известно, что в «Юность» неоднократно заходил 23-летний местный житель Андрей Левченко. Вахтеры общежития помогли составить его словесный портрет. Когда уточнили у приятельниц погибших, контактировал ли этот парень с Иен и Туэт, свидетельницы ответили утвердительно. Более того, рассказали, что накануне трагедии общительный Андрей договаривался с девушками о продаже им какого-то дефицитного товара, и, скорее всего, именно он заехал за ними на белой легковой автомашине. Сыщики почувствовали, что напали на верный след.

Левченко задержали по подозрению в совершении тяжкого преступления. Однако на допросах этот ранее судимый слесарь-ремонтник Ногинской трикотажной фабрики держался твердо. По истечении положенных по закону для разбирательства трех суток его пришлось отпустить. Похоже, свидетельствовал в его пользу и тот факт, что при осмотре комнаты пострадавших нашли коряво нацарапанную записку, состоящую всего из двух слов, — «Приходил Саша». Не правда ли, существенная зацепка?!

И все-таки сыщики не клюнули на таинственного Сашу, продолжая не спускать глаз с Андрея. И спустя некоторое время он опять попал в камеру — на сей раз за ношение огнестрельного оружия.

В конце концов, подследственный облегчил душу — написал явку с повинной. А вслед за Левченко арестовали и его сообщника — охранника ногинского завода «Эмаль-посуда» Андрея Желобкова, женатого, имевшего малолетнего сына.

Как же тезки сподобились на такую жестокую расправу? Оказалось, что, толкаясь в общежитии, Левченко углядел в тумбочках Иен и Туэт доллары и российские рубли. И сговорился с приятелем ограбить вьетнамок. С этой целью они выманили беспечных девушек под предлогом, что покажут им товар, из общежития, отвезли их на окраину города в гараж и там обеих задушили. Да вот незадача — наскребли в их карманах всего 2 тысячи рублей. Хотя надеялись, что вьетнамки прихватят с собой «кругленькую сумму».

Непредусмотренное недоразумение уголовники решили безотлагательно исправить. Забрав найденные у убитых ключи, вновь помчались в общежитие. И опять неудача — в комнате девушек вальяжно устроился на одной из кроватей их приятель-вьетнамец.

Чтобы как-то выпутаться из создавшегося положения, Левченко левой рукой накорябал записку, что приходил какой-то Саша, и ретировался, но от задуманного воровства злоумышленники не отказались. Подослав других легкомысленных здешних жителей, выманили-таки того вьетнамца на улицу, якобы обсудить с кем-то «заманчивое дельце». И надо же, опять накладка! Ни один из ключей не подошел к двери комнаты, где в тумбочках остались сиротливо лежать деньги.

Взбешенные сплошной невезухой, душители вернулись вечером в гараж, побросали трупы в багажник «Жигулей» и отправились на бывшую Молзинскую свалку. Там, чтобы вырыть могилу, начали с остервенением долбить землю, да она оказалась чересчур твердой, поэтому быстро прекратили это занятие. Положили втиснутые в мешковину трупы посередине мостика, потом Левченко, достав из багажника отцовских «Жигулей» 20-литровую канистру, щедро полил их бензином...

Вот и все, казалось бы, раскрытое двойное убийство можно было передать в суд и переключиться на расследование других криминальных случаев. Но профессиональное чутье подсказывало сыщикам, что такому тяжкому преступлению обычно предшествуют злодеяния, схожие по уголовному «почерку».

Интуиция не подвела профессионалов. Им удалось установить, что Левченко вместе с двумя другими сообщниками — братьями Филатовыми, совершил убийство еще трех вьетнамцев. Милицейским сотрудникам о них было известно немногое.

Фунг Ньет Данг, Чан Вам Там и Ву Мань Хунг прибыли в нашу страну для работы по контрактам на текстильных предприятиях разных городов, в том числе и в Москве. Однако к трудовой деятельности, предусмотренной договорами, никто из них не приступил. Пронырливые иностранцы предпочли заняться «доходным бизнесом»: они мотались по нашей стране, выискивая выгодные сделки «по сбыту вьетнамских товаров и купле сырья, полуфабрикатов», включая электрооборудование и даже цветные металлы. Летом 1992 года судьба свела всех троих в злополучном ногинском общежитии «Юность». Приехав сюда навестить подруг, вьетнамцы-коммерсанты не забыли о своем «бизнесе». Познакомившись с Левченко, они попросили его достать им за доллары кобальт.

Андрей пошел к своему сверстнику Василию Филатову посоветоваться, как быть, и там застал его старшего брата Александра. В ходе дружеской беседы троица договорилась «убрать» заказчиков, дабы присвоить их доллары.

На следующий день, 11 августа, Левченко отвез хмельных братьев Филатовых к лесному массиву у

290

деревни Ямкино, а потом доставил туда и вьетнамцев, заверив их, что все в порядке — кобальт уже в лесу. И здесь, в укромном уголке, лихие соучастники задушили обманутых иностранных бизнесменов. У убитых преступники забрали все наличные деньги — 300 тысяч рублей и 2700 долларов США, а также их цепочки, кольца, часы и калькуляторы.

Оставив два трупа в кустах, а третий под выброшенным кем-то ржавым автомобильным кузовом, преступники укатили в Ногинск. Поделив добычу, которая была оценена на общую сумму около 800 тысяч рублей, вечером прикатили обратно. Наскоро выкопали яму, уложили в нее убитых. При этом голова одного из пострадавших не вместилась в братскую могилу. Не долго думая, один из преступников взмахнул лопатой и... отрубил ее. Напоследок убийцы притоптали захоронение, набросали поверх него кучу сушняка и обломки деревьев.

Четырнадцатого августа пропавшие вьетнамцы были объявлены в розыск, но тогда это преступление раскрыть не удалось. Через год, задумав новое злодейство, Левченко не утаил от сообщника Андрея Желобкова, что минувшим летом уже участвовал в убийстве троих граждан СРВ, неплохо на этом подзаработал и предложил 20-летнему тезке «сотворить что-нибудь в этом роде». Желобков охотно согласился «заиметь» немалые деньги...

Судебная коллегия Мособлсуда под председательством судьи А. А. Васильева приговорила Андрея Левченко, убившего пять человек, к исключительной мере наказания — расстрелу. Подсудимому Желобкову за это преступление дали 20 лет и присоединили еще один год лишения свободы за совершенную им ранее кражу. Каждого из братьев-убийц Филатовых наказали 13-летним лишением свободы с конфискацией принадлежащего им имущества. Кроме того, с преступников взыскали достаточно большую сумму «за ущерб, связанный с кремацией и отправкой на родину праха погибших». А также и «в счет возмещения ущерба родственникам» жертв.

Адвокаты и осужденные, конечно же, подавали кассационные жалобы в Верховный суд Российской Федерации, но их просьбы о смягчении наказания оставили без удовлетворения.

ЖЕСТОКИЕ ЗАБАВЫ МОЛОДЫХ

Говорят, каков век, таковы и его криминальные нравы...

Двадцать девятого апреля 1995 года в дежурной части Серпуховского УВД с раннего утра растрезвонился телефон: сразу несколько человек сообщили в милицию о том, что в скверике у центральной городской площади лежат двое убитых мужчин. Следственно-оперативная группа, прибывшая на место происшествия, провела здесь тщательный осмотр и определила, что потерпевшие сначала были зверски избиты. Одного из них, похоже, добили бутылками, осколки которых валялись вокруг трупа, а другого пострадавшего, скорее всего, пришибли... чугунной урной.

Неизвестные преступники расправились с жертвами так садистски, что обезобразили их лица почти до неузнаваемости. Матерые уголовники обычно действуют иначе — они стараются по возможности тщательно замести следы своих злодеяний. А значит, нежданно-негаданно о себе заявила какая-то абсолютно бесшабашная криминальная компания. И было совершенно очевидно, что «брать» эту шайку следует как можно скорее, пока она не натворила новых непоправимых бед.

Тревожный криминальный повод заставил присоединиться к серпуховским милицейским работникам первого заместителя начальника ГУВД Московской области Александра Николаевича Прокопьева, руководителя подмосковного угрозыска Николая Николаевича Чекмазова и других опытнейших сыщиков этого главка. Было рассмотрено несколько версий, и, однако, все говорило о том, что эти кровавые злодеяния совершены неуправляемыми хулиганами. Достаточно сказать, что в данном случае были насмерть забиты не «новые русские», не коммерсанты, а заурядные бомжи.

Но не успела следственно-оперативная группа начать работу, как в заброшенном доме на 1-й Московской улице был обнаружен третий труп. В мрачном нежилом строении, находящемся в 500 метрах от злополучной центральной площади, лежал прилично одетый мужчина зрелого возраста. Как и у бомжей, у него была проломлена грудина, да вдобавок на теле несчастного чья-то преступная рука развела костер.

И все-таки основной рабочей версией следствия осталось предположение, что эта кровавая серия — дело рук хулиганствующих малолеток. Тем более что во время поквартирного обхода неспокойного микрорайона нашлась свидетельница конфликта, разгоревшегося ночью в сквернике. С балкона женщина видела, как за деревьями мельтешили какие-то недоросли, отчетливо слышала громкие крики о помощи. (Оставим на ее совести позицию «невмешательства».) Однако не исключалась и версия о ссоре между бомжами из-за раздела территории для сбора стеклотары.

Вскоре последняя гипотеза вроде бы начала объективно подтверждаться. Оперативники вышли на двух местных жителей, которых накануне люди видели в компании убитых бомжей. И надо же, один из задержанных даже признал, что вполне мог под воздействием изрядной дозы спиртного поднять руку на бездомных мужиков.

Правда, на этом «обнадеживающем моменте» милицейские работники не посчитали свою миссию выполненной. И, как показал дальнейший ход развития трагических событий, не зря. Через несколько дней в сквере у улицы Советской была найдена очередная жертва. «Почерк» убийц легко угадывался: до смерти избив молодую женщину, ее тело они предали огню.

Конечно же, по Серпухову поползли зловещие слухи. Люди стали боятся выходить в сумерки на улицу, где изверги убивают всех подряд, а стражи порядка поймать их не могут.

И трудно сказать, каких размеров достигла бы всеобщая паника населения, если бы вскоре не наступила развязка. Во время ночного патрулирования один из милицейских автоэкипажей, в который входили два майора — участковый инспектор Николай Иванович Мишин и начальник РОВД Серпуховского управления внутренних дел Валерий Александрович Анисимов, наткнулся на улице Луначарского на пятерых юнцов, столпившихся у водозаборной колонки. Застигнутые врасплох пацаны бросились было бежать, но старшие офицеры милиции предупредили их, что немедленно откроют огонь из оружия.

Резвые юные полуночники нехотя повиновались — остановились. Положив всех их на землю, милицейские работники увидели на руках одного подростка, не успевшего их помыть, кровь. Оказалась окропленной ею и одежда других мальчишек.

Запросив по рации подмогу, Анисимов и Мишин дождались приезда автоэкипажа, который возглавлял старший оперуполномоченный подразделения угрозыска РОВД Сергей Николаевич Комаров. Долго прочесывать близлежащую округу патрульным не пришлось: всего в нескольких десятках метров от уличной колонки лежал безжалостно избитый мужчина. «Скорая помощь» увезла его в больницу, но, к сожалению, жизнь пострадавшего врачам спасти не удалось.

Удивительно, но малолетние преступники даже не попробовали запираться. Быстренько сознались не только в расправе над этим поздним прохожим, но и во всех убийствах, о которых было рассказано выше. Только сыщики не запамятовали, что есть еще несколько, по существу, аналогичных дел, которые пока считались глухими «висяками» — то есть нераскрытыми преступлениями. И подозреваемые стали виниться дальше в своих «смертельных похождениях», назвав еще двух сверстников-сообщников.

Почти год длилось предварительное следствие, итогом которого стали 14 томов уголовного дела. Выводы следователя прокуратуры Сергея Соловьева строились на основе более 200 экспертиз и прочих объективных доказательств, а также и на полученных во время допросов показаниях, которые дали несколько десятков свидетелей и потерпевших. Да и судебное разбирательство тоже растянулось на месяцы, пока 3 февраля 1997 года не был оглашен приговор по нашумевшему «подростковому делу».

Итак, 9 апреля 1995 года скучающие ребятишки из пригородного совхоза «Большевик» наведались в Серпухов, чтобы от нечего делать по-разбойничьи позабавиться. Подвыпившие Алексей Смирнов, его тезка Буланов, Владимир Поляков и Евгений Ямнов напали на улице Володарского на случайного прохожего. Сбив его с ног, отдубасили лежачего, а затем отобрали у него золотое кольцо и наручные часы марки «Победа» с браслетом. Первой жертве этой подростковой шайки еще относительно повезло, так как он отделался лишь переломом нижней челюсти и сотрясением головного мозга.

Но через полторы недели детки из совхоза продолжили свои забавы.

На этот раз они преградили дорогу припозднившемуся прохожему А. Козлову. Заставили его залезть на бетонное ограждение моста и столкнули в овраг. Подбежав к пытавшемуся подняться мужчине, пьяные подростки стали его бить руками и ногами, как позже было отмечено в приговоре Мособлсуда, «по голове, грудной клетке, животу и конечностям». Не удовлетворившись этой экзекуцией, Смирнов, Буланов и Поляков «поочередно нанесли Козлову по различным частям тела удары деревянной палкой». Приведя пострадавшего в беспомощное состояние, похитили у него дешевенькие наручные часы «Ракета», пачку папирос «Беломор», коробок спичек и связку ключей. Перед тем как скрыться с места происшествия, 16-летний учащийся СПТУ Владимир Поляков «положил на лицо потерпевшего ствол сломанного дерева». Козлов скончался в результате многочисленных травм тела, «сопровождавшихся нарушением костей скелета и повреждением внутренних органов, с последующим кровотечением...»

Искатели острых ощущений не знали о его кончине, но вряд ли это могло бы их остановить. Умышленное убийство ими воспринималось чуть ли не как вид развлечения.

Зайдя поздним вечером в телефонный переговорный пункт, они вытолкали оттуда гражданина Ю. Воронина, завели во двор и, бравируя друг перед другом «крутизной», стали его избивать. Смирнов, Поляков, Ямнов и Овечкин что есть мочи лупили мужчину руками и ногами по голове и телу. Когда зверски избитый Воронин был уже в беспомощном состоянии, разбойники похитили у него 1 тысячу рублей. Наконец, возбужденные своим уголовным приключением удалились с места разбойного нападения, а потерпевший на следующий день скончался, как отражено в судмедэкспертном заключении, «от закрытой травмы груди, сопровождавшейся переломами ребер и грудины, разрывом плевры и легких и обильным внутриплевральным кровотечением».

Выждав несколько суток после этой расправы, Смирнов и Овечкин ночью забрели в городской сквер, находящийся напротив магазина «Лакомка». У проходившего мимо пожилого человека, а им оказался пенсионер В. Аносов, пьяные юнцы попросили спичек, а получив отказ, мгновенно «завелись».

Им хватило и такого незначительного повода, чтобы устроить очередную расправу. На мужчину обрушился град ударов — преступники били его не только руками и ногами, а еще и лупцевали бедолагу отнятой у него палкой, пока она не погнулась. Потом еще «стали прыгать ногами на грудь и живот Аносова» да бить по голове пустыми бутылками, которые вытащили из рюкзака жертвы. Подвергнутый столь изощренным побоям, старик скончался на месте. Когда он «перестал подавать признаки жизни», Смирнов и Овечкин обыскали карманы одежды пострадавшего. Найденные порванные купюры, несколько мелких монет, перочинный нож и портсигар тут же выбросили рядом с телом жертвы, похитили лишь его пенсионное удостоверение.

Той же ночью, на площади Ленина, Смирнов и Овечкин приглядели частную автомашину «Москвич-401», которую решили обчистить. Добыча оказалась небогатой — канистры, аптечка, автомобильные свечи да кусок кабеля в виде дубинки.

Продолжая свое уголовное шествие, юнцы тогда же в соседнем сквере придрались к гражданину В. Савенкову, который тоже не дал просителям «огонька». Впрочем, если бы даже этот мужчина и поделился с сердитыми пацанами спичками, вряд ли это его спасло бы. Почти один к одному повторилась предыдущая ужасная сцена, с той лишь разницей, что Савенкова добивали увесистым кабельным обрубком.

Топая по 1-й Московской улице, двое убийц увидели стоявшего на автобусной остановке «Студенческая» еще одного припозднившегося мужчину. На сей раз им и повода не понадобилось, чтобы прицепиться к незнакомому человеку и забить его до смерти. Затем неподвижно лежавшего гражданина Н. Иванова облили бензином и подожгли.

Нет, и на этом они не остановились! Подыскали новую садистскую забаву. У моста через реку Нара повстречали еще одного человека — А. В-а. Схватив его за куртку, потребовали ее отдать, а услышав отказ, столкнули жертву с откоса моста на берег реки. Там принялись избивать руками, ногами, палкой. Угрожая убийством и «совершением мужеложства», вновь завели пострадавшего на мост и опять столкнули на берег. Куртку все-таки отняли, но этим не кончилось.

Спасаясь, В-в зашел в реку. Смирнов и Овечкин заставили его вернуться, «принудили раздеться догола», после чего забрали себе брючный кованый ремень, а все остальные его вещи — джинсы, рубашку, ботинки и трусы — утопили в реке. Потом, загнав мужчину в холодную воду, еще долго швыряли ему в голову камни.

В-в остался жив, но потерял один глаз, а второй преступники очень сильно ему повредили.

Тридцатого апреля уголовный тандем, Смирнов и Овечкин, продолжил свои кровавые развлечения. А потом к ним присоединились Поляков, Буланов, Ямнов, Колошин, Николаев. И пострадало немало невинных людей. К счастью, некоторых спасли врачи.

— Раньше нам никогда не приходилось сталкиваться с подобной серией преступлений, — рассказывал в беседе со мной начальник Серпуховского УВД Владимир Жеглов. — Если за весь 1994 год в районе произошло двадцать четыре убийства, то уже за шесть месяцев следующего было зарегистрировано двадцать одно. За двадцать два года службы в органах внутренних дел я видел всякое, но даже меня потрясла эта череда жестоких преступлений, которые совершили подростки из совхоза «Большевик».

...А посмотришь на них, присмиревших, в следственном изоляторе, и поверить невозможно, что эта безжалостная семерка на протяжении нескольких недель наводила ужас на целый город, устроила разбойничий террор. Двоим из них тогда не исполнилось еще и 13 лет, и только двое перешагнули рубеж 16-летия. Конечно, истоки страшного падения распоясавшихся подростков кроются в их домашнем неблагополучии: лишь у одного мальчишки из этой шайки была относительно хорошая семья, остальные оказались обделены настоящим родительским вниманием. Так что тут есть над чем призадуматься не только правоохранительным органам, но и всему нашему обществу. Увы, ведь сейчас нет никакой гарантии, что завтра не появится вдруг очередная компания ожесточившихся малолетних преступников. Детки — эти «цветы жизни» — требуют всесторонней заботы, иначе из них вырастают вот такие ядовитые «сорняки».

Третьего февраля 1997 года судебной коллегией по уголовным делам Мособлсуда под председательством судьи А. Козлова был оглашен приговор по серпуховской многоэпизодной криминальной драме, рассмотренной в открытом заседании.

Ранее судимый Серпуховским горсудом и получивший тогда условную меру наказания 18-летний совхозный житель Алексей Смирнов, который участвовал в совершении при отягчающих обстоятельствах убийства семи человек, был наказан десятью годами лишения свободы. Такой же срок назначили и его сверстнику — 18-летнему учащемуся 2-го курса СПТУ Владимиру Полякову, признанному виновным в участии при совершении убийства трех человек. Семнадцатилетнего воспитанника оркестра при местном высшем военно-командном училище Алексея Буланова, причастного к умышленному убийству одного человека, Мособлсуд покарал девятью годами нахождения за колючей проволокой. По шесть с половиной лет должны были провести в местах лишения свободы родившийся 26 ноября 1979 года ученик слесаря центральной ремонтной мастерской «Большевика» Сергей Колошин и совхозный слесарь-сантехник Сергей Николаев, появившийся на свет 7 февраля 1977-го. Что касается Евгения Ямнова и Александра Овечкина, то «ввиду недостижения возраста уголовной ответственности» они избежали скамьи подсудимых. Постоянно прогуливавший уроки семиклассник Ямнов был направлен в спецшколу, однако стремления к учебе и там не проявил. Вскоре вместе с группой других подростков попался на воровстве...

Так что «новое поколение» ныне выбирает не только пепси, некоторых неудержимо влечет криминал. Достаточно сказать, что в 2000 году на территории страны несовершеннолетними гражданами было совершено умышленных убийств на 18 процентов больше, чем в предыдущем.

ЦЫГАНСКИЙ ТЕРРОР

Осенью 1996 года из Закарпатской области Украины в Россию перебрался шумный цыганский табор и временно обосновался в Подмосковье. Кочевой люд облюбовал место для стоянки в Ленинском районе столичной области — вблизи Московской кольцевой автомобильной дороги, неподалеку от железнодорожной станции Битца.

И с этого момента в округе началось нечто невообразимое. Если большинство таборников занялись привычным ремеслом — попрошайничеством, то четверо единокровных братьев-цыган Олег, Степан, Золтан и Юрий Албоки ступили на уголовную стезю, занявшись разбоем.

Первая их вылазка состоялась ночью 18 сентября. Двадцатидвухлетний Олег предложил съездить «по железке» подальше от кольцевой автодороги к центру Москвы и кого-нибудь там «раздеть».

На электропоезде трое взрослых парней-цыган и несовершеннолетний Юрка приехали в столицу, вышли на станции Покровская и тут же, неподалеку от нее, напали на незнакомого мужчину. Олег ударил его кулаком в лицо и сбил с ног, а подскочившие к упавшему остальные братья избили. При этом Степан орудовал еще и металлической трубой. Мужчина скончался на месте расправы. Убийцы сняли с трупа кожанку, джемпер, наручные часы, полуботинки, а прежде чем скрыться, забросали убитого травой.

Не прошло и часа после этого преступления, как Албоки обступили другого несчастного — А. Лухина. Схватив его за шею руками, 27-летний Золтан начал душить жертву. Старшего брата поддержал Олег — от его удара в висок мужчина рухнул как подкошенный. Затем, приставив к горлу лежащего металлический штырь, потребовал у пострадавшего деньги. В этот момент Золтан поднял с земли выпавший из кармана жертвы баллончик со слезоточивым газом и пшикнул им в лицо Лухина. Лягнув потерпевшего ногой, Золтан передал баллончик Олегу, который тоже брызнул газом в глаза атакованного.

Воспользовавшись тем, что подвергшийся двум газовым атакам мужчина некоторое время не смог оказывать сопротивления, разбойники стащили с него кожаную куртку, в кармане которой находились 300 тысяч рублей. Но очевидно, еще не зная этого, продолжили требовать деньги и избивать жертву.

Чудом, собрав последние силы, Лухин все же вырвался и убежал.

На следующий день Олег и 17-летний Юрий в компании с какими-то двумя таинственными спутниками на 21-м километре Варшавского шоссе у кемпинга «Солнечный» подстерегли гражданина Д. Макушкина, оказавшегося там в недобрую для себя минуту. Они набросили на шею мужчины ремень и стали его душить. Затем вчетвером осыпали градом ударов.

Макушкин пытался отбиваться, но ему прыснули в лицо из баллончика, украденного накануне, и он потерял сознание. А когда очнулся, братья и их сообщники стали требовать у него деньги.

Вероятно, этого человека спасло лишь то, что он опять потерял сознание. Позже в больницу его доставили с сотрясением мозга и переломами костей носа. Преступники похитили у жертвы кожаную куртку, ботинки, золотое обручальное кольцо, зонт и поясной кошелек, в котором лежали калькулятор, деньги и документы.

Далее Албоки разбойничали одни — без привлечения посторонних подручных. Поздно вечером 22 сентября Олег, Степан, Золтан и Юрий добрались на электричке до железнодорожной станции Силикатная, в городе Подольске. Отойдя от платформы метров на 90, на тропинке догнали женщину.

Напав на нее со спины, сразу же зажали женщине рот рукой, чтобы она не кричала, и брызнули в лицо струю слезоточивого газа, после чего стали душить и избивать. Степан предложил ее изнасиловать и даже успел раздеть. Но, к счастью, на тропинке появились люди, и Албоки мгновенно ретировались, не доведя свой умысел до конца. Дав деру, унесли с собой «добычу» — дешевенькую сумку, в которой было 10 килограммов яблок и совсем немного денег...

Отбежав от стонавшей около колодца избитой женщины, уголовники перешли железнодорожные пути и напали на гражданина Усольцева, спешившего на электричку. Опять же, пустив в ход слезоточивый газ, свалили его на землю. Покуда младшие братья ногами пинали жертву, Степан ударил его в спину ножом.

Раненый умолял бандитов забрать у него все, только не убивать ради малолетних детей. Но озверевшие бандиты не знают жалости — в ответ Степан нанес Усольцеву еще два удара ножом.

Посчитав, что он умер, разбойники двинулись дальше. Совершенно беспомощного Усольцева, находившегося между жизнью и смертью, спасли благодаря своевременно оказанной ему квалифицированной медицинской помощи.

Между тем вошедшие в кровавый раж братья-цыгане добрались на электричке до станции Покровская и тут загородили дорогу гражданину В. Моисееву, возвращавшемуся с работы домой.

Этот человек тоже просил пощады ради двоих детей, но тщетно. Он скончался на месте. С трупа Албоки сняли шарф, синтетические куртку, брюки, байковую рубашку, ботинки и носки. Забрали даже полиэтиленовый пакет, в котором лежали туристический нож и мыльница с мылом. А у следующей своей жертвы — гражданина Насрулина, которого убили в пяти метрах от той же станционной платформы — взяли всего лишь дешевенькие ботинки...

И так цыгане-разбойники бандитствовали еще несколько дней, нападая под покровом темноты на случайных прохожих, припозднившихся пассажиров электричек, убивая людей и калеча.

И, естественно, все это время следственно-оперативная бригада подмосковного Видновского отдела внутренних дел и здешней прокуратуры под руководством заместителя начальника ОВД Леонида Морева активно вела поиск преступников. К расследованию подключились сотрудники уголовного розыска столичной области, муровцы, сыщики подмосковного Регионального управления по борьбе с организованной преступностью. И наконец, уже в самом начале октября они вычислили подозреваемых, взяли под плотное наблюдение обитателей раскинувшегося в Битце цыганского табора.

Первым задержали Юрия, а затем угодили под стражу и остальные братья Албоки. При обысках у них нашли похищенное, более того, бандиты открыто щеголяли в носильных вещах, которые сняли с убитых... Теперь предстояла кропотливая работа — собрать доказательства по каждому разбою.

Двадцатого апреля 1999 года судебная коллегия по уголовным делам Московского областного суда под председательством В. Е. Крылова, рассмотрев в закрытом заседании материалы обвинения цыганской банды, вынесла приговор. Подсудимые Албоки были признаны виновными в совершении шести убийств и в нескольких покушениях на них.

Между прочим, перед передачей уголовного дела в суд обвиняемые начали было настаивать на участии присяжных заседателей в предстоявшем процессе. Но адвокаты Албоков убедили подзащитных, что для них это вряд ли целесообразно, поскольку к пришлым бандитам-убийцам присяжные уж точно не проникнутся жалостью. Поразмыслив над доводом защитников, братья-цыгане отказались от этого требования. Зато накануне закрытого заседания выдвинули другое — цыгане пожелали, чтобы им предоставили переводчика на венгерский язык. Это затруднительное условие Албоков было выполнено. И переводчик без всякой надобности повторял для них по-венгерски каждое слово, произнесенное в суде. Когда же дело дошло до последнего слова самих подсудимых, они выступали на чистом русском языке. Иным, видимо, и не владели...

Если вспомнить не столь отдаленные времена до перестройки и моратория, введенного на смертную казнь, то наказание для этих убийц может, конечно же, покажется не слишком суровым. Олега и Степана Албоки приговорили к 15 годам лишения свободы, причем первый должен отбыть в тюрьме 14 лет, а второй — 12. Золтана изолировали от общества на 12 лет. Младшего из подсудимых, Юрия Албока, учитывая, что в ту «бандитскую осень» он был еще несовершеннолетним, отправили на 10 лет в исправительную колонию общего режима.

Как и следовало ожидать, осужденные пытались обжаловать приговор, ссылаясь на чрезмерную суровость наказания. Однако определением судебной коллегии по уголовным делам Верховного суда Российской Федерации в составе председательствующего В. В. Кочина и судей В. П. Степалина и В. В. Микрюкова оставили их без удовлетворения. В приговоре, вступившем в законную силу, говорилось: «Что касается меры наказания, назначенной виновным, то следует признать, что она является справедливой, соразмерной содеянному, характеризующим их данным... Возраст Албока Юрия учтен судом при избрании наказания в достаточной степени».

А вот с конфискацией имущества осужденных вышла, так сказать, закавыка, поскольку это наказание пришлось отменить «в связи с невозможностью его осуществления».

Услышав приговор, 20-летний Юрий Албок расплакался, как незаслуженно обиженный ребенок. Провести лучшие десять лет жизни за колючей проволокой ему показалось слишком жестокой карой, хотя ни он, ни его старшие неграмотные братья даже и не подумали раскаяться за устроенный на протяжении недели с лишним самый настоящий разбойничий террор.

Попрощавшись с осужденными соплеменниками, табор отправился куда-то дальше.

Ключ к разгадке этой по-своему беспрецедентной зловещей истории подобрали милицейские сыщики из подмосковного города Домодедово. Занимаясь поиском двух одновременно пропавших без вести родственников-автовладельцев, они обратили внимание на, казалось бы, незначительную деталь. На телефоне-определителе одного из них высветилась семизначная комбинация цифр, совершенно незнакомая родственнице пропавшего.

Оперативники разведали, что 16 апреля 1998 года житель города Домодедово С. Зимин собрался продать кому-то свои «Жигули» — срочно понадобилась деньги на ремонт квартиры. И в связи с этим куда-то уехал в сопровождении мужа своей сестры В. Якушина, который тоже был за рулем своей машины марки «Мерседес».

Розыскники воспользовались подсказкой автоответчика и немедленно нагрянули туда, где был установлен незнакомый номер телефона. Оказалось, он принадлежит находящемуся в Проектируемом проезде, на территории войсковой части, акционерному обществу закрытого типа «Автолюкс». Отсюда кто-то и разговаривал с Зиминым.

Задержали двоих — директора АОЗТ Евгения Нагорного и автослесаря — молдаванина Виктора И., хотя поначалу члены опергруппы, откровенно говоря, основывались лишь на одной сыскной интуиции, что они напали на верный след, ибо ничего разоблачающего этих людей не обнаружили.

Но своими подозрениями сотрудники отдела уголовного розыска Домодедовского УВД поделились со столичными коллегами и попросили сообщить, нет ли в их текущей оперативной работе чего-нибудь схожего с расследуемым делом по пропаже автовладельцев. Муровцы подняли свое досье, и действительно в нем оказались одинаковые по криминальному «почерку» нераскрытые преступления.

Изучение имевшихся в Управлении уголовного розыска ГУВД Москвы материалов позволило связать воедино с домодедовским эпизодом еще несколько однотипных фактов, зарегистрированных раньше. Так, 9 февраля 1998-го пропала семейная пара, пожелавшая расстаться с пользующейся повышенным покупательским спросом иномаркой — джипом «Гранд-Чероки». Супруги поместили объявление о продаже внедорожника в газете «Из рук в руки» и очень быстро нашли заинтересованного покупателя. Договорились с ним о встрече около станции метро «Молодежная», куда приехал и отец одного из супругов-продавцов. Невзрачный молодой покупатель бегло оглядел джип и согласился его приобрести, но высказал пожелание предварительно осмотреть машину в стационарных условиях, на специальном подъемнике. Просьба незнакомца звучала вполне убедительно. Молодые супруги тут же отправились вместе с ним куда-то в район Таганки и с того зимнего дня канули в безвестность. Опечаленный отец, припомнив внешность парня-покупателя, помог составить его словесный портрет, отметив, что облик его был весьма далек от респектабельного.

Также через газету «Из рук в руки» известил широкую читательскую аудиторию о продаже своей автомашины «Мерседес-280» Алексей Степанов, который тоже не заждался звонка от покупателя. При встрече со Степановым он согласился взять роскошную заграничную «тачку» за 28 тысяч долларов, но перед выплатой столь крупной суммы попросил подогнать «Мерседес» для проверки на подъемнике. Вернувшись домой, Алексей признался жене, что не решил еще окончательно, стоит ли ему отправляться на повторную встречу, уж больно затрапезно выглядел парень, располагающий такими деньгами. И все же убедил себя, что первое впечатление бывает обманчиво. Супруга осознала небеспочвенность опасений мужа, когда 16 марта, отправившись в район Таганки, он исчез.

Прибегнул к посредничеству газеты «Из рук в руки» и пропавший без вести обладатель «Ауди» Валерий Сбандут. Сторож автостоянки видел, как к нему в машину подсел мужчина, и они куда-то уехали.

8 апреля 1998 года пропали два приятеля — Виталий Лапин и Игорь Кутепов. Виталий, доверившись рекламным возможностям газеты «Из рук в руки», поместил в ней объявление о продаже джипа — «Гранд-Чероки», и с ним быстро созвонился вежливый ценитель мощного внедорожника. Не видя причины ответить отказом, Лапин встретился с ним в Солнцеве. Тут в присутствии Кутепова и еще одного своего знакомого Виталий продемонстрировал покупателю джип, который тому явно понравился. Дав понять, что затребованная сумма ему вполне по карману, будущий владелец иномарки захотел осмотреть ее на автосервисном подъемнике. Лапин и Кутепов направились туда и... как в воду канули. Позже сыщики выяснили, что для звонка В. Лапи-

ну использовался телефон-мобильник пропавшего ранее Валерия Сбандута. Это послужило еще одним веским доказательством того, что неказистый молодой покупатель заманивал автовладельцев иномарок куда-то в район Таганки. И по всему выходило, что домодедовские розыскники разузнали точный адрес, куда именно.

В «Автолюкс», разместившийся в железном ангаре на территории войсковой части, нанесли визит руководимые Андреем Храповым профессионалы по раскрытию убийств из специализированного отделения МУРа. Там они обнаружили магазин от пистолета «ТТ», кобуру и... следы крови. Сыщики еще больше укрепились в обоснованности своих подозрений и продолжили поиск улик. Откатив из гаражного угла ремонтируемую иномарку, они сгребли в сторонку песок, под которым оказался свежезабетонированный участок пола. Разбив его, стали копать в этом месте землю и через несколько часов работы добрались до... порожней бетонной камеры.

Однако никаких дополнительных вещественных доказательств при этих раскопках найти не удалось, и тогда оперативники прибегли к испытанному приему: оставили в «Автолюксе» засаду. Ночью 27 апреля в сыскной капкан угодили двое: проживавший в этом же микрорайоне Сергей Ставицкий и его приятель Алексей, прикатившие на Проектируемый проезд на легковой автомашине марки «Москвич».

В изоляторе временного содержания Алексей вел себя так, будто не чувствовал за собой никакой вины. А вот Ставицкий вдруг решил повеситься, затянув на шее брючный ремень. Однако свести счеты с жизнью ему не дали, и на допросе несостоявшийся самоубийца сообщил заместителю начальника Московского уголовного розыска Владимиру Будкину, что при раскопках его подчиненные были весьма близки к разгадке неафишируемой стороны деятельности АОЗТ. Стоило только прорыть траншейку сбоку от бетонной камеры.

Впрочем, его признание уже мало что стоило. К тому времени мало-помалу заговорили и директор АОЗТ Нагорный, да и автослесарь Виктор. Молдаванин рассказал, что по поручению директора копал в гараже яму будто бы для автоподъемника. Когда же Нагорный попросил ее для чего-то углубить, он отказался, и яму докопали уже без него. Оперативники поняли, что с этой ямой не все чисто, в чем разубеждать их Нагорному уже не имело смысла.

Новые раскопки позволили убедиться, что в «Автолюксе» действовал «смертельный конвейер». У подземной камеры было обнаружено тайное захоронение пяти мужских трупов — без одежды, с полиэтиленовыми пакетами на головах. Вторая страшная находка ждала сыщиков, когда они вскрыли на территории «автолюксовского» предприятия залитый бетоном канализационный колодец. Откуда извлекли останки еще пяти человек, в том числе и одной женщины.

Откопали и мешки, заполненные носильными вещами жертв, нашли чужие сотовые телефоны, обгорелые документы, части государственных номерных знаков автомашин.

Среди удостоверений личности оказались документы на имя Валерия Козодуева, еще одного погребенного в «Автолюксе».

Как и другие неискушенные автовладельцы, Валерий объявил через газету «Из рук в руки», что продает джип. Этим предложением заинтересовался молодой прибалтийский мошенник, ловко обманувший московского менеджера. Оставшись без машины и денег, Козодуев обратился в милицию. Благодаря расторопности заявителя, блюстители порядка схватили 28-летнего рижанина. Мастерски взяв его в сыскной оборот, «раскрутили» приезжего из Латвии, подумать только, на серию мошенничеств. Обаятельный пройдоха, для которого газетные объявления служили банальной наводкой, присвоил автотранспортные средства, принадлежавшие восьми владельцам! Козодуеву вернули его джип, но автолюбителя, на его беду, не насторожило случившееся. Спустя считанные дни он повторил попытку продать джип, которая стала для него роковой.

По изъятому на месте раскопок полусгоревшему техпаспорту на автомашину «Нива» специалистам удалось установить то, что он не принадлежал никому из эксгумированных в «Автолюксе». Сделав запрос в столичную регистрационную систему Государственной инспекции безопасности дорожного движения, оперативники узнали имя еще одного потерпевшего — К. Арутюнова, чей труп был найден в одном из муниципальных районов Южного административного округа столицы еще в самом начале января 1998 года. Мотив этого тяжкого преступления, что называется, лежал на поверхности: автовладельца убили, чтобы завладеть его легковой машиной. Но вот зацепки для раскрытия умышленного убийства тогда не смогли нащупать. Но теперь стало ясно, кто к нему причастен.

Судебно-медицинской экспертизой было определено, что почти все печатниковские жертвы скончались от смертельных огнестрельных ранений. Лишь двоих преступники удушили. Но вот найти пистолет «ТТ» — важнейшую улику — долго не удавалось. Наконец устранили и эту загвоздку. Спустя две недели после вскрытия погребений милицейские работники приступили к очередному тщательнейшему обследованию ангара, в котором уголовники разбирали на запчасти некоторые из похищенных легковых автомашин. Разгребая груды различных металлических изделий, несколько десятков человек упорно искали «ствол», из которого расстреливались жертвы автосервиса. Один из сотрудников, осматривавший стоявший напротив все еще не засыпанной подземной камеры стеллаж, начал выкладывать из вместительного ящика гаечные ключи. И вот оно, долгожданное мгновение: припрятанные «ТТ» и еще газовый пистолет отыскались на дне объемного короба для инструментов.

Располагая полной обоймой вещественных доказательств, предварительное следствие набрало обороты. Кроме признательных показаний обвиняемого Ставицкого были запротоколированы и правдивые откровения второго основного подследственного — директора АОЗТ.

Евгений Нагорный имел репутацию отменного специалиста, безупречно справлявшегося с жестяными работами. Когда же было закрыто небольшое автосервисное предприятие, на котором трудился молодой мастер, то он решил открыть собственный автосервис и с помощью знакомого арендовал у войсковой части помещение для техобслуживания отечественных и зарубежных машин. Но собственное дело не заладилось. Мало того, что не хватало клиентуры, так еще дотла сгорела ремонтируемая чужая машина. Директору «Автолюкса» пришлось возместить «погорельцу» ее стоимость.

Разуверившись, что «хорошие деньги» можно заработать честным трудом, Нагорный переключился на разбой. Из уголовного дела видно: сама идея присваивать чужие транспортные средства, убивая их владельцев, ему пришла в голову давно и к ее претворению в жизнь он методически готовился. Например, непросто было отыскать помощника, но, в конце концов, и такой нашелся — Сергей Ставицкий, которому директор «Автолюкса» весьма качественно отремонтировал личную машину...

Где и кем только не говорилось, что реклама не только «двигатель торговли», но порой и опасная информация для злоумышленников. Но простодушные граждане продолжают самостоятельно, не прибегая к услугам надежных посреднических фирм, продавать квартиры, дачи, дорогие автомашины, рассчитывая, видимо, что они-то не опростоволосятся, их-то никто не проведет.

Листая газету «Из рук в руки», Евгений остановился на объявлении о продаже «Нивы». Созвонившись с ее хозяином, преступники предприняли попытку зазвать Арутюнова в «автолюксовский» ангар на подъемник, но продавец «Нивы» отказался гнать ее в Печатники. Тогда сообщники договорились с автовладельцем встретиться с ним в его гараже. Арутюнов был их первой жертвой. Сначала они выстрелили в него из газового пистолета, потом ударили по голове молотком...

Да вот только сбыть «Ниву» не сумели. И с этого момента решили охотиться исключительно за «навороченными» иномарками. Спрос на заграничные «крутые» легковушки в Москве есть всегда, а значит, будет у них и доход.

Преступники приобрели пистолет и запустили свой смертельный конвейер. Когда заполнили трупами канализационный колодец, забетонировали вторую братскую могилу...

За относительно короткое время бандиты убили 11 человек, завладев целым автопарком: три джипа «Гранд-Чероки», «Ауди», «Мицубиси паджеро», несколько «Мерседесов» разных моделей... Некоторые из них продали, остальные, на которые не нашли покупателей, разобрали на запчасти.

В причастности к этому чудовищному преступлению первоначально подозревали пятерых. Наряду с Нагорным и Ставицким по делу проходили автослесарь-молдаванин, учредитель АОЗТ и его приятель, но в обвинительном заключении, составленном по итогам предварительного следствия, фигурировали только двое — Нагорный и его бывший клиент Ставицкий, который наравне с Евгением хорошо освоил это страшное ремесло. Это они встречались с продавцами иномарок и затем их убивали. В отношении же остальных трех подозреваемых обвинения были сняты, так как следствие не отыскало безусловных доказательств их непосредственного участия в разбоях.

Евгения Нагорного суд признал виновным в создании банды, совершении восьми разбойных нападений, приведших к гибели 11 человек, а также в уничтожении и подделке идентификационных номеров транспортных средств. За этот «букет преступлений» его приговорили к пожизненному заключению. А вот его подельник С. Ставицкий впал в так называемое реактивное состояние и, по судебному определению, был направлен на принудительное лечение. Но суд еще вернется к рассмотрению его соучастия в разбойных нападениях, когда Ставицкий поправится.

Особо отличившиеся участники расследования «автолюксовского дела» удостоились государственных наград. В частности, начальник криминальной милиции Домодедовского УВД Александр Николаев получил орден «За заслуги перед Отечеством» II степени, а оперуполномоченный уголовного розыска из этого же управления Дмитрий Погорелов — медаль «За отличную службу по охране общественного порядка».

Об «автолюксовском деле» много писали и говорили. Не обошло его вниманием и Центральное телевидение, посвятив ему одну из передач программы «Независимое расследование». И вот прямо в студии во время ее записи ведущий Николай Николаев провел такой эксперимент. Он выбрал несколько газетных объявлений и позвонил желающим продать свои машины. И все продавцы, с кем он побеседовал, тут же безоговорочно согласились пригнать своих железных коней для осмотра их на подъемнике... в сервисе «Автолюкс». Ну что тут скажешь? Похоже, это только кажется, что все читают газеты, слушают радио и смотрят телевидение. И совершенно ясно, что многие люди не думают о своей личной безопасности.

ЗЛОДЕИ НАГРЯНУЛИ
В ПРОТОИЕРЕЙСКИЙ ДОМ

«Ваше Высокопреосвященство, безмерную скорбь и печаль вызвало в православном народе известие об убиении протоиерея Бориса Пономарева, настоятеля храма во имя Пророка Божия Илии в Можайске. Рассматривая совершившееся злодеяние как тягчайшее преступление против законов Божеских и человеческих, мы вместе с тем выражаем серьезную обеспокоенность использованием методов террора против нашей Церкви и ее служителей для дестабилизации общества, провоцирования в нем розни и разделений, нагнетания атмосферы неуверенности и страха. Разделяя с Вашим Высокопреосвященством, со всей полнотой церковной и со всеми благонамеренными людьми горечь настоящей утраты, уповаем вместе с Вами на грядущее торжество справедливости и правды Божией, взыскивающей со святотатцев и с проливающих кровь невинную, ибо никакой человекоубийца не имеет жизни вечной, в нем пребывающей (1 Ин. 3, 15)».

Эту телеграмму с соболезнованиями Святейший Патриарх Московский и всея Руси Алексий II направил митрополиту Коломенскому и Крутицкому Ювеналию после горестного события, случившегося в городе Можайске. Там летом 1999 года трагически оборвалась жизнь протоиерея Бориса Пономарева — одного из старейших клириков Московской епархии.

Шестнадцатого июля из Можайска в дежурную часть ГУВД Московской области сообщили о криминальном ЧП: в Ильинской Слободе города убит 84-летний священнослужитель Борис Дмитриевич

Пономарев. О тяжком преступлении известил дежурного сотрудника Можайского отдела внутренних дел гражданин В. Петунин. А о том, что протоиерей погиб в своем доме № 51, заявителю стало известно от племянника жертвы В. Смирнова, приехавшего утром этого дня из столицы в гости к дяде.

Приехавший постучал в дверь, но никто ему не открыл. Тогда племянник направился на церковное кладбище, но и там не нашел настоятеля. Смирнов вернулся к дому, и на сей раз от его толчка дверь прицерковной обители протоиерея приоткрылась. И Владимир Владимирович с ужасом увидел своего дядю неподвижно лежащим на полу в прихожей.

Судя по первичной информации, которой располагала милиция, в деревню Ильинская Слобода нагрянули несколько разбойников. Для розыска и задержания их был введен так называемый сигнал «Сирена», который ориентировал все УВД ОВД Подмосковья на поиски преступников. Но, увы, по горячим следам поймать их не удалось.

Следствие по этому громкому преступлению, вызвавшему большой общественный резонанс, взял под личный контроль министр внутренних дел Российской Федерации генерал-полковник Владимир Рушайло. В тот июльский день на место трагедии выехали руководящие работники Главного управления уголовного розыска МВД России, ГУВД столичной области, подмосковного УУР. К раскрытию преступления подключились местные прокурорские работники, а также и сотрудники Можайского отдела внутренних дел во главе с полковником милиции Николаем Николаевым — начальником ОВД.

Как выяснили члены следственно-оперативной группы, в доме при церкви Ильи Пророка разбойники побывали приблизительно в 8 часов утра. Помимо протоиерея, в нем находились его престарелая больная жена Софья Федоровна и ее старшая сестра Мария Федоровна Божанова.

Незваные гости вели себя жестоко. Старый священник был зверски избит и мучительно скончался «от травматического шока вследствие... повреждения органов шеи, переломов ребер с повреждением легкого...»

Пока один разбойник бил смертным боем батюшку, другой, пригрозив расправой Божановой и сорвав с нее золотую цепочку с крестиком, связал ей руки. А чтобы она не кричала, плотно стянул повязкой из платка рот. Порыскав по комнате, охотники за чужим добром вскоре ушли.

Все указывало на то, что преступление совершено ради ограбления. Так, убийцы сложили в пакет четыре иконы и несколько бутылок спиртных напитков, но почему-то не унесли.

Осматривая место происшествия, участники следствия нашли две пары строительных рукавиц. Это подтверждало, что злоумышленники старались не оставить своих следов. А ведь одно это о многом говорит: преступники шли на дело осознанно, и они не лишены кое-каких криминальных знаний, а возможно, и опыта.

— К раскрытию тяжкого преступления были привлечены сотрудники 3-го и 10-го отделов областного Управления уголовного розыска, ОПУ (Оперативно-поискового управления), УБНОН (Управления по борьбе с незаконным оборотом наркотиков)

На этом снимке Ряховский сфотографирован до совершения им убийств

Столь необычным, будто хищническим, стал взгляд у Ряховского после того, как он превратился в маньяка-«серийника»

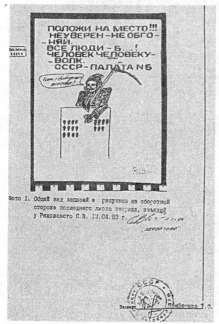

Эту фоторепродукцию страницы изодневника Ряховского писатель Николай Модестов поместил в свою публицистическую книгу «Маньяки... Слепая смерть»

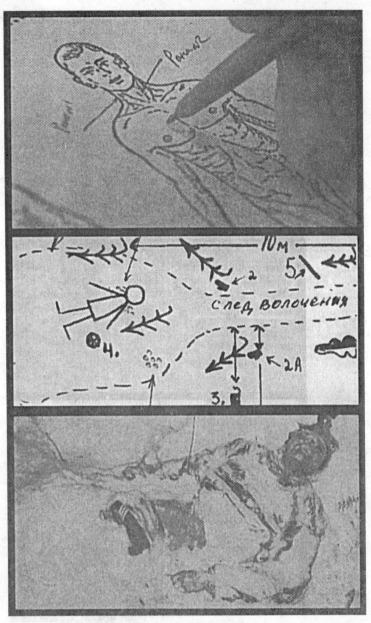

Приобщенные следствием к уголовному делу Ряховского документы об убийстве мальчика-лыжника.

Для этих несчастных встреча с балашихинским «шатуном» тоже оказалась фатальной

Хозяйственный сарай, в котором маньяк Ряховский собирался устроить свою очередную душегубскую засаду

Арестант Ряховский на «выводке»: показания подследственного проверяются на месте одного из совершенных им, фантастом-любителем, кровавых злодеяний

Следователь Московской областной прокуратуры Михаил Белотуров фиксирует пояснения обвиняемого Сергея Ряховского во время выхода на другое место преступления убийцы-«серийника»

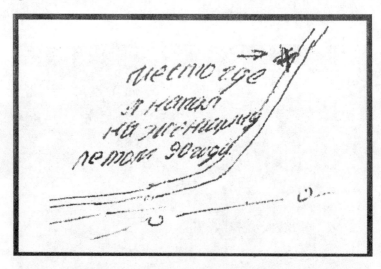

Оставленная подследственным Ряховским надпись на одном из процессуальных документов

В фоторазделе книги Марины Бернацкой «Маньяк, потрошитель из Балашихи» эти два снимка иллюстрируют закономерный финал уголовного дела «шатуна»: находясь в клетке, подсудимый-убийца Ряховский выслушивает зачитываемый судьей приговор

Полученный в январе 1998 года автором книги официальный ответ Главного управления исполнения наказаний на запрос об осужденных Головкине и Ряховском

Уважаемый Александр Дмитриевич!

Ваша просьба о предоставлении сведений на осуждённых к смертной казни Головкина С.А. и Ряховского С.В. ГУИН МВД России рассмотрена.

Приговор в отношении Головкина Сергея Александровича, 1959 года рождения, осуждённого 19.10.94г. Московским областным судом по ст.15, 102 п. "г", 102 п. "г", "з", "и", 121, 120, 144 ч.2, 210, 218 ч.2 УК РСФСР к смертной казни, приведён в исполнение в 1996 году.

Ряховский Сергей Васильевич, 1962 года рождения осуждён 11.07.95г. Московским областным судом по ст.102 п. "б", "г", "и", "е", 15, 102 п "б", "и", 206 ч.2, 206 ч 1, 144 ч.2, 121 УК РФ к смертной казни. Материалы по его делу в настоящее время находятся в Управлении по вопросам помилования Администрации Президента Российской Федерации.

Заместитель начальника ГУИН МВД России
генерал- майор внутренней службы   В.А.Воротников

Оперуполномоченный подмосковного угрозыска Владимир Сушков, получивший в январе 1994 года смертельное ножевое ранение при пресечении группового разбойного нападения на столичной Малой Черкизовской улице

У этой березы истекавший кровью оперативник дождался приезда наряда московской милиции и сообщил стражам правопорядка приметы преступников и номер легковой автомашины, на которой они скрылись с места вооруженного разбоя

Старший оперуполномоченный по особо важным делам УУР ГУВД Московской области Раиса Борисовна Сушкова у могилы самоотверженного сына-лейтенанта Володи

Под руководством полковника Алексея Ксынкина, возглавлявшего службу криминальной милиции Ногинского управления внутренних дел, и заместителя начальника отдела угрозыска УВД Петра Дробота их подопечные-сыщики раскрыли происшедшие в районе убийства пяти граждан Вьетнама

Мостик через реку Лавровку, на котором преступники пытались сжечь тела двух убитых вьетнамок

Второе место происшествия находилось в районе 7-го километра Ямкинского шоссе: тут в лесном массиве, из этого захоронения, были выкопаны трупы еще трех потерпевших-иностранцев

Начальник Серпуховского УВД Владимир Жеглов рассказывает, какие милицейские меры были предприняты для поимки шайки юных убийц из совхоза «Большевик» — на сей раз подмосковного, современного

Здесь недоросли-убийцы расправились со стариком, а другую жертву забили насмерть в соседнем сквере

В этом нежилом строении по улице 1-й Московской несовершеннолетние преступники облили бензином и подожгли мужчину, подвергшегося перед заключительной — огненной — экзекуцией зверскому избиению

На таких служебных автомашинах колесили по городу оперативно-поисковые группы, в одну из которых входил начальник РОВД Серпуховского управления внутренних дел Валерий Анисимов

У этой водозаборной колонки задержали пятерых юнцов, буквально отмывавшихся от крови после совершения очередного злодеяния

Содержали совхозных пацанов-подследственных в Серпуховском СИЗО

На этом снимке Натальи Медведевой, проиллюстрировавшем в газете «Коммерсантъ-daily» в номере за 5 мая 1999 года публикацию о нейтрализованной шайке единокровных сообщников-разбойников, запечатлены сидящие на скамье подсудимых безжалостные братья-цыгане Албоки

Убийца-«автолюксовец» Евгений Нагорный на судебном заседании

В расследовании многих убийств участвовали заместители начальника 3-го отдела Управления уголовного розыска ГУВД Московской области Александр Ухлинов (слева) и Игорь Коротков

Протоиерей Борис Пономарев, принявший мученическую смерть в июне 1999 года

В раскрытие тяжкого преступления, приведшего к трагической гибели отца Бориса — настоятеля церкви Ильи Пророка в деревне Ильинская Слобода, внесли личный вклад руководитель опергруппы Алексей Квасов из областного угрозыска и возглавлявший в то время службу криминальной милиции подмосковного Можайского ОВД Николай Косоруков

Заместитель главы администрации Красногорского района столичной области Вера Новикова — жертва наемных убийц

Группа преступников в 2000 году отняла жизнь у полковника юстиции Олега Солодовникова — федерального судьи Московского окружного военного суда

Генеральный директор государственного унитарного предприятия «Мосзеленхоз» Владимир Коротанов был зарублен с женой и сыном на даче

Несовершеннолетняя Е. Минченко, которую 10 мая 2001 года убил в городе Долгопрудном преступник, имевший уже несколько судимостей

Начальник подмосковного УУР генерал-майор милиции Юрий Торопин взял на себя организацию оперативно-розыскных мероприятий по раскрытию убийства долгопрудненской школьницы

И в знаменитой «Бутырке», то есть московском СИЗО № 2, и в стенах изолятора временного содержания Орехово-Зуевского управления внутренних дел, и в других подобных им учреждениях пенитенциарной системы Минюста Российской Федерации готовы принять новых «постояльцев» — обезвреженных убийц и 15-го межрайонного отдела подмосковного РУБОП, а еще, разумеется, и местные сыщики, — рассказывал позже начальник отдела УУР ГУВД Московской области полковник милиции Алексей Квасов. — В отработке версий активно участвовали, в частности, начальник криминальной милиции Можайского ОВД Николай Валентинович Косоруков, руководитель отделения угрозыска района Сергей Евгеньевич Кузнецов, его заместитель Александр Владимирович Казаков и их подчиненные-оперативники. Началась кропотливая розыскная работа, детально анализировалась вся поступающая информация. По характеру исполнения преступление выглядело стереотипным, но раскрыть его оказалось непросто.

Прежде всего установили всех тех людей, которые постоянно приходили к протоиерею. Их оказалось около 120 человек. Буквально каждого проверяли на возможную причастность к кровавому разбою. Кроме этого, сотрудники милиции искали тех, кто в момент преступления находился поблизости. Например, нашли всех, кто в раннее утро побывал на кладбище при храме, разыскали и все транспортные средства, включая автобусы, проезжавшие в то время по Ильинской Слободе и рядом с ней. Сыщики беседовали и с их водителями, и с пассажирами. В Ильинской Слободе и близлежащих населенных пунктах опросили 564 человека, чтобы выудить хоть что-то, относящееся к расследуемому уголовному делу. Но как нетрудно догадаться, первостепенное внимание было, конечно же, уделено ранее судимым лицам. Это направление розыска оправдалось.

В поле зрения сыщиков попали двое подозреваемых: деревенский житель Можайского района Николай Иванов и проживающий в Можайске Валерий Андронов. Первый из них был неоднократно судим за вымогательство и воровство, а второй пока лишь однажды выслушал обвинительный приговор суда. Начальник 15-го МРО Регионального управления по борьбе с организованной преступностью МВД РФ по Московской области Валерий Чухров и его подопечные задержали подозреваемых, хотя поначалу они напрочь открещивались от разбойного нападения на отца Бориса. Но мало-помалу картина случившегося в протоиерейском жилище прояснялась.

Ночь накануне преступления эти двое вместе с приятелем, жителем города Можайска Павлом П., пропьянствовали и прорыбачили на Можайском водохранилище, а рано утром, около 7 часов, укатили оттуда на легковой автомашине Андронова. Думая, что они отправятся подработать на строительстве дачи, Павел заскочил домой переодеться, но, вернувшись к машине, узнал, что планы его друзей изменились. Они сообщили, что стройка на сегодня отменяется. Сейчас поедут в Ильинскую Слободу к батюшке, чтобы занять у него денег, а потом вновь махнут рыбачить на водохранилище. Остановив «Волгу» у храма, Иванов и Андронов вылезли из салона и зашагали к дому священника. А Павел П., непротрезвевший еще после рыбацкой попойки, прилег на заднем сиденье легковушки и задремал. Очнулся он от сонного забытья, когда вновь открылась дверца машины и Андронов сел за руль. В ту же минуту подошел и Иванов.

Втроем дружки прикатили на то же место, где накануне рыбачили и ночевали. На допросе Павел П. поведал, что собутыльники ничего ему не рассказывали, как они «сходили за деньгами». Вечером того же дня Павел П. заглянул к Андронову, у которого гостил Иванов, поинтересоваться насчет строительной работы. Андронов почему-то пребывал в мрачном настроении, заявил, что работа ему надоела и надо бы поехать к жене в город Орел. А Иванов сообщил, что в деревне Ильинская Слобода убили батюшку.

При этом Андронов, бросив исподлобья тяжелый взгляд на Павла, нехотя его попросил:

— Никому не говори, что утром мы были возле церкви. А на вопросы отвечай, что с водохранилища мы никуда не уезжали, потому что из-за убийства батюшки сейчас всех начнут трясти...

Несмотря на попытку преступников отвести от себя подозрение, оперативники вычислили их уже на следующий день. Правда, новость о раскрытии преступления обнародовали значительно позже.

Между тем «Народная газета» — старейшее периодическое издание Московской области — опубликовала статью, посвященную памяти протоиерея Бориса Пономарева. Автор публикации, игумен Борис (Петрухин), рассказал читателям, каким человеком и какой незаурядной личностью был можайский служитель церкви, убитый священник.

«...За свою долгую жизнь протоиерей Борис перенес немало невзгод, можно сказать, что его жизнь была как бы отражением трудностей, которые переживала вся страна.

Родился он 27 декабря 1915 года в городе Кукарки Вятской губернии. В 1920 году от тифа умер его отец, и воспитывался мальчик у бабушки, которая и привила ему любовь к Церкви Христовой: он часто вместе с ней бывал на богослужениях в храме, любил читать Священное Писание.

Заложенные с раннего детства основы веры помогли будущему служителю Церкви выстоять в самые страшные годы. Во время Великой Отечественной войны он находился в действующей армии, воевал на Ленинградском фронте, был ранен. За ратные подвиги награжден орденом Отечественной войны I степени, семью медалями.

Особенно запомнилось Борису Пономареву страшное время Ленинградской блокады, когда в храмах осажденного города ежедневно совершались богослужения, что было большим утешением для верующих. Однажды ему представилась возможность побывать в Никольском соборе. Там он случайно услышал, что в алтаре находится митрополит Алексий (впоследствии — Патриарх Москвы и всея Руси), и испросил позволения войти в алтарь, чтобы получить святительское благословение. Владыка милостиво встретил его и спросил, прислуживал ли он в храме. Услышав в ответ, что прислуживал до войны в храме Всех Святых в Москве, владыка благословил приходить в Никольский собор, когда будет в увольнении, и читать часы, а впоследствии не оставлять храма и послужить алтарю Господню.

Позднее сам отец Борис говорил, что именно по благословению и молитве Святейшего Патриарха он остался жив в той страшной войне, ибо должен был еще послужить Церкви Божией.

Двадцать восьмого мая 1952 года он был рукоположен во диакона, а на следующий день — во пресвитеры архиепископом Можайским Макарием. Тринадцатого июня этого же года был назначен настоятелем Покровской церкви села Малое Карасево Коломенского района, а 16 июня 1953 года — настоятелем Покровской церкви села Хомутово Щелковского района.

Назначение в Ильинский храм иерей Борис Пономарев получил 22 февраля 1955 года. Храм в годы войны сильно пострадал от осколков вражеских снарядов. Святейший Патриарх не забыл о своем благословении и оказал помощь храму — на престол было изготовлено вызолоченное металлическое облачение.

Скромность и трудолюбие отца Бориса снискали к нему всеобщее уважение; многое в храме, вплоть до шитья облачений, делал он своими руками. Изделия эти получали из его рук нередко в дар нуждающиеся священники. Батюшка оказывал помощь восстанавливающимся храмам Можайского и Рузского районов, помогал сестрам Спасо-Бородинского монастыря.

С 13 декабря 1994 года он по совместительству исполнял обязанности настоятеля Михаило-Архангельской церкви села Архангельское Рузского района и одновременно руководил восстановительными работами.

За долгие годы настоятельства отца Бориса в Ильинском храме совершали богослужения многие архиереи: епископ Можайский Макарий (Даев), архиепископ Можайский Стефан (Никитин), митрополит Крутицкий и Коломенский Пимен (впоследствии — Святейший Патриарх)...

Ревностное служение отца Бориса не оставалось без внимания священноначалия: он был награжден всеми наградами священника, включая митру, которую по благословению Святейшего Патриарха Пимена возложил на него митрополит Крутицкий и Коломенский Ювеналий за Божественной литургией, совершаемой в Лазареву субботу, 6 апреля 1985 года.

В 1980 году протоиерей был награжден Патриаршей грамотой, а в 1995-м удостоен ордена Святого равноапостольного князя Владимира II степени. В 1995 году он был удостоен и права служения Божественной литургии с отверстыми Царскими вратами до «Отче наш».

Шестнадцатого июля 1999 года гроб с телом убиенного пастыря был поставлен для прощания в храме, где почивший прослужил 45 лет. Следует отметить, что пастырь подготовил все необходимое для своего погребения заранее: своими руками он сшил облачение и даже изготовил гроб...

Над телом покойного до самого его погребения неусыпно читалось Святое Евангелие духовенством Можайского благочиния.

Божественную литургию в день погребения совершил в сослужении духовенства Можайского округа протоиерей Александр Ганаба — секретарь Московского епархиального управления, настоятель Троицкого собора города Подольска.

Чин погребения по благословению митрополита Крутицкого и Коломенского Ювеналия совершил викарий Московской епархии архиепископ Можайский Григорий.

Вместе с архипастырем молились об упокоении души убиенного протоиерея Бориса многие и многие его духовные чада. Дань уважения покойному пришли отдать представители районной администрации, руководители предприятий и организаций Можайска, а также ветераны Великой Отечественной войны, в Совет которых неизменно входил и отец Борис.

Много добрых слов было сказано на поминальной трапезе о добром пастыре.

Вечная ему память!»

Для уличения обвиняемых, содержавшихся под стражей в СИЗО Можайска, следствие использовало все возможности: запротоколировало некоторые откровения допрошенных, собрало свидетельства очевидцев, а также нашло и изъяло вещественные доказательства, подтверждавшие правильность установления виновных. В частности, была проведена одорологическая экспертиза, которая выявила на рукавицах, оставленных в протоиерейском доме, следы запаха Андронова и Иванова.

Пока шло предварительное следствие, срок содержания арестованных под стражей пришлось дважды продлевать, затем долго подследственные, как того требует статья 201-я Уголовно-процессуального кодекса РФ, изучали материалы дела. Поэтому только в феврале 2000 года младший советник юстиции А. В. Оштук, следователь по особо важным делам Можайской городской прокуратуры, составил обвинительное заключение. Оно было утверждено старшим советником юстиции С. В. Котенко — можайским горпрокурором. Иначе говоря, были подведены итоги предварительного следствия по уголовному делу № 114018, возбужденному 16 июля 1999 года «по факту убийства Пономарева Б. Д. по ст. 105 ч. 2 п. «з» УК РФ (убийство, совершенное «из корыстных побуждений или по найму, а равно сопряженное с разбоем, вымогательством или бандитизмом»).

Но впоследствии это обвинение с Иванова и Андронова было снято и переквалифицировано на другую статью: 111-ю. Вместо убийства подследственным инкриминировали, что они «по предварительному сговору» совершили умышленное причинение тяжкого вреда здоровью жертвы, «повлекшее по неосторожности смерть потерпевшего».

Из обвинительного заключения:

«...Допрошенный в качестве обвиняемого Иванов Н. И. вину в совершенных преступлениях признал частично и показал, что 16 июля 1999 года около 7 часов он вместе с П. и Андроновым на автомашине последнего «ГАЗ-24» уехали с Можайского водохранилища, где ловили рыбу, и приехали в г. Можайск к дому П. Когда П. ушел домой переодеваться, он предложил Андронову похитить у настоятеля церкви Пономарева из дома ценности и иконы. При этом договорились, что вещи и иконы похитит он (Иванов), а Андронов сделает так, чтобы Пономарев не сопротивлялся. Разговора об убийстве Пономарева не было. Он просил Андронова только придержать Пономарева. В отсутствие П. он (Иванов) взял из багажника автомашины рабочие рукавицы черного цвета, чтобы не оставить в доме отпечатков пальцев. Когда пришел П., то они последнему сказали, что на строительство дачи... не поедут, а поедут к Пономареву, чтобы занять денег, а потом — снова на рыбалку на Можайское водохранилище. В свои

328

планы они П. не посвящали. Подъехав к дому Пономарева, расположенного на территории церкви Ильи Пророка в д. Ильинская Слобода, Иванов с Андроновым вышли из машины. Андронов в багажнике автомашины взял металлическую монтировку и рабочие рукавицы. Подойдя к дому, Иванов несколько раз прошелся мимо окна. Пономарев увидел его и вышел на крыльцо. Иванов стал просить у Пономарева деньги. Последний ответил, что денег нет, а есть работа, которую тот оплатит. После чего Пономарев стал заходить в дом. В этот момент Андронов подбежал к Пономареву и нанес тому удар рукой по голове и ногой по телу. Пономарев стал падать. Иванов в этот момент проскочил в дом. Андронов остался в прихожей с Пономаревым.

В большой комнате дома Иванов нашел 300 рублей денег купюрами по 50 руб. и 10 руб. Надев рукавицы, стал обшаривать комод и тумбочки. Ничего ценного не нашел. После чего сложил в полиэтиленовый пакет 4 старые иконы и спиртное (две бутылки шампанского, две бутылки водки, бутылку вина). В это время из другой комнаты вышла пожилая женщина, раньше он ее видел и знал, что это сестра жены Пономарева. Увидев на шее женщины цепочку с крестиком, он сорвал ее. После чего отвел женщину в комнату, где находилась жена Пономарева. О том, что последняя нездорова, он знал и поэтому не обращал на жену Пономарева никакого внимания. Из прихожей, где находились Андронов и Пономарев, Иванов слышал удары и видел, как Андронов с монтировкой в руках нагибается над лежащим Пономаревым, нанося тому удары. Затем Андронов отошел от Пономарева и подошел к нему. Спросил, что делать с женщинами. Иванов ответил, что делать ничего не надо и он сам разберется. Андронов был в сильно возбужденном состоянии. Он стал спрашивать у родственницы Пономарева, где у них находятся деньги и старые иконы XVI или XVII века. Женщина ему ничего конкретного не сказала. В этот момент Андронов предупредил, что к дому кто-то подошел и выносить ничего нельзя. Он нашел веревку и стал связывать руки родственнице Пономарева, завязал ей платком рот. Андронов в это время пытался отогнуть решетки на окне в комнате, где они находились. Проем в окне оказался небольшим, и вылезти через окно было невозможно. Тогда они дождались, когда выход из дома станет свободным, и вышли через дверь. Перед уходом он (Иванов) обрезал провод телефонного аппарата и еще сказал Андронову, чтобы тот забрал их рукавицы. Сумку со спиртным и иконами оставили в доме. С собой взяли только деньги, цепочку с крестиком, полбатона хлеба и колбасы. Когда Иванов выходил из дома, то видел, что Пономарев лежал в прихожей головой в сторону входной двери. Его тело было прикрыто черным пальто. Иванов считает, что Пономарев был еще жив, когда они уходили. Иванов прошел по территории церкви через кладбище. На кладбище видел Жукова и еще незнакомую женщину, которая сидела на скамейке возле забора, огораживающего территорию кладбища. Затем прошел по берегу р. Москвы и через деревню вышел к машине. Андронов подошел к машине со стороны центрального входа в церковь. Они сели в машину и поехали на Можайское водохранилище, где перед этим ночевали и ловили рыбу. На деньги, которые взяли в доме Пономарева, купили спиртное. Цепочку с крестиком он либо потерял на водохранилище, либо ее мог взять Андронов...

Свои показания Иванов подтвердил в ходе допроса с применением видеозаписи, на следственном эксперименте и на очной ставке с Андроновым...

Допрошенный в качестве обвиняемого Андронов В. И. от дачи показаний отказался на основании ст. 51-й Конституции РФ.

Однако, будучи ранее допрошенным по уголовному делу, в том числе и с участием адвоката, Андронов показал, что действительно 16 июля 1999 года около 8 часов утра он вместе с Ивановым и П. приехали к церкви в д. Ильинская Слобода. Иванов хотел попросить у Пономарева деньги на спиртное. П. остался сидеть в машине. Когда они подошли к дому Пономарева, Иванов предложил ему ограбить последнего. При этом сказал, что ему надо только оглушить Пономарева, а Иванов все остальное сделает сам...

Помимо изложенных показаний обвиняемых, вина Иванова Н. И. и Андронова В. Ю. в совершенных преступлениях подтверждается следующими доказательствами:

Показаниями потерпевшей Божановой М. Ф. о том, что 16 июля 1999 года она находилась в доме Пономарева (мужа ее сестры). Утром (время точно назвать не может) она проснулась оттого, что в доме находились посторонние люди. Когда она вышла из своей комнаты, то увидела двух мужчин. Один из них стал спрашивать у нее, где в доме находится икона XVII века и деньги. При этом угрожал ей. Она ответила, что не знает. Этот мужчина сорвал с нее золотую цепочку с крестиком, а также стал обшаривать комнаты. После чего положил в пакет старые иконы и спиртное. Этот же мужчина потом связал ей руки и завязал рот. Что делал второй мужчина, она точно сказать не может, так как не обращала на это внимания, и в основном с ней общался первый мужчина. Когда этот мужчина отвел ее в комнату, где находилась ее сестра, то второй мужчина подошел к ним со стороны прихожей дома. У мужчин с собой был металлический предмет длиной около 80 сантиметров: с одной стороны широкий, с другой — узкий. Этот предмет она раньше не видела в доме отца Бориса и считает, что мужчины принесли его с собой. Она также видела, как мужчины надевали рукавицы. Рукавицы были новые, и их мужчины тоже принесли с собой. Когда преступники ушли, она развязалась и, выйдя в прихожую, обнаружила возле двери лежащего на полу Пономарева. Последний был избит, лежал и не шевелился. Кто бил Пономарева, она не видела... Преступники в доме оставили пакет с иконами и спиртным и рукавицы, в которых обшаривали дом.

В ходе проведенного опознания Божанова М. Ф. категорично опознала в Иванове Н. И. мужчину, который снимал с нее цепочку с крестиком и завязывал руки. В отношении Андронова Божанова М. Ф. пояснила при опознании, что Андронов похож на второго мужчину, который был с Ивановым 16 июля 1999 года в доме Пономарева Б. Д.

...Свидетель Лалькина З. П. показала, что утром 16 июля 1999 года она поехала на кладбище, расположенное на территории церкви в д. Ильинская Слобода. Там у нее похоронен муж. Выехала с автостанции г. Можайска в 7 часов 40 минут. Когда подходила к могиле мужа, то возле дома Пономарева увидела двух мужчин. На могиле она полила цветы и пошла вновь за водой. Когда вышла на тропинку, то увидела, что на крыльце дома стоял Пономарев. Это она может точно утверждать, так как знает Пономарева с 1955 года. Рядом с ним стояли двое мужчин. Когда пришла назад, то возле дома уже никого не было. Она еще раз полила цветы и пошла на автобусную остановку.

В ходе проведения следственного эксперимента с участием Лалькиной З. П. установлено, что Лалькина З. П. видела двух мужчин и Пономарева Б. Д. в промежуток времени с 7 часов 55 минут до 8 часов 05 минут. Ушла Лалькина с территории кладбища в промежуток времени с 8 часов 20 минут до 8 часов 25 минут. При проведении эксперимента установлено, что Лалькина имела реальную возможность видеть Пономарева и двух мужчин с места, которое она указала.

Показаниями свидетеля Новиковой О. И., из которых следует, что 16 июля 1999 года между 7 часами 30 минутами и 7 часами 40 минутами она видела возле церкви в д. Ильинская Слобода автомашину «Волга» светло-серого цвета. Обратила внимание, что на правом переднем крыле автомашины была вмятина.

В ходе осмотра автомашины Андронова В. Ю. на переднем правом крыле была обнаружена деформация в виде вмятины.

Свидетель Жуков Ю. В. показал, что 16 июля 1999 года он пришел к дому Пономарева между 8 и 9 часами. Вместе с ним была его сожительница...

Последняя к дому не подходила, а ждала его на скамейке возле ограды, огораживающей территорию кладбища. Возле дома никого не было. Он постучал в окно дома Пономарева, но ему никто не открыл. Что происходило в доме, он видеть не мог, так как окна были занавешены. Он отошел к сожительнице, затем вернулся. К дому подошла женщина. Спросила, будет ли сегодня служба. Жуков ответил, что не знает. Затем приехал племянник Пономарева. Он тоже постучал в дом, но ему никто не открыл. Племянник пошел от дома в сторону кладбища. Жуков снова отошел к своей сожительнице. Когда они сидели на лавочке, мимо них прошел племянник Пономарева уже в сторону дома. За племянником он (Жуков) тоже пошел к дому. Когда подошел, то дверь дома уже была открыта и он увидел лежащего возле двери внутри дома Пономарева Б. Д.

...Из заключения амбулаторной психолого-психиатрической экспертизы Иванова Н. И. следует, что у Иванова не обнаружено каких-либо нарушений восприятия, памяти, мышления, интеллектуальных расстройств, которые бы лишали или ограничивали его способность правильно воспринимать факты, имеющие значение для дела и давать о них правильные показания. Иванов в период совершения инкриминируемых деяний не находился и в каком-либо временном болезненном расстройстве психической деятельности, а был в состоянии простого алкогольного опьянения. Поэтому Иванова следует считать ВМЕНЯЕМЫМ...

Выявленные у Андронова индивидуально-психологические особенности личности с чертами демонстративности, лживостью, изворотливостью, пренебрежением к общепринятым морально-этическим нормам нашли свое отражение в его поведении при совершении инкриминируемых ему деяний, а также в следственной ситуации при даче показаний по делу. Конкретно это выразилось и проявилось в мотивации и особенностях реализации инкриминируемых ему деяний, активной защите по делу с перекладыванием вины на подельника. Андронов в период совершения инкриминируемых ему деяний... находился в состоянии простого алкогольного опьянения. Поэтому Андронова следует считать ВМЕНЯЕМЫМ... В направлении на стационарную судебно-психиатрическую экспертизу не нуждается.

...По месту жительства и последнему месту работы Андронов В. Ю. характеризуется положительно.

Иванов по месту жительства характеризуется отрицательно.

Обстоятельством, смягчающим вину Иванова, является активное способствование раскрытию преступления, явка с повинной.

Отягчающих обстоятельств (в отношении Иванова) не усматривается.

Обстоятельством, смягчающим вину Андронова, является наличие у него малолетнего ребенка.

Обстоятельств, отягчающих вину (Андронова), не усматривается.

На основании изложенного обвиняются:

Иванов Николай Иванович, 19.12.1963 года рождения, уроженец д. Желобки Смоленской области, русский, образование среднее, холост, военнообязанный, неработающий, проживающий: Московская область, Можайский район, — в том, что он, будучи судимым 30.03.1992 года по ст. 148 ч. 3 УК

РСФСР (вымогательство), был приговорен к 2 годам 8 месяцам лишения свободы Можайским горсудом, 17.06.1996 года по ст. 144 ч. 2 УК РСФСР (кража, совершенная повторно или по предварительному сговору группой лиц либо причинившая значительный ущерб потерпевшему) был приговорен к 2 годам 6 месяцам лишения свободы Можайским горсудом, 23.08.1996 года по ст. 144 ч. 2 УК РСФСР был приговорен к 2 годам 6 месяцам лишения свободы Наро-Фоминским горсудом и имея не снятые и не погашенные в установленном законом порядке судимости, на путь исправления не встал и вновь совершил аналогичное преступление.

Андронов Валерий Юрьевич, 24.05.1963 года рождения, уроженец г. Хабаровска, русский, образование среднее, женат, на иждивении дочь в возрасте 11 лет, военнообязанный, неработающий, проживающий: Московская область, г. Можайск, ранее судимый Можайским горсудом 18.03.1985 года по статьям 144 ч. 3, 145 ч. 2 (грабеж) УК РСФСР и приговоренный к 3 годам лишения свободы, обвиняется в том, что он 16 июля 1999 года в д. Ильинская Слобода Можайского района Московской области, будучи в состоянии алкогольного опьянения, совместно с Ивановым Н. И. совершил разбойное нападение, причинение тяжкого вреда здоровью потерпевшему Пономареву Б. Д., повлекшее смерть последнего, и незаконное лишение свободы и угрозу убийством в отношении потерпевшей Божановой...»

Этот итоговый документ предварительного следствия позволяет даже человеку, слабо разбирающемуся в юриспруденции, сделать само собой напрашивающийся вывод. Хотя во время разбоя в протоиерейском доме каждый из преступников выполнял свою часть уголовной миссии, но в итоге им, сообщникам, предъявили одинаковое обвинение.

В конце 2000 года в суде города Можайска рассмотрели это неординарное уголовное дело. Оба подсудимых были признаны виновными и понесли заслуженное наказание. В общей сложности, оба были лишены свободы на 30 лет. Московский областной суд согласился с этим решением можайских служителей Фемиды, и, таким образом, вынесенный ими приговор вступил в законную силу в начале 2001 года.

НАЕМНИКИ

Ровно неделю не дожила до своего 47-летия начальник финансового управления Красногорского района Московской области Вера Ивановна Новикова, которую поздним вечером 25 января 1996 года убили на пороге ее квартиры. Известную в номенклатурных кругах столичной области женщину, являвшуюся заместителем главы администрации Красногорского района, застрелили так, как это обычно делают киллеры. У жертвы оказались два ранения: один выстрел был произведен в живот, а второй — в голову. Врачи «скорой помощи», несмотря на то, что они очень быстро приехали, уже не смогли спасти пострадавшую.

На месте происшествия нашли две гильзы от пистолета «ТТ». А находившаяся в это время в квартире вместе с Верой Ивановной ее племянница Марина рассказала, как это произошло. Им позвонили в дверь, и хозяйка жилища пошла узнать, не к ее ли сыну Павлу кто-то наведался в гости. Видимо, пришел действительно знакомый, потому что она спокойно открыла дверь, и тут внезапно раздались два хлопка. Марина, выбежав на лестничную площадку, увидела, что под лежащей на пол тетей медленно растекается кровавая лужица. А стрелявшего, или стрелявших, уже и след простыл...

Поначалу члены оперативной группы сосредоточились на отработке версии, что убийство Новиковой могло быть связано с ее профессиональной деятельностью, так как она имела весьма широкие должностные полномочия по использованию немалых бюджетных средств. Однако проведенная КРУ Минфина по Московской области ревизия финансового управления, которое с 1992 года возглавляла Новикова, каких-либо серьезных нарушений не выявила. Правда, в квартире и в рабочем кабинете Веры Ивановны милицейские работники обнаружили банковские счета на большую валютную сумму — 28 тысяч долларов. Но тайна вклада в солидный коммерческий банк быстро разъяснилась: родители оставили Новиковой и ее сестре Людмиле трехкомнатную квартиру и дачу, а наследницы продали недвижимость и разделили вырученные деньги пополам.

В общем, личная обеспеченность Веры Ивановны оказалась абсолютно законной. Зато у ее взрослого сына, Павла Новикова, были существенные денежные затруднения. И чем больше в них вникали начальник отдела РУОП при подмосковном Главном управлении внутренних дел Леонид Шушунов, его подчиненные и другие участники следствия, тем сильнее они убеждались, что в трагической гибели женщины скорее всего повинен ее 24-летний сын. И поводом к его задержанию стало то, что при обыске комнаты Павла нашли патроны от снайперской винтовки Драгунова и автомата Калашникова. К тому же в биографии Новикова уже фигурировали кое-какие противозаконные прегрешения, была даже условная судимость за разбитые стекла в чужой автомашине и неудавшуюся попытку ее обокрасть.

Постепенно в уголовном деле появились сведения о том, что охочий до красивой жизни Павел иной раз потихоньку распродавал взятые из дома вещи. Из-за этого мать даже некоторые собственные ценности хранила в своем рабочем кабинете. К тому же, пристрастившись к крепким горячительным напиткам, безденежный парень залез в долги.

Общаясь с компанией сверстников и одолжив у одного из них сто «баксов», неплатежеспособный сын начальницы финуправления нарвался на «счетчик». Стодолларовый кредит быстро удесятерился, и должники сделали «болевое внушение». Приятели, заждавшиеся возвращения кредита, пристегнули Павла к батарее и отдубасили клюшкой. Вот тогда-то, как позже признал сам Новиков, он и нашел выход из долговой валютной трясины — попросил дружков-сверстников убить его мать. За услугу посулил им крупную сумму, многократно превышавшую кредиторскую задолженность на тот момент в тысячу долларов.

Заказчик рассчитывал, что, унаследовав банковский валютный счет матери и всю семейную недвижимость — квартирное жилье, дорогой дачный коттедж и недешевую гаражную собственность, он не только погасит свои долговые обязательства, но и сам заживет безбедно. И дружки согласились помочь ему осиротеть. Причем даже не стали настаивать на предоплате заказного убийства, так как надеялись, что после расправы над Новиковой получат с ее сына деньги.

Максим Холопов раздобыл пистолет. В вышедшую из квартиры Веру Ивановну дважды выстрелил Дмитрий Кораблин, а лифт в это время для стрелка-киллера держал Роман Игнатов. Пистолет преступники выбросили в мусорный контейнер... Как просто это рассказать, но попробуйте установить эти факты, когда ни сам заказчик убийства, ни его исполнители вовсе не горят желанием поделиться ими со следствием. Доказательства порой приходится собирать по крохам.

Расследуя это уголовное дело об убийстве заместителя главы администрации Красногорского района, работники правоохранительных органов дознались, что за полтора с лишним месяца до него компания отличилась другим разбоем. В столичном Митино Игнатов и Кораблин увязались за хорошо одетым мужчиной, шмыгнули за ним в подъезд. Человек, на которого они напали, оказался работником милиции. Бандитам удалось его оглушить, забрать шапку, кожаную куртку, служебное удостоверение, рацию и пистолет. Но... в тот же вечер перепившего Кораблина остановили в подмосковном городе Красногорске местные стражи порядка и доставили в медвытрезвитель. Хмельные пары не настолько затуманили мозги Кораблина, чтобы он запамятовал о припрятанной у него смертоносной «игрушке». Улучив момент, он по пути в медицинский вытрезвитель сумел ее извлечь и незаметно сунуть под сиденье спецавтомашины.

Вот даже такие, казалось бы, не относящиеся к делу факты всплывают на поверхность, когда ведется целенаправленный поиск. В конце концов, все преступники были изобличены, их виновность доказана.

Судьбу их решал суд присяжных заседателей. Непосредственного исполнителя расправы над Верой Ивановной Новиковой, Д. Кораблина приговорили к 15 годам лишения свободы. Признанного организатором преступления М. Холопова — к 11 годам, а их соучастника Р. Игнатова, которому еще зачли и нападение на милиционера, к восьми. Но вот главный подстрекатель убийства Павел Новиков, по мнению присяжных, заслуживал снисхождения. Этого злодея осудили всего на десять лет.

Как-то стало принято считать, что заказные убийства — самые сложные уголовные дела для следователей. Должно быть, потому, что некоторые из них подолгу остаются нераскрытыми, как дела убитых депутата Госдумы Галины Старовойтовой, тележурналиста Владислава Листьева. Обыватели склонны думать, что на этих делах поставлен крест, но это не так — следствие продолжает искать криминальных палачей.

Рано или поздно, но зло обязательно наказывается. И в этом лишний раз убеждает вызвавшее летом 1999 года в Подмосковье повышенный общественный резонанс убийство генерального директора серпуховского автотранспортного предприятия ОТЭК Александра Михневича, которое многим тоже казалось из серии «вечных висяков».

Для раскрытия этого громкого убийства была создана следственно-оперативная группа, в которую вошли опытные сотрудники Управления уголовного розыска ГУВД Московской области и ОУР Серпуховского УВД и, конечно, работники местной городской прокуратуры. Разумеется, в качестве одного из наиболее вероятных было выдвинуто предположение, что расправа над руководителем-хозяйственником была заранее спланирована и является заказной. Понятно, сразу же стала отрабатываться, наряду с остальными следственными гипотезами, и версия, что расстрел гендиректора связан с его профессиональной деятельностью.

Да, такая категория уголовных дел крайне сложна для раскрытия, однако преступники, как бы тщательно они ни готовились и ни заметали следы содеянного, наивно полагают, что их не удастся найти.

Уже через несколько месяцев после убийства Михневича подмосковный угрозыск располагал сведениями о том, что к нему причастен гость из ближнего зарубежья — гражданин Украины Диденко. И его начали искать.

Это оказалось совсем непросто, так как подозреваемый, нелегально проживавший на территории Подмосковья, периодически менял адреса своих временных убежищ.

На поиск Диденко был ориентирован не только личный состав Серпуховского УВД, но и сотрудники органов внутренних дел многих городов столичной области. Кроме того, к розыску подозреваемого подключились и специализированные силы подмосковного УУР. И вот, наконец, весной 2000 года милицейские оперативники разузнали, что разыскиваемый 25-летний убийца, соблюдая конспиративные меры предосторожности, появляется в одном доме на тихой улочке Серпухова. Там его и схватили.

Подозреваемый признался, что заказ на наемное убийство Михневича, которое он совершил, ему сделал главный инженер ОТЭКа Владимир Захаров. Претендуя в 63-летнем возрасте на пост генерального директора ОТЭК, он пообещал ему за расправу с действующим директором две тысячи долларов, должность в автотранспортном предприятии и получение квартиры.

Диденко подстерег Михневича утром, когда тот выехал из-за забора своего загородного особняка, вышел из машины закрыть ворота, а он, выскочив из-за угла, выстрелил ему прямо в лицо. Огнестрельное ранение, полученное пострадавшим, оказалось смертельным: пуля, попавшая ему в верхнюю губу и раздробившая челюсть, прошла навылет.

Палач скрылся с места преступления, а замертво рухнувшего на землю у иномарки с работавшим мотором мужчину увидел его дачный сосед, профессор. Он же уведомил немедленно правоохранительные органы о чрезвычайном криминальном происшествии.

Наконец-то заключив под стражу пойманного киллера, следствие узнало не только имя заказчика убийства, но и человека, служившего между ними посредником, — Михаила Гнутикова. Именно он порекомендовал главному инженеру парня, готового «разбогатеть» таким чудовищным образом. Но, к слову сказать, Диденко так и не получил сполна даже обещанных долларов. Чтобы не отдавать денег за выполненную услугу и получше замести следы, заказчик сам попытался с ним расправиться.

Уже зимой Захаров предложил украинцу съездить с ним на машине якобы по делам в поселок Балабаново, а по пути попробовал оглушить киллера ударом молотка по голове. Диденко успел отклониться и, получив лишь скользящий удар, выпрыгнул из машины бросился бежать. Затормозив и выскочив вслед за ним, Захаров прицелился в Диденко из револьвера, но из-за какого-то сбоя в оружейном механизме не смог выстрелить. А догнать и вступить с ним в схватку не решился, не надеясь одержать верха в противоборстве с молодым и более крепким, чем он, противником. Диденко скрылся, а спустя непродолжительное время «залег на дно» в Серпухове.

Через полтора года после убийства А. Михневича суд покарал всю преступную цепочку — заказчика расправы, ее исполнителя и посредника. Подсудимый Захаров был приговорен к 18 годам лишения свободы, посредник Гнутиков — к 17-летнему сроку нахождения в местах не столь отдаленных. А наемному убийце Диденко назначили наказание немного помягче: его изолировали от общества на 13 лет.

Между прочим, Захаров так и не признал своей вины в организации наемного убийства Михневича, хотя это было неопровержимо доказано. Кровавый замысел, как и следовало ожидать, не принес ему желанной должности. Генеральным директором серпуховского транспортного предприятия, осуществляющего грузовые перевозки по территории нашей страны и за ее пределами, стал новый руководитель, с которым Захаров тоже не мог найти общего языка.

Как тут не вспомнить поговорку: есть спрос — будут и предложения. Другими словами: существуют заказчики на убийства — находятся и люди, которые берутся их выполнить.

— Приходится констатировать, что в уголовно-преступной среде образовалась прослойка профессиональных убийц, жертвами которых становятся крупные предприниматели, банкиры, руководители предприятий, представители государственной власти и средств массовой информации, — говорит начальник Управления уголовного розыска ГУВД Московской области генерал-майор милиции Юрий Торопин. — Преступники все заметнее используют наемных убийц для разрешения спорных вопросов между коммерческими структурами, при возникновении конфликтных ситуаций, из-за раздела денежных поступлений. Так, в 1999 году в Подмосковье официально было зарегистрировано шесть «заказных» убийств, но еще около полусотни умышленных убийств имели явные признаки того, что они совершены по найму. По нашим оперативным данным, примерно 6 процентов умышленных убийств от общего числа зарегистрированных произошли на почве «разборок» между организованными преступными группировками. Как правило, заказывают их противоборствующие стороны, исполняют посторонние люди-наемники. Перечислю лишь основные мотивы такого рода преступлений: это устранение конкурентов от контроля над определенной территорией, раздел сфер влияния, месть, наказание за отказ участвовать в противоправной деятельности, расплата за невозвращение денег или материально-товарных ценностей, ликвидация исполнителей «заказных» расправ, устранение «авторитетов»... Свыше 30 убийств, произошедших в различных районах области в 2000 году, мы тоже отнесли к разряду именно «разборочных». Думается, и впредь мотивация насильственных преступлений все больше будет перемещаться с бытовой на корыстную. А в связи с этим уже два года назад нами были созданы 19 специализированных следственно-оперативных групп из признанных мастеров, работающих преимущественно в этом направлении. Их опыт по раскрытию неординарных преступлений накапливается и обобщается, что, надеемся, принесет свои плоды...

Часть III
ПРОДОЛЖЕНИЕ СЛЕДУЕТ

Увы, к услугам убийц-наемников прибегают не только организованные преступные группировки. В последние годы появилась «мода» нанимать убийц и для решения элементарных бытовых проблем. Вопиющая безнравственность, полнейшее неуважение к чужой жизни толкает отдельных граждан на расправу с неугодными им людьми именно таким способом. Ведь как все выглядит просто с их точки зрения: нет человека — нет и проблемы, которая «мешает» жить.

Наряду с громкими, получившими большой общественный резонанс убийствами, о которых было рассказано в предыдущих главах, работникам правоохранительных органов постоянно приходится иметь дело с преступлениями, мало известными широкой общественности. Обо всех не оповестишь, но это отнюдь не значит, что по ним не принимаются меры. Любое преступление должно быть раскрыто, а убийца пойман и наказан. Так формулируется задача, стоящая перед российскими правоохранителями.

Ниже несколько примеров именно таких «повседневных» дел. Понятно, что и на их раскрытие требовалось немало сил, профессионализма и государственных средств.

ЛИХИЕ ДАМЫ

В конце октября 1999 года на берегу канала имени Москвы, в городе Химки, был обнаружен труп неизвестного молодого мужчины с колотыми ранами. Следствие установило, что потерпевший — неработающий местный житель, 1972 года рождения.

Помимо работников местной прокуратуры и сотрудников ОУР Химкинского УВД, в раскрытии убийства приняли участие сыщики подмосковного Управления уголовного розыска.

Вскоре они задержали 31-летнего ранее судимого уголовника, двух учащихся СПТУ и двух школьников-старшеклассников.

Первым, на удивление, в содеянном сознался уже побывавший на скамье подсудимых взрослый верховод. Рассказал, как совместно с юнцами вывез обреченного парня в район канала, где они и забили его насмерть. А расправу, как выяснилось, учинили по просьбе... жены пострадавшего, с которой взрослый убийца находился в близких отношениях. Преступник не только выполнил пожелание «дамы сердца», но заодно и устроил развлечение для подрастающего поколения.

Впрочем, еще двое из опасной компании — учащийся медучилища и школьник — оказались уже знакомыми с садистскими утехами. Продолжив оперативную отработку, милицейские сотрудники разузнали, что поздно вечером 14 октября они также насмерть избили приехавшего в Химки немолодого уроженца Брянской области.

Тринадцатого апреля 1999 года в овраге у реки Дубенка обнаружили скелет неизвестного мужчины. К расследованию этого убийства приступили работники прокуратуры и сотрудники Щелковского управления внутренних дел. После проведения судебно-медицинской экспертизы было установлено, что смерть жертвы наступила от черепно-мозговой травмы, но выяснить личность погибшего оказалось непросто. Только применив небезызвестный метод Герасимова, удалось узнать, что потерпевшим является старший прапорщик милиции Юрий Демов, который значился пропавшим без вести уже более семи с половиной месяцев. И, конечно же, после этого следствие сразу же сдвинулось с мертвой точки.

Увы, к гибели прапорщика привел пресловутый жилищный вопрос. Конфликтная ситуация достигла апогея, когда проживавший в городе Ногинске Демов развелся с женой и собрался разменять квартиру. Для его бывшей тещи пенсионерки Итаевой это известие стало последней каплей, переполнившей чашу ее терпения. Не долго думая, она решила сжить со света злодея зятя и обратилась за помощью в осуществлении этой затеи... к собственному сыну. Тот, как это ни печально, не попытался отговорить мать, а подыскал двух исполнителей заказного преступления. Причем не бесплатно — потребовал, чтобы матушка оплатила ему эту услугу.

В наемники подрядились молодые неработающие жители Ногинска Виктор Жиров и Денис Баров. Подловили жертву, шарахнули чем-то тяжелым по голове и сбросили на дно оврага.

Начальник отдела угрозыска Щелковского УВД Владимир Аляев, его заместитель Виктор Боровцов, старший оперуполномоченный подмосковного УУР Вадим Колесник и другие члены следственно-оперативной группы не очень-то удивились, когда узнали,

349

что разыскиваемые ими киллеры уже сидят в «зоне». Пока устанавливали личность погибшего, Ногинский нарсуд приговорил каждого из них к девяти годам лишения свободы за разбой. Осужденные отбывали наказание за пределами Подмосковья.

Но теперь им пришлось держать ответ еще и за умышленное убийство. Разумеется, получили по заслугам и организатор убийства Итаева, и ее сын.

ПЛАТА ЗА ЖЕСТОКОСТЬ

В середине ноября 2000 года у деревни Скрылья Серпуховского района Подмосковья на берегу реки Нара, возле моста, был найден труп мужчины. Судебно-медицинский эксперт однозначно определил, что смерть его наступила от черепно-мозговой травмы.

В этом случае личность пострадавшего установили быстро. Им оказался 42-летний житель деревни Арнеево Валерий Витук, который несколько недель числился пропавшим без вести.

Собирая полезную для следствия информацию о жизни потерпевшего, милицейские работники узнали, что он, мягко говоря, не отличался покладистым характером. Валерий мог повздорить с кем угодно даже на трезвую голову, а уж под изрядным хмельком и вовсе становился несносным. Только вот кому же он так насолил, что с ним столь безжалостно разделались?

Раздумывая над этим, оперативники выдвинули несколько версий случившегося. Например, рассматривалось предположение, что к трагическому криминальному финалу могла привести какая-нибудь пьяная ссора.

Однако среди тех, кто нередко пьянствовал с этим деревенским любителем Бахуса, подозреваемых не нашли: собутыльники его были, в общем-то, вполне нормальными людьми, если не считать их пристрастия к употреблению горячительных напитков. Но сотрапезникам Витука не было свойственно буйство нравов, не говоря уже о кровожадности. Так что эта гипотеза вышла на поверку бесперспективной, тупиковой.

Не подтвердилось и предположение, что потерпевший мог стать жертвой ограбления — почерк загадочного кровавого преступления не походил и на «разборку», за которой скрывалась какая-нибудь беспощадная соседская свара или конфликт со знакомым.

Как и при расследовании других убийств, сыщики не упустили из вида и семью жертвы. Вдова, похоронившая трагически погибшего мужа, осталась с детьми. Правда, уже почти самостоятельными. На первый взгляд, семья как семья. Так что же все-таки стало причиной драмы?

Работники милиции, несмотря на первоначальную неудачу, настойчиво продолжали искать ниточку, за которую можно было бы зацепиться для раскрытия этого убийства. И вот появилась подсказка — информация, что это тяжкое преступление совершено по найму, а исполнитель заказного убийства — кто-то из местных уголовников.

Отрабатывая эти сведения, сотрудники отдела угрозыска Серпуховского УВД сумели-таки докопаться до истины! Буквально вычислили, что наем-

ным палачом согласился стать житель другой серпуховской деревни — 34-летний ранее судимый Вячеслав Галов. Ну а следом выяснили, кто пожелал
смерти Витука. Оказалось, что... его супруга.

Подозреваемых задержали, водворили в изолятор
временного содержания Серпуховского УВД. Там
40-летняя Лидия Витук призналась, что решилась
на непростительный отчаянный шаг из-за непре-
кращавшейся грубости со стороны супруга, который с годами превратился в невыносимого домашнего деспота.

Настрадавшаяся от семейных неурядиц Лидия на
допросе подробно поведала о своей тяжелой жизни.
Конкретной причиной, побудившей женщину найти киллера, было жестокое обращение Валерия с
детьми. Как бы по-землячески посочувствовав ей,
Галов за вознаграждение взялся отобрать жизнь у
обреченного выпивохи-дебошира. Выполняя
страшный уговор, наемник заманил Валерия в за-
падню и убил. Бездыханное тело пострадавшего, у
которого была проломлена голова, палач хладно-
кровно сбросил в реку Нару. Но преступление удалось скрыть лишь на непродолжительное время, пока труп не вынесло течением на берег. Дальнейшее
расследование этого убийства по найму проводила
прокуратура города Серпухова, которая уточнила
все его детали.

Надо сказать, что в последнее время установление
личности неопознанных трупов и поиск пропавших
граждан стали в столичном регионе одной из злобо-
дневных проблем. Милицейские розыскники не делают секрета из того, что на территории Подмосковья из года в год увеличивается количество обнару-

женных неопознанных трупов. По сравнению с 1991-м их число в 1999 году возросло в 14,5 раза!

Только в 1999 году в розыск были объявлены 2143 без вести пропавших, из них 383 несовершеннолетних. В последующие 12 месяцев удалось установить местонахождение 1725 граждан, из них — 369 несовершеннолетних. По всем фактам безвестного исчезновения граждан, пропавших при криминальных обстоятельствах, были возбуждены уголовные дела. А именно по этой категории разыскивались 264 человека.

Большинство из них, совершенно очевидно, стали жертвами корыстных преступников, поскольку 97 граждан сгинули вместе со своим автотранспортом, 14 имели при себе крупные суммы денег, а пятеро пропали в связи с оборотом недвижимости. Увы, из этой довольно многочисленной группы на тот момент удалось найти местонахождение лишь 29 человек.

СОБУТЫЛЬНИК БЕЗ ГОЛОВЫ

В 3 часа ночи 21 ноября 2000 года сотрудники 1-го спецбатальона дорожно-патрульной службы Управления ГИБДД столичной области, находясь в солнечногорском микрорайоне Рекинцо, остановили для проверки автомашину «ВАЗ-2102» с подмосковными номерами. В салоне легковушки сидели двое парней, оказавшиеся жителями Ставропольского края.

Земляки-южане заметно занервничали, когда милицейский автопатруль попросил их открыть багажник «Жигулей». Ночные путешественники неохотно подчинились, и через какие-то секунды стражи дорожного правопорядка надели на них наручники.

В багажнике лежал труп задушенного хозяина автомашины — 43-летнего жителя поселка Смирновка Солнечногорского района В. Сотникова, которого убили несколько суток назад. А вот избавиться от него преступникам помешали.

Нечто похожее приключилось в том же году и в другом подмосковном районе — Можайском. В ночь с 19 на 20 февраля работники здешней милиции проводили специальную операцию по предотвращению краж имущества, угонов автотранспорта, раскрытию уже совершенных преступлений и, как всегда, были готовы к любым неожиданностям. Но того, с чем им случилось столкнуться, конечно же, предвидеть не могли.

В 3 часа ночи опергруппа, состоявшая из шести сотрудников — начальника ОУР, оперуполномоченного угрозыска, участкового инспектора и представителей дорожно-патрульной службы отделения ГИБДД, в городе Можайске на улице Герцена остановила автомашину, которой управлял житель подмосковного города Руза Игорь Блинов. Посмотрев его документы, милицейские работники приступили к обычной во время проведения подобных оперативно-профилактических мероприятий процедуре — досмотру «Нивы». И, заглянув в багажник, обнаружили мешок с отчлененной головой неизвестного мужчины.

Перевозчика ужасной поклажи, естественно, тотчас отправили в административное здание Можайского ОВД — для допроса. Возможно, он и попытался бы «поиграть в молчанку» со следователем и сыщиками, да в расставленные милицейские сети попал его сообщник.

В 3 часа 50 минут той же ночью другая оперативная группа остановила в деревне Тетерино Можайского района автомашину «Киа-спортедж». Иномаркой управлял неработающий житель города Руза Антон Спинов — сверстник Блинова. Досматривая его транспортное средство, члены опергруппы нашли топор со следами крови и пистолет «ТТ». Как быстро выяснилось, оба задержанных оказались причастными к убийству своего третьего приятеля Вячеслава Пенова. Понимая всю бесперспективность запирательства, они рассказали, как их собутыльник остался без головы.

Поначалу мирно протекающая пьянка в гараже Блинова вдруг переросла в нешуточный скандал. Страсти перехлестнули через край. И Блинов, схватив оружие, наповал сразил приятеля-спорщика. Чтобы запутать следы кровавого злодейства, убийца и второй его приятель решили расчленить тело погибшего, для чего использовали тот самый найденный в багажнике иномарки топор. А туловище Пенова сбросили в реку Искона, где позже оперативники его и выловили.

Вот так неожиданно было раскрыто злодеяние, спустя всего несколько часов после его совершения. Невероятные удачи случаются и в работе следственно-оперативных групп. А если учесть, что при обыске в квартире Блинова нашли целый арсенал — боевой пистолет заграничного производства с 14 боевыми патронами, охотничье ружье с оптическим прицелом, три охотничьих ножа и газовый пистолет с патронами, то кто знает, какие еще преступления предотвратило это неожиданное везение во время специальной операции.

ЖИЗНЬ ИЛИ... БУТЫЛКА ВОДКИ

Хотя и эта криминальная история не получила большого общественного резонанса, она явно выбивается из общего потока кровавых происшествий, поскольку жертвой злодеяния стал федеральный судья Московского окружного военного суда.

Семнадцатого июня 2000 года в Икшанское городское отделение милиции подмосковного Дмитровского района обратилась взволнованная женщина — жительница столицы. В заявлении она указала, что три дня назад ушел с дачного участка и до настоящего времени не вернулся ее муж — полковник юстиции Олег Евгеньевич Солодовников.

Милицейские работники начали разыскивать пропавшего, но только через неделю прояснилась его печальная участь. Двадцать четвертого июня в Икшанское городское отделение милиции поступило телефонное сообщение, что в канале имени Москвы между четвертым и пятым шлюзами гидросооружения найден труп неизвестного мужчины. Судебно-медицинское исследование выявило, что у погибшего имеются черепно-мозговая травма, перелом ребра и множественные ножевые ранения. Правда, родственники Олега Солодовникова не опознали извлеченное из воды тело. И лишь позже по особым приметам — прежнему перелому пальца

356

на ноге и металлокерамическим зубам верхней челюсти удалось установить, что это именно полковник юстиции.

Для раскрытия этого убийства была создана оперативная группа, в состав которой вошли сотрудники Управления уголовного розыска ГУВД Московской области и ОУР Дмитровского УВД. Среди нескольких версий уголовной расправы над пострадавшим, конечно же, рассматривалось, что случившееся связано с профессиональной деятельностью федерального судьи. Но после доскональной отработки это предположение, как и некоторые другие, объективно не подтвердилось. Сыщики сосредоточили свои усилия на скрупулезной проверке еще одной версии — грабительско-хулиганской, и это направление следствия оказалось результативным. Немаловажную роль в раскрытии тяжкого преступления сыграл старший оперуполномоченный Икшанского городского отделения милиции Геннадий Ильин, который позже, к прискорбию, погиб при исполнении служебного долга.

В ходе сыскной работы была добыта оперативная информация, что к злодеянию причастны четверо местных парней. Троих из них милиционеры к тому времени уже задержали за другое преступление, не столь жестокое.

Очутившись в изоляторе временного содержания Дмитровского УВД, троица ранее судимых парней не стала жаловаться на плохую память, хотя и всячески старалась запутать следствие. В конце концов, из их признательных показаний стало ясно, что убийство судьи совершил один из молодых жителей дмитровского поселка Подосинки, а они лишь помогли ему замести следы умышленного убийства. Однако следователь по особо важным делам Мособлпрокуратуры Федор Рындин сумел доказать, что в избиении и нанесении ножевых ранений жертве повинна вся четверка.

Судебная коллегия по уголовным делам Мособлсуда под председательством Татьяны Романовой подтвердила, что предварительное следствие правильно разобралось в том, как произошла эта драма. Что же ей предшествовало?

Отдыхая в Дмитровском районе — у деревни Минеево, Олег Солодовников отправился купить продукты в магазине, находящемся на территории садоводческого товарищества «Дружба». На его несчастье, там, у торговой точки, устроили пьянку четверо местных собутыльников: Владимир Михеев, Олег Побединский, Виктор Цепалкин и Александр Кузнецов. Они попросили у Солодовникова денег на покупку спиртного, но судья ответил им отказом. Тогда жаждущие выпивки парни грубо затолкали полковника в автомашину «ВАЗ-2105», отвезли в безлюдное место на берегу Батюшковского залива канала имени Москвы, где ограбили, избили и нанесли множество ножевых ранений. Потом, привязав к трупу несколько гранитных камней, попытались утопить в водоканале все улики своего кровавого преступления. Да не вышло.

Приговором Московского областного суда всех четырех преступников изолировали от общества, в общей сложности, на 80 с половиной лет. Кузнецова покарали 20-летним сроком лишения свободы, Цепалкина — на полгода больше. Остальным осужденным, Михееву и Побединскому, предстоит провести за решеткой по 22 года и 6 месяцев, если только впоследствии наказание не будет смягчено.

СУДЬБА ПРОТЕКЦИОНИСТА

Приступая к расследованию этого уголовного дела, подмосковные сыщики даже представить себе не могли, через какую паутину темных человеческих страстей им придется продираться к его разгадке. Жертвой преднамеренной расправы стал высокопоставленный специалист, работавший в весьма известном акционерном обществе страны — РАО «ЕЭС России».

Двадцать первого июля 2000 года в Главное управление внутренних дел города Москвы из службы безопасности департамента РАО «ЕЭС России» сообщили, что пропал Виктор Андреевич Сотов, занимавший в должностной иерархии державной структуры Единой энергосистемы немаловажный пост. В предыдущие сутки по окончании трудового дня он уехал на служебной автомашине «Вольво-850» и исчез, хотя на следующий день должен был обязательно появиться на работе.

Проводя первоначальные розыскные мероприятия, работники милиции не могли не поинтересоваться личностью самого пропавшего и... И поневоле вторглись в тот уголок чужой жизни, о котором окружающие его люди вряд ли знали.

Сотов был прописан в столичной квартире вместе с женой и малолетней дочерью, но проживал отдельно от них — поселился в ведомственном пансионате «60 лет плана ГОЭРЛО», находящемся в Подмосковье. Как выяснилось, имея нетрадиционную сексуальную ориентацию, Виктор Андреевич посещал с вполне определенной целью вокзалы и гей-клубы Москвы. И однажды ему повстречался приезжий парень, встреча с которым и предопределила его судьбу.

Весной 1997 года Сотов на Курском вокзале Москвы познакомился с молодым жителем города Старый Оскол Белгородской области Игорем Серовым. Оказавшийся в то время без средств к существованию еще несовершеннолетний провинциал подпал под его влияние. Виктор Андреевич проявил к нему внимание, а затем и как бы взял на содержание. Чувствуя материальную зависимость от Сотова, Серов не стал противиться, когда однажды в бане щедрый опекун вступил с ним в гомосексуальную связь. И она продолжилась, поскольку москвич не переставал заботиться о покладистом юноше: «выбил» ему сносное жилье в общежитии, трудоустраивал в те организации, где работал сам, постоянно делал ему подарки. В последнее время Игорь работал водителем на служебной автомашине Виктора Андреевича.

И все же сложившаяся неафишируемая ситуация, очевидно, тяготила прижившегося в столице старооскольца. Познакомившись с девушкой, на которой он намеревался жениться, Игорь из-за боязни огласки своих интимных взаимоотношений с Сотовым решил их прекратить. По договоренности с патроном, Серов не прервал с ним обычного общения, но в половой контакт больше не вступал.

Однако, как потом расскажет следствию Серов, летом 2000 года шеф вновь стал домогаться с ним близости и настаивать на возобновлении прежних отношений. Роковая кульминация, наверное, была неминуема.

Двадцатого июля, уже около полуночи, Игорь по приглашению Виктора Андреевича приехал на такси в пансионат «60 лет плана ГОЭРЛО», чтобы «поговорить». Догадываясь, о чем предстоит разговор, Серов прихватил с собой приятеля — жителя подмосковного города Троицка Афанасия Зеленко.

После позднего ужина приятель шофера-персональщика ушел спать в другую комнату, а Сотов, добиваясь от Серова желаемого, проявил недвусмысленную напористость. Но Игорь Серов не поддался, между мужчинами разгорелась ссора, перешедшая в драку.

На шум из соседней комнаты выглянул Зеленко и выступил на стороне приятеля. Вдвоем они минут 15 дубасили хозяина пансионатских апартаментов. А заметив, что он не подает признаков жизни, сговорились отвезти его в лесную чащу и предать земле.

Как задумали, так и сделали. Быстро замыли кровь, достали из шкафа простыню, завернули в нее тело и положили его в багажник служебной автомашины «Вольво-850», на которой незадолго до этого Виктор Андреевич приехал в загородный пансионат.

Плохо ориентируясь на местности, Серов и Зеленко вывезли труп в район 39-го километра Минского шоссе и там, буквально в 150 метрах от шоссе, прикопали тело Сотова.

Свершив тайное погребение, парни домчались до Москвы, оставили «Вольво-850» на Пушкинской площади, выбросили ключи от нее в водосток и разошлись в разные стороны. Серов приплелся в студенческое общежитие, а Зеленко направил стопы в родной город. Собрав вещи, приятели-преступники затем уехали в Старый Оскол...

Когда Серова задержали и водворили в изолятор временного содержания в подмосковном Одинцове, подозреваемый сразу же признался в убийстве, указал место в лесу, где появилась свежая могила... Вскоре нашли и его сообщника...

Остается только добавить, что в раскрытии преступления участвовали сотрудники УУР ГУВД Московской области, отдела уголовного розыска Одинцовского УВД, столичного ОРО (Оперативно-розыскного отдела) и ОВД «Таганское» Центрального административного округа Москвы. Дальнейшее расследование проводила прокуратура города Одинцово. Особо оговорюсь, что из-за этических соображений в этом хроникальном материале изменены имя, отчество и фамилия жертвы и не названа точно его должность.

КАК ЗАВЕДЕННЫЙ РОБОТ...

Приехав 10 сентября 2000 года вместе с супругом на подмосковную дачу родителей, их старшая дочь Е. Лахтанова испытала неописуемый ужас. На кухне коттеджа лежали трупы ее отца и младшего брата, а чуть позже в бане супруги обнаружили зарубленной и пожилую мать Лахтановой. Трудно сказать, смогла ли бы в одиночку выдержать столь страшный удар обезумевшая от горя молодая женщина, но, к счастью, рядом был муж.

Кое-как справившись с потрясением, супруги известили о трагедии дежурную часть Одинцовского УВД. Там отреагировали незамедлительно.

На осмотр места тяжкого преступления в коттеджный поселок Подушкино были направлены лучшие здешние сыщики. Они понимали, что это уголовное дело наверняка получит повышенный общественный резонанс, поскольку одним из пострадавших был крупный столичный чиновник — генеральный директор государственного унитарного предприятия «Мосзеленхоз» администрации города Москвы Владимир Коротанов.

Беспорядок, царивший на даче, где до этого поддерживалось образцовое состояние, сразу же навел членов следственно-оперативной группы на предположение, что тройное убийство совершено ради ограбления. Очевидно, в дачном доме поспешно искали деньги и ценности, поэтому все тут и было перевернуто вверх дном.

Посторонним попасть в особняк Коротановых, окруженный высоким забором, было почти невозможно. По периметру усадьба находилась под круглосуточным видеонаблюдением и охранялась сторожевой собакой.

— Сразу же стало понятно, что расправу над семьей учинил кто-то из тех, кого Коротановы знали и, по-видимому, безбоязненно впустили на дачу, — пояснил заместитель начальника 3-го отдела Управления уголовного розыска ГУВД Московской области Игорь Коротков. — Поэтому в первую очередь оперативники стали отрабатывать связи жертв, то есть круг лиц, с которыми гендиректор и его домочадцы общались.

Так уж вышло, что первым в поле зрения следствия попал Сергей Лонов — приятель Алексея Коротанова, разделившего печальную участь своих отца и матери. Появление Лонова в одинцовском коттеджном поселке заявительница Е. Лахтанова объяснила тем, что этот парень, проживавший в подмосковном Сергиево-Посадском районе дружил с ее младшим братом Алешей. Лахтанова рассказала, что Сергей, как и она, несколько дней названивал в Подушкино и, кажется, тоже почувствовал что-то нехорошее, поскольку на даче никто не снимал трубку. Об этом она узнала от самого Лонова, когда набрала номер мобильного телефона брата, а вместо Алеши почему-то отозвался Сергей. Правда, он тут же разъяснил Лахтановой, что взял мобильник у ее брата всего на несколько деньков и как раз собирается вернуть его хозяину. Вроде бы вполне логичное объяснение, однако сыщики решили основательно проверить Лонова, перебравшегося не очень давно с родителями на житье в Подмосковье с Украины.

Лонов рассказал милиционерам, что в Москве наведался к другу, но того дома не оказалось. Он попытался разузнать у соседей, не видели ли они в последние дни Алешку, но те ответили ему отрицательно. Тогда Лонов договорился с Лахтановой и ее мужем, что тоже подъедет в Подушкино.

Опять вроде бы нормальное объяснение, и все-таки милицейских работников насторожило что-то неестественное в поведении парня. Ведь трагически погибли трое хорошо ему известных людей, а держался Лонов на удивление спокойно и уверенно, словно не слишком потрясенный случившимся.

Лонова задержали по подозрению в совершении тяжкого преступления, и начальник отдела уголовного розыска Одинцовского УВД Владимир Борисов, его заместитель Василий Родин, старший оперуполномоченный по особо важным делам Михаил Жаровин и другие профессионалы милицейской сыскной работы стали во время допроса «разваливать» алиби подозреваемого, выискивая мелкие нестыковки в его показаниях. Вскоре задержанный Лонов осознал, что запираться дальше бессмысленно, и написал чистосердечное признание.

Из его пояснений сложилась следующая картина. В пятницу, находясь в гостях на даче гендиректора, он якобы поссорился с Алексеем, который не только упрекнул друга за то, что тот много пьет, но и даже ударил его по голове. Желая отомстить обидчику, Лонов взял в гараже топор и вошел в дом. Пройдя на кухню, дачный гость сначала ударил отца Алешки. Коротанов-младший, потерянно ахнув, только и успел крикнуть: «Что ты наделал?!» Но Лонов уже действовал, «как заведенный робот». Расправившись и с другом, отправился в баню, где убил и его мать Ирину Коротанову чтобы не оставлять в живых свидетельницу...

Порывшись в доме, убийца нашел лишь незначительную сумму наличных денег да прихватил с собой мобильный телефон зарубленного приятеля. Покинув Подушкино, добрался на нескольких автомашинах-попутках до Сергиева Посада и заявился домой — в тесную родительскую квартиру. А на следующий день, в субботу, только и успел, что посетить вещевой рынок, купить на украденные деньги новую одежду, а старую сжечь.

С обвиняемым был проведен выезд на место происшествия, где в качестве вещественного доказательства изъяли само орудие преступления — топор со следами крови.

...Коллеги Владимира Коротанова были потрясены, узнав об убийстве своего руководителя. Три десятилетия он занимался любимым делом, начав профессиональную карьеру с работы в Измайловском лесосовхозе и став в 1989 году генеральным директором «Мосзеленхоза». Организованная им осенью 2000 года выставка «Цветы» на территории ВВЦ — преемнике знаменитой ВДНХ СССР — стала последним красивым подарком Владимира Коротанова столице, приуроченным ко Дню города. На похоронах коллеги и друзья вспоминали, что В. Коротанов был мужчиной не из робкого десятка. Например, однажды смело вступился за девушку, на которую напали хулиганы. Но вот, конечно же, не ожидал подлого безжалостного удара от молодого гостя, вхожего в его дом.

Сергею было в ту пору 18. В этом возрасте многие люди только-только определяют свои жизненные ориентиры. Этот выбрал для себя длительный срок тюремного заключения.

МОГИЛЬНИК НА ДАЧНОМ УЧАСТКЕ

Даже на фоне нынешней криминальной «вседозволенности», насаждаемой в обществе уголовными преступниками, это уголовное дело, возбужденное в Наро-Фоминском районе Подмосковья, выглядит весьма зловеще.

К разгадке таинственной серии тяжких преступлений, произошедших в городе Апрелевке, милицейские сыщики вплотную подошли осенью 2000 года. Правда, поначалу они и представить себе не могли, что столкнутся отнюдь не с единичной кровавой трагедией, а с целой чередой жестоких злодеяний.

2 июля 2000 года в дежурную часть Апрелевского отдела милиции обратилась местная жительница, которая заявила, что пропал ее отец. Как было установлено, он исчез почти полтора месяца назад — в самом конце весны. Двадцать второго мая пожилой горожанин, проживавший один в собственном доме, вышел из него около 3 часов дня и направился в центр Апрелевки. По отзывам соседей, мужчина был любителем выпить и на этот раз потопал в центральную часть города, тоже будучи уже навеселе.

На протяжении нескольких месяцев поиски как в воду канувшего человека оставались безрезультатными. Само собой напрашивалось, что он стал жертвой преступления и, скорее всего, убит. А в таких случаях уголовники, чтобы максимально затруднить раскрытие убийства, зачастую используют стандартный прием для сокрытия следов зверской расправы — тайно хоронят трупы.

Спустя два с лишним месяца после регистрации этого безвестного исчезновения домовладельца дежурная часть Апрелевского ОМ приняла новое тревожное заявление. В милицию обратилась женщина предпенсионного возраста, у которой пропал сын. Мать сокрушалась, что роковому уходу сына из дома предшествовала их ссора. Семейный конфликт разгорелся из-за того, что парень не видел ничего плохого в злоупотреблении спиртным. И куда он подался, родительница не ведала.

В те же недобрые сутки, 12 сентября, в Апрелевке случилось криминальное ЧП. У магазина «Сантехника», в развалинах сгоревшего дома, был обнаружен труп. Местному жителю, нигде не работающему мужчине, которому шел пятый десяток лет, нанесли смертельную черепно-мозговую травму.

Для оказания помощи в выяснении обстоятельств этой насильственной смерти в Апрелевку, считавшуюся до сих пор относительно тихим подмосковным городком, прибыли сотрудники УУР ГУВД столичной области. Они и усилили следственно-оперативную группу, созданную из числа работников отдела уголовного розыска Наро-Фоминского УВД и местной прокуратуры.

Наряду с дотошным «просеиванием» прочих версий случившегося, участники следствия безотлагательно принялись и за проверку предположения, что найденный в развалинах сгоревшего дома мужчина был убит с целью ограбления, хотя он и не принадлежал к числу состоятельных людей. И получилось так, что именно это направление расследования вывело сотрудников правоохранительных органов на целую группу подозреваемых.

Установив весь состав уголовной шайки, милицейские оперативники задержали четверых неработающих: москвича-дачника Александра Фомина и его крутых приятелей, любителей устраивать шумные попойки. Задержанные признались, что «грохнули» мужика ради завладения его личным имуществом — курткой и часами.

Но сыщики на этом не успокоились и продолжили оперативную разработку задержанных. Благодаря профессионализму розыскников, криминальная четверка не сумела утаить и другие свои кровавые похождения. Как ни пытались отмалчиваться допрашиваемые, однако скоро достоянием следствия стали конкретные сведения и о том, что за шайкой числятся еще три убийства, совершенных на территории Наро-Фоминского района.

Особо примечательно, что за считанные часы оперативники допытались, где погребены тела остальных жертв преступной группы. Уже 13 сентября на участке одного из дачных домов по улице Мартовской города Апрелевки члены следственно-оперативной бригады провели эксгумацию. Из могильника, в который превратил свои загородные земельные владения московский дачник-злодей, извлекли останки трех мужчин. У них, как и у обнаруженного в полусгоревшем доме мужчины, были черепно-мозговые травмы.

В двух пострадавших опознали пропавших без вести горожанина-домовладельца и поскандалившего с матерью парня. Посложнее оказалось выяснить, кто же третий.

Наконец наступила ясность и в отношении этой жертвы. Неизвестный тоже был опознан: им оказался еще один неработавший апрелевец средних лет, с которым шайка грабителей-убийц расправилась, чтобы присвоить его вещи. Между прочим, о его безвестном исчезновении никто милицию не уведомил.

Позже «апрелевское» уголовное дело взялась довести до суда Московская областная прокуратура, которой были объединены все материалы по фактам четырех умышленных убийств. Как установило предварительное следствие, первую жертву уголовники убили из-за боязни разоблачения... за кражу телевизионного «ящика». Пожилой апрелевец пришел поинтересоваться у веселившихся на даче молодых людей, не видели ли они, кто утащил его телевизор. Хозяин дачи, москвич Фомин, успокоил расстроенного человека, что поможет ему найти вора, и предложил гостю выпить с ними стопочку. Мужчина не отказался, а после выпивки дачник попросил его оказать услугу — выкопать на участке яму для мусора. Немолодой горожанин принялся за работу и не заметил, как к нему подкрались двое злоумышленников. Фомин и его сообщник расправились с обреченным землекопом, нанеся ему несколько ударов топором и ножом в затылок и спину. Преступники настолько «завелись», что сначала подожгли труп, а уже потом закопали его в яме.

Через несколько недель эти же преступники так же расправились с очередной жертвой. Местный парень, имевший неосторожность занять у Фомина деньги и не успевший возвратить их, забрел на дачу и нарвался на демонстративную экзекуцию. Сам кредитор, у которого опять собрались бражничавшие гости, до полусмерти отдубасил должника палкой и затем больше суток продержал его в подвале дома. Опасаясь, что избитый заявит в милицию, шайка пьющих убийц вывела беднягу из подвального заточения и обрушила на него удары топором, ломом, лопатой. А от трупа преступники избавились, закопав его тут же на участке под деревом.

Третий пострадавший, который считал, что дачник-гуляка Фомин спаивает его жену, зашел к нему, чтобы по-мужски выяснить отношения. Однако Фомин с собутыльником, которым был не кто иной, как родной брат супруги пришедшего, угробили парня — нанесли ему свыше 20 ударов топором. Труп сбросили в выгребную яму туалета. Четвертого несчастного преступники просто повстречали на улице. После того как он не дал им закурить, размозжили ему голову кирпичом...

Московский областной суд приговорил Александра Фомина к 25 годам тюремного заключения. Остальные трое преступников должны провести в местах лишения свободы от девяти с половиной до 18 лет.

СУЕТЛИВЫЕ ПУТНИКИ С НОУТБУКОМ

Майор милиции Виктор Селянский, проводя инструктаж заступающих на ночное патрулирование нарядов Троицкого ОВД, особо подчеркнул, что надо проверять документы у всех припозднившихся прохожих. Начальник службы криминальной милиции Отдела внутренних дел Селянский не раз на личном опыте убеждался, что порой именно с внимательности патрульных начинается раскрытие различных преступлений.

Дежурные экипажи разъехались по маршрутам патрулирования. До полуночи все было более-менее тихо, спокойно прошли и первые полтора часа начавшихся очередных зимних суток.

Проезжая по Калужскому шоссе, группа задержания из подразделения вневедомственной охраны увидела, что на автобусной остановке стоят несколько мужчин. Связавшись по рации с коллегами – членами группы немедленного реагирования, сотрудники отдела вневедомственной охраны блокировали подозрительную мужскую компанию. На подмогу старшему группы задержания ОВО Андрею Акинину, милиционеру-водителю Сергею Прилепину и их сослуживцам Александру Печерскому и Алексею Епифанцеву прибыл экипаж ГНР, в который входили оперуполномоченный уголовного розыска Владимир Кульков и подчинявшийся ему сотрудник Отдела внутренних дел Виталий Трусов.

Четверо мужчин, которых милицейские работники взяли в плотное кольцо, сразу же предъявили свои документы. Компания, поджидающая автобус, оказалась интернациональной: 21-летний житель Ростовской области Сергей Сенин, таджикский гость Шухрат Мазакиров 1977 года рождения и украинские приятели-земляки из Луганской области — 27-летний Виктор Коблев и 26-летний Виталий Кривко.

Документы у них были в порядке: почти все приезжие даже успели временно зарегистрироваться в Москве, но вот вели себя парни как-то нервозно. Более того, стражи порядка углядели, что трое из них попытались украдкой раздавить... сотовый телефон.

Поскольку у суетливых путников было при себе два дорожных баула, милиционеры поинтересовались, что в них находится. А в сумках, помимо прочего, лежали компьютер-ноутбук, женская шуба и бижутерия. Поскольку застигнутые врасплох парни не смогли толком объяснить, откуда у них эти вещи, их доставили для дальнейшего разбирательства в расположение Троицкого ОВД.

Очутившись в казенном заведении, задержанные решили поскорее выбраться из того щекотливого положения, в которое они угодили. И покаялись, что находящиеся в баулах вещи были ими похищены где-то в столице. Правда, и это вынужденное, если не сказать — вымученное, признание подозреваемые выдавили из себя с большим-пребольшим трудом, продолжая лихорадочно соображать, как же им следует держаться.

Между тем не сидели сложа руки и члены дежурной следственно-оперативной группы. Если еще не так давно работники милиции слабовато разбирались в премудростях виртуального мира, то теперь уже довольно свободно оперируют даже с самыми последними чудо-новинками из области оргтехники. По крайней мере, в Троицком ОВД не растерялись: включив ноутбук, милиционеры тут же «высветили» заложенные в электронную память данные о владельце этого компьютера.

Воспользовавшись ноутбуковской подсказкой, в Троицком ОВД набрали номер телефона москвича, проживающего в Южном административном округе столицы. Потерпевший пояснил, что в Чертанове стал жертвой преступников, присвоивших его компьютер.

Ввиду того что никакой дополнительной криминальной информации больше не всплыло, всех четверых подозреваемых отвезли в столичное 130-е отделение милиции, обслуживающее ту территорию, где произошло раскрытое преступление.

Однако на этом история не закончилась. В разгар дня в дежурную часть Троицкого ОВД сообщили, что в селе Красное Подольского района обнаружены четыре трупа: три женских и один мужской.

Что и говорить, жуткую картину представляло место происшествия. Под ворохом одежды в доме лежали со множественными колото-резаными ранами бездыханные тела пожилых женщин — 67-летней хозяйки жилища Людмилы Константиновны Пушкаревой, 71-летней местной пенсионерки Марии Егоровны Петровой и 65-летней москвички Александры Ивановны Волчковой, которая, будучи монашенкой, была еще и старостой церкви в селе Былово Подольского района. А в сарае нашли четвертого зарезанного — мужчину средних лет, который помогал домовладелице по хозяйственным делам. У пострадавшего, помимо нанесенных ему ранений, были связаны руки.

Вместе с прокурором Александром Михайловичем Моховым в село Красное прибыл начальник Троицкого ОВД подполковник милиции Николай Егорович Волков, который лично знал трагически погибшую Людмилу Константиновну Пушкареву. Проводя осмотр места преступления, он обратил внимание, что в гардеробе висят пустые плечики. Нашлась и еще одна зацепка: на выходе из дома обнаружили и изъяли в качестве вещественного доказательства... оброненную бижутерию. Чуть позже милицейские работники разыскали свидетельницу-родственницу, которая четко описала пропавшие из дома Пушкаревой верхнюю одежду и бижутерию.

Сопоставив факты и улики, следователи убедились, что после чертановского ограбления четверо задержанных совершили и это кошмарное злодейство. Когда две милицейские автомашины затормозили у автобусной остановки, находившейся километрах в пяти от села Красное, запаниковавшие хмельные «гастролеры» первым делом хотели избавиться от телефона-мобильника, принадлежавшего Людмиле Константиновне.

...Сходив в церковь, Людмила Константиновна вернулась домой со своей приятельницей Александрой Ивановной, которая собиралась печь просвирки. Потом в гости к Пушкаревой заглянула односельчанка Мария Егоровна, и они по-соседски, за разговором, коротали вечер. И вдруг в дом ворвались жестокие налетчики.

А очутились преступники в столичном регионе России, погнавшись за большими заработками. Однако в Подмосковье им пришлось трудиться разнорабочими, довольствуясь отнюдь не «длинным рублем». И однажды чужаки познакомились тоже с приезжим мужчиной, который во время совместного распития водки бахвалился, что вот ему, мол, повезло так повезло. Он обеспечен приличной кормежкой и сносным ночлегом, так как устроился работать в доме у очень зажиточной деревенской старухи, которая поблизости от своего дома держит продовольственную палатку и уже накопила около 15 тысяч долларов.

Разбудив у новых знакомцев дикую алчность, болтливый квартирант обрек на гибель не только трех женщин почтенного возраста, но и себя. Уже на следующие сутки, вооружившись ножом, четверо жаждущих обогащения парней отправились в подольское село. Когда на лай собаки вышел надомный помощник домовладелицы, преступники сильно ударили его в лицо и, заткнув ему рот кляпом, связали, заперли в летнем домике. Зайдя в особняк, налетчики положили лицом на пол хозяйку и гос-

375

тивших у нее двух приятельниц и начали допытываться о валютном тайнике. Избивая старых женщин и втыкая им заточку в ноги, руки и в шею, садисты подвергли их медленной мучительной смерти, но где лежат доллары, так и не узнали. Совершив тройное убийство, преступники обшарили весь особняк — вытащили из шкафов и перетряхнули всю одежду, вспороли обшивку мебели, оторвали потолок в ванной комнате, но валюты так и не нашли. В итоге взяли женскую меховую верхнюю одежду, видеоплеер, несколько золотых изделий, бижутерию. И под конец убили находившегося в летнем домике квартиранта-свидетеля.

По воле судьбы, в составе группы немедленного реагирования, участвовавшей в задержании этих подозреваемых, оказался милиционер-водитель Виталий Трусов — внук убитой Пушкаревой.

Решением коллегии присяжных заседателей Мособлсуда преступники-убийцы были осуждены на длительные сроки лишения свободы — от 21 года до 23 лет.

ПЕДОФИЛ С БОЛЬНИЧНЫМ НОЖОМ

Вечером в четверг, 10 мая 2001 года в долгопрудненскую милицию обратилась взволнованная женщина — в этот же день, несколько часов назад, у нее внезапно пропала несовершеннолетняя дочь Е. Минченко. Надо отметить, что стражи правопорядка сразу же очень ответственно и серьезно отнеслись к словам заявительницы. Милицейские работники приняли во внимание, что

376

девочка воспитывалась в хороших семейных условиях и прежде никогда не позволяла себе надолго запаздывать домой.

Поначалу этот день шел как обычно. Приученная к самостоятельности школьница, родившаяся в 1989 году, пообедала дома и отправилась в бассейн. Как выяснилось, сеанс у юной пловчихи закончился по распорядку: в 17 часов 15 минут. Одевшись, девочка отправилась домой, но до родного жилища так и не добралась.

Сначала милиционеры прикинули, каким мог быть ее маршрут. От бассейна, соседствовавшего с больничным корпусом, тропинка вела в сторону жилого дома, в котором и обитала семья Минченко.

По приказу начальника службы криминальной милиции Долгопрудненского ОВД Геннадия Кружкова оперативно-поисковые группы стали прочесывать город, разыскивая исчезнувшую. При этом, понятно, было решено, что особенно тщательно осмотреть надо прежде всего территорию, прилегающую к бассейну.

В непогожую, дождливую ночь на пятницу в активный поиск несовершеннолетней включились участковые инспектора милиции, сотрудники ППС и остальные работники Отдела внутренних дел города Долгопрудного. Проверяя недостроенные гаражи по улице Восточной, мимо которых как раз и пролегала начинавшаяся у бассейна тропинка, младший сержант милиции Александр Фомин из подразделения патрульно-постовой службы ОВД обнаружил в одном из боксов страшную находку. Приблизительно в 4 часа ночи в заполненной водой смотровой яме патрульный заметил труп безвестно пропавшей. Неизвестный преступник, напавший на малолетнюю жертву, нанес ей несколько ножевых ранений в область грудной клетки. Скорее всего, в момент нападения уголовника девочка попыталась оказать ему сопротивление: одна рука у нее была порезана. Видно, защищалась, насколько хватило сил...

Осматривая место происшествия, члены следственно-оперативной группы нашли улику — пакет с мужскими сорочками. Милицейские работники пришли к однозначному выводу, что такие рубашки не выкидывают, поскольку они еще не были сильно изношены, а выглядели, наоборот, вполне удовлетворительно. Само собой напрашивалось предположение, что эти сорочки убийца забыл на месте расправы с девочкой.

На помощь долгопрудненским работникам — руководителю ОВД города Василию Жуйко, его подчиненным Антону Гребневу, Алексею Коноваленко, Валерию Блохину и другим — прибыли опытнейшие сотрудники подмосковного угрозыска во главе с начальником УУР ГУВД столичной области Юрием Торопиным. Были выдвинуты основные версии случившейся трагедии, и начался сбор первичной информации.

Заодно проводилась традиционная сыскная работа: на возможную причастность к совершенному преступлению проверяли и ранее судимых, и психбольных, и привлекавшихся к уголовной ответственности агрессивных граждан, склонных к сексуальному насилию... Ввиду того что поблизости находилась психиатрическая больница, милицейские сотрудники с повышенным вниманием присмотрелись и к ее пациентам. Под подозрение даже было попал находившийся там на лечении один парень, но достаточно быстро стало ясно, что он не представляет социальной опасности.

Между тем профессиональная удача выпала на сыщицкую долю младшего лейтенанта милиции Артема Хожая, наведавшегося и в больницу, рядом с которой был плавательный бассейн. Там отыскался свидетель, который опознал одну сорочку из найденного на месте преступления пакета. Да и немудрено, потому что он сам подарил эту рубашку соседу по палате, у которого с одеждой было совсем худо.

Разумеется, оперативники тут же заинтересовались малоимущим больным. Тут-то и всплыло, что он — тертый калач. Николай Прытков, имевший несколько судимостей за хулиганство и имущественные преступления, так и не пожелал остепениться. Бездельничая на свободе, он надумал подлечиться, поскольку страдал от язвенной болезни. Однако в больничной обстановке вел себя своенравно: пропускал процедуры, пьянствовал. Более того, как-то самовольно ушел из больницы на несколько дней, а когда явился как ни в чем не бывало обратно в свою палату, врачи указали ему на порог.

Слоняясь неподалеку от больницы, уголовник и подстерег у гаражей возвращавшуюся из бассейна девочку.

Задержали Прыткова уже в субботу, 12 мая. Убийца-педофил даже и не подумал улизнуть из города.

На первом допросе подозреваемый, конечно же, якобы ничего не помнил. Затем же все-таки сознался в кровавой расправе: встретил на тропинке девчонку и убил ее, когда она начала кричать. Окровавленный нож выбросил, а вот пакет с носильными вещами в спешке не прихватил, так как где-то послышались голоса и он поторопился скрыться с места преступления. К слову, нож, послуживший орудием преступления, Прытков утащил из больничной кухни.

Заместитель начальника отдела УУР ГУВД Московской области Игорь Коротков, принимавший участие в вычислении убийцы-педофила, рассказал о некоторых характерных нюансах его поведения. Пролив кровь жертвы, преступник не отказался от своего обычного времяпрепровождения — попоек. Бывшая жена Николая видела, как он пил с алкашами на рынке. Будучи без определенного места жительства и не имея семьи, Прытков накануне убийства цинично откровенничал перед больничными слушателями, что хочет «подцепить» где-нибудь бабу. И, к сожалению, нашел ни в чем не повинную девочку, зверски оборвав ее жизнь.

ДРУЖБА ДО ГРОБОВОЙ ДОСКИ

Получив рано утром в понедельник, 4 июня 2000 года оперативную информацию о совершенном тройном убийстве, солнечногорские сыщики во главе с руководителем районного угрозыска Александром Родичевым уже в 7 часов вечера того же дня задержали преступника — мужчину средних лет. Правда, строительный чиновник Сергей Орехин поначалу назвал это «большим недоразумением». Как можно его, солидного, уважаемого человека, обвинять в таком немыслимом злодействе?

Самое поразительное, что об этом криминальном ЧП в поселке Менделеево — убийстве трех человек, в том числе и девочки детсадовского возраста, — первой узнала милиция. О случившемся в местное подразделение внутренних дел официально никто не заявил.

Трагедия свершилась в жилой высотке, на 16-м этаже. В однокомнатной квартире, которую снимала интеллигентная семья, разыгралась невообразимая кровавая драма. От увиденного на месте происшествия члены следственно-оперативной группы не могли не ужаснуться. Убийца расправился с целой семьей: застрелил супругов, состоявших в гражданском браке, и не пожалел четырехлетнего ребенка. Молодую женщину, родившуюся в 1971 году, недобрый гость убил в коридоре, разменявшего пятый десяток лет мужчину умертвил в комнате, где он спал, не пожалел и малышку, игравшую с куклой у мебельной стенки...

Очевидно, убийца полагал, что его не найдут, но просчитался. И уже через несколько дней на допросе Орехин признался в содеянном.

Вероятнее всего, преступник пролил кровь двух взрослых и ребенка ради того, чтобы присвоить валютные накопления этой семьи и принадлежавшие им золотые ювелирные украшения. Похитив несколько десятков тысяч долларов и изделия из благородного металла, убийца скрылся. Но так уж получилось, что никто из соседей несчастной семьи не услышал выстрелов и не приметил ничего подозрительного. Перед тем как покинуть место преступления, Орехин предусмотрительно открыл в квартире окна, чтобы трупный запах выветривался на улицу, а не вытягивался на лестничную площадку.

Нелегко было убедить убийцу сознаться, хотя Орехин не обладал упертостью матерого уголовника. Он пребывал в подавленном состоянии, сильно нервничал и никак не мог выбрать предпочтительную линию поведения: то ли наотрез открещиваться от своей причастности к расстрелу семьи, то ли чистосердечно признаться в учиненной им бойне. Надо отдать должное следствию, которое все же нашло подход к подозреваемому. Старший оперуполномоченный подполковник милиции Виктор Скворцов, имевший уже 35-летний стаж работы в уголовном розыске, и его коллеги так безошибочно и тонко «раскрутили» это неординарное дело, что смогли выяснить, куда убийца подевал главную улику — «ствол», из которого он стрелял.

Орудие убийства удалось обнаружить не где-нибудь в хитроумном тайнике, а в итоге его просто-напросто выкопали из земли в лесу. В раскопанной ямке под этим заряженным тремя боевыми патронами пистолетом лежала еще и пачка фотографий. На четырех десятках снимков были запечатлены не только погибшие супруги с дочерью Надюшей, но и вместе с ними... Сергей Орехин со своей женой.

Как выяснилось, это были друзья с детства. Потом, во взрослой жизни, Заболотному довелось стать крупным руководителем — главой одного из геодезических учреждений страны. А семейное счастье он нашел с финансовой работницей, трудившейся в небезызвестном в нашей стране и за рубежом специализированном Всероссийском научно-исследовательском институте, где, наряду с другими совершенными образцами, хранится эталон времени. Но Орехин тоже состоялся как профессионал своего дела, выдвинувшись на руководящие позиции в одной из строительных организаций столицы.

Обе семьи вроде бы дружили, нередко проводили свободное время вместе, отмечая какие-то личные события. Да и в тот день, день убийства, Орехин вдвоем с женой друга ездил в Москву за покупками и после посещения столичных магазинов в девять вечера переступил вместе с нею порог однокомнатной квартиры в поселке Менделеево.

В истинной причине, почему Орехин поднял руку с пистолетом на семью друга, он так и не признался. Но следы преступления постарался замести. Покидая квартиру на 16-м этаже, унес с собой и стопку фотографий, хранящих прошлое убийцы с его жертвами.

— По долгу службы мне довелось на протяжении ряда лет участвовать в расследовании самых различных тяжких и особо тяжких преступлений, — рассказал начальник криминальной милиции Солнечногорского ОВД Михаил Корнышов. — В частности, одним из наиболее громких уголовных дел в нашем районе был расстрел в середине девяностых годов солнечногорской дискотеки, когда погибли шесть человек. В течение полутора лет мы совместно с подмосковным РУБОПом работали по раскрытию этого вызывающего преступления и в конце концов установили, кто повинен в массовом убийстве посетителей дискотеки. И вот — еще одна дикая расправа. Но на сей раз мои подчиненные свою часть оперативной работы выполнили так, что подозреваемого в тройном убийстве задержали еще до того, как осмотрели само место происшествия.

...Орехин признался, что пистолет он приобрел на столичном рынке более года назад якобы для самообороны. А раз «ствол» заряжен, то рано или поздно он, согласно классической афористичной формулировке, должен выстрелить.

БЕДОВАЯ КОМПАНИЯ

Второго июля 2001 года 60-летний Николай Максимилианович Петерсон, не дождавшись пообещавшей к нему прийти внучки-школьницы Жанны, вышел за околицу своей родной деревни Гаврино подмосковного Шаховского района ее встречать. Несмотря на жару, старик медленно шагал по тропинке, по которой внучка обычно спешила к нему.

Неожиданно с поля, примыкающего к деревне Гаврино, на тропинку выбрался незнакомый парень.

Поравнявшись со стариком, чужак поинтересовался, сколько сейчас времени. Ответив, Николай Максимилианович спросил в свою очередь:

— А что ты тут делаешь?

— Загораю, — замешкавшись, односложно буркнул странноватый тип и побрел дальше.

Так и не встретив внучки, дедушка вернулся домой. Вечером он опять вышел за околицу, но и на сей раз не дождался появления Жанны. Зато около 20 часов Николай Максимилианович приметил, как тот же самый незнакомый парень вышел с поля на федеральную автотрассу Москва — Рига и стал ловить попутную машину.

На следующий день, когда выяснилось, что Жанны нет и дома в поселке, пропавшую девочку начали искать всем миром.

И только через сутки, 4 июля, в 200 метрах от автотрассы Москва — Рига нашли ее труп. То, что она была убита, определил бы и человек, далекий от судмедэкспертизы: лицо жертвы было в синяках, на ее теле имелись явные следы побоев...

Уже потом будет уточнено, что погибшую могли найти и на день раньше. Но из-за того, что труп лежал в высокой траве, его не заметили 3 июля, хотя один из искавших прошел буквально рядом с тем местом, где кто-то совершил нападение на старшеклассницу и расправился с ней.

По заключению судебно-медицинского эксперта, потерпевшая была изнасилована. Непосредственной причиной смерти жертвы стала механическая асфиксия, то есть удушение.

Учитывая повышенную опасность этого преступления и вызванный им широкий общественный резонанс, для раскрытия убийства несовершеннолетней создали следственно-оперативную группу из числа работников местной прокуратуры и сотрудников Главного управления внутренних дел Московской области и отделения уголовного розыска Шаховского ОВД. От подмосковного Управления уголовного розыска практическую помощь местным оперативникам оказали заместитель начальника УУР Виктор Хаецкий и старший оперуполномоченный 3-го отдела Сергей Агапов.

На первых порах следствия подтвердилось: да, дедушка не ошибался, когда 2 июля рассчитывал, что внучка обязательно соберется его навестить. И, действительно, примерно в 14 часов Жанна пошла к Николаю Максимилиановичу в деревню Гаврино, находящуюся всего-то метрах в 400 от поселка Шаховская. Однако и на таком небольшом отрезке пути между двумя населенными пунктами 14-летнюю школьницу кто-то подстерег...

Сотрудники ОУР Шаховского района стали обходить близлежащие деревни, устанавливая местных жителей, видевших в день убийства старшеклассницы «варяга», которого в недобрый июльский понедельник дважды повстречал Николай Максимилианович.

И скоро раздобыли информацию, что в соседней деревне Судислово у одной местной жительницы проживает пришлый мужчина, схожий по приметам с разыскиваемым. Туда срочно направилась оперативная группа, которая задержала Романа Мокина, временно перебравшегося в Подмосковье из города Ржева Тверской области.

И хотя задержанный вел себя не совсем адекватно, в ходе профессионально организованной разработки он признался в убийстве несовершеннолетней. Когда его везли на место преступления, Мокин подробно рассказал, как учинял расправу. Между прочим, на лице и груди у него остались царапины: Жанна, насколько ей хватило сил, отчаянно защищалась...

Проводя дальнейшее предварительное расследование, работники правоохранительных органов вычислили и трех сообщников Мокина, включая и несовершеннолетнего, еще не достигшего возраста привлечения к уголовной ответственности. Второго июля эта компания распивала спиртное на поле у деревни Гаврино. Тогда-то на глаза захмелевшим и попалась, на свою беду, школьница из Шаховской. Спастись от жестоких собутыльников, накинувшихся на нее, у девочки не было, наверное, ни малейшего шанса. Как проинформировал заместитель начальника 3-го отдела УУР ГУВД Московской области Игорь Коротков, за безжалостной компанией Мокина тянулся кровавый след — ее обвинили в совершении еще нескольких убийств. Причем одно из них произошло в самом начале 2001 года не где-нибудь, а в поселке Шаховская.

ТРЕВОЖНО СТАЛО НА СЕРДЦЕ У ОТЦА...

Тогда же, второго июля 2001 года, жизнерадостная подростковая компания, направляясь к пруду, находящемуся у поселка Глебовского производственного птицеводческого объединения, по пути зашла к сверстнице — старшекласснице местной средней школы Алине Орловой. Шумно поприветствовав ее, гости предложили:

— Айда с нами купаться!

Алина, глядя на беззаботных девчонок и мальчишек, согласно кивнула: мол, с удовольствием отправлюсь поплавать, но с друзьями не пошла, объяснив им, что должна задержаться дома по каким-то делам и придет на пляж попозже.

Справившись с работой, Алина примерно в половине десятого вечера ушла из дома и... пропала. Когда дочь не вернулась к 23 часам, забеспокоившийся отец пошел ее искать. Пройдя в лесном массиве по петлявшей среди зарослей травы и крапивы тропинке к пруду и нигде не найдя запропастившейся Алины, он вернулся домой. В ночной темноте очень трудно было разглядеть что-либо даже рядом с собой.

Однако на сердце у отца было тревожно — прежде дочка никогда допоздна не задерживалась даже в летнюю пору.

Кое-как проведя беспокойную ночь, с утра пораньше отец возобновил поиски. И на этот раз на той же тропинке заприметил в одном месте примятую траву.

Отойдя от нее в сторону метров на 300—400, он, к своему непередаваемому ужасу, увидел торчавшую из-под лапника и сучьев ногу дочери.

К месту происшествия выехала следственно-оперативная группа. Судмедэксперт насчитал 16 ножевых ранений, нанесенных неизвестным преступником в различные части тела жертвы, в основном — в область грудной клетки.

Начальник службы криминальной милиции Истринского УВД Борис Двоешкин вместе с подчиненными наметил, какую сыскную работу следует выполнить в первую очередь. Как и делается при расследовании подобных преступлений, часть оперативников принялась за скрупулезную проверку на возможную причастность к расправе со школьницей кого-нибудь из местной «группы риска». В ней насчитывалось полдесятка поселковых жителей, из тех, кто раньше был судим за тяжкие преступления, включая и изнасилования.

Пока одни сыщики проверяли бывших заключенных, другие оперативники выясняли, с кем Алина собиралась идти купаться. Установили всех ребят, зазывавших ее на пруд. Школьники долго не могли отойти от шока, вызванного известием о трагической гибели Алины. Однако припоминая, не было ли чего-нибудь настораживающего в то время, когда они уже купались, сообщили, что слышали где-то поодаль девичий крик, но не обратили на него особенного внимания. Через считанные минуты после этого к пруду приплелся их сверстник Андрей Маров. Сняв с себя футболку и джинсы, быстро искупался невдалеке от компании, а выбравшись из воды, сразу оделся и ушел.

Вдоволь наплававшись, компания тоже зашагала в сторону поселка. На тропинке, неподалеку от тракторной мастерской, ребята вновь повстречали Андрея.

— Ты куда? — спросили они его.

Ничего не ответив, тот прошел мимо.

Естественно, сыщики не могли не заинтересоваться, что в такой поздний час могло понадобиться в лесу несовершеннолетнему парню, родившемуся в 1985 году. Поехали к нему домой, и тут выяснилось, что на теле у подозреваемого остались характерные для борьбы следы: в частности, под мышкой багровели свежие царапины от ногтей.

— Задержанный поначалу не сознавался, но потом его убедили, что лучше обо всем рассказать без утайки, чтобы чистосердечным признанием облегчить свою дальнейшую участь на суде, — уточнил подполковник милиции Игорь Коротков, участвовавший в раскрытии убийства школьницы. — Маров выдвинул встречное требование: мол, буду говорить, но с одним условием — не показывайте меня отцу Орловой. По словам допрошенного, около двадцати двух часов он стоял поблизости от тропинки и увидел, как по направлению к пруду идет Алина. Маров вышел ей навстречу. Поздоровались, и вдруг этот довольно крепкий паренек потащил хрупкую старшеклассницу в лесную гущу. Девчонка начала сопротивляться, тогда он ее придушил и поволок дальше. Когда оттаскивал в сторону, якобы нечаянно наступил ногой на ее горло. Увидев, что Орлова скончалась, преступник засыпал ее труп всем, что попалось под руку, а часть одежды жертвы прикопал почти рядом, метрах в двадцати от убитой.

Вернувшись домой, Маров испугался: а вдруг Алина еще жива и расскажет о нем? Взяв кухонный нож, он направился к месту, где спрятал ее труп, тут-то и повстречал компанию купальщиков. Разминувшись с ней, поглощенный паническими мыслями убийца добрался до лесного погребения и через набросанные на труп ветки и перемешанную с землей хвою начал ножом наносить по телу жертвы удар за ударом. Затем добрел до пруда и выбросил нож в воду.

Одногодки Алина и Андрей росли на глазах друг у друга, вместе ходили в детский сад, потом учились в одной школе. Подследственный так и не смог объяснить причину своего агрессивного поведения. В нем, видите ли, неожиданно проснулось что-то жестокое, захотелось изнасиловать знакомую с детства девочку, а получилось, что случайно задушил...

Суд приговорил преступника-убийцу к восьми годам лишения свободы.

МАРШ-БРОСОК ДЕЗЕРТИРА

Боевая вахта в войсковой части, дислоцирующейся в городе Луховицы, в эту теплую летнюю ночь, казалось бы, не предвещала никаких осложнений.

Восьмого июля 2001 года, ровно в 2 часа, на пост по охране складов армейского подразделения заступил в составе наряда ефрейтор Павел Аниев, который был призван на срочную воинскую службу в мае 2000 года из Белгородской области.

Все шло по привычному распорядку. Однако в 2 часа 10 минут с поста ефрейтора Аниева не поступило звонка, и тогда сразу же туда был выслан караульный расчет. Он-то и обнаружил, что военнослужащий самовольно покинул складской участок, который ему было доверено охранять. Боец прихватил с собой автомат с двумя магазинами и штык-ножом, оставив на посту лишь бронежилет и каску. Разумеется, у сбежавшего был полный боекомплект: в каждом из «калашниковских» магазинов по 30 патронов.

Для поиска и поимки дезертира по специальному сигналу «Сирена» был поднят личный состав Луховицкого отдела внутренних дел. Милицейские работники совместно с военнослужащими войсковой части стали прочесывать прилегающую местность. Увы, первоначальные розыскные мероприятия, несмотря на их оперативность и масштабность, не увенчались удачей.

Сотни людей, участвовавших в этой операции, продолжали искать вооруженного дезертира. Всем из них сообщили его словесный портрет: короткая стрижка, лицо овальное, нос прямой — слегка вздернут, губы полные... Было еще известно, что белгородский призывник — ростом 176 сантиметров, худощавого телосложения. А также поисковики знали, что у Аниева есть особые приметы: следы от ожога на спине и на лице.

Утром 9 июля в дежурную часть ОВД позвонил житель деревни Городна Луховицкого района. Приблизительно в 7 часов он заметил молодого человека в камуфляжной форме, поверх которой был надет рабочий халат темного цвета. На плече у служивого, неведомо зачем забредшего на деревенскую окраину, висел автомат. По описанию свидетеля, автоматчик был похож на караульного беглеца. Видно, пытаясь не попасться на глаза другим местным сельским жителям, боец направился к лесному массиву, расположенному с правой стороны от въезда в Городну. Тотчас туда на прочесывание территории выслали сотрудников Луховицкого ОВД и военнослужащих войсковой части. Но, к сожалению, их опять ждала неудача.

Между тем дезертир стремился оторваться от погони, шедшей почти по его следам. В 11 часов при опросе продавщицы магазина выяснилось, что минут 30 назад к ней заходил какой-то солдатик, почему-то набросивший поверх камуфляжа темный халат. Взяв батон хлеба, банку рыбных консервов и бутылку воды, покупатель расплатился и ушел. Взглянув на предъявленную фотографию Аниева, продавщица опознала в нем посетителя ее магазина. Со слов другой очевидицы, парень-покупатель шагал по дороге, ведущей к турбазе «Чайка», которая находится в двух с половиной километрах от этого магазина — уже на территории Озерского района.

Началось прочесывание окрестностей и на земле этих граничащих друг с другом районов.

Вечером 9 июля, около 19 часов, как раз между турбазой «Чайка» и деревней Берхино подполковником войсковой части В. Барсуковым, входившим в группу по розыску дезертира, был замечен мужчина в халате, державший в руках, похоже, автомат. Человек двигался по полю между лесными массивами, но когда увидел, что в его сторону помчалась автомашина, перешел с размеренного шага на бег и скрылся в чаще. Старший офицер с военнослужащими безрезультатно прочесали сектор, где мог спрятаться среди деревьев и кустарника преследуемый, потом поколесили на поисковой автомашине вдоль кромки леса, но нигде так больше и не углядели прыткого беглеца.

Десятого июля, около 7 часов утра, от сторожа турбазы «Сокол», расположенной от «Чайки» в двух километрах ниже по течению Оки, поступило сообщение, что молодой человек, чьи приметы схожи со словесным портретом дезертира, попросил перевезти его на лодке на другую сторону реки. Сторож не согласился переправить его на противоположный берег. Недовольный парень не стал настаивать и убрался восвояси.

Поисковикам и на сей раз не удалось блокировать дезертира, но зато более-менее стало понятно направление его движения. На пути возможных «марш-бросков» ефрейтора расставили милицейские заслоны, и один из них, наконец, поставил точку в поисковой операции. В 4 часа утра 11 июля дезертир, предпринявший очередную попытку переправиться через речную преграду, был схвачен сотрудниками Озерского ОВД. При задержании ефрейтор сопротивления не оказал. При осмотре изъятого у него оружия выяснилось, что в боекомплекте не хватает 14 патронов. Аниев как-то не очень убедительно пояснил, что израсходовал их, стреляя в воздух.

— Ближе к полудню тех же суток в деревне Асошники в своем доме были обнаружены с огнестрельными ранениями в различные части тела трупы пожилых супругов, — рассказал заместитель начальника 3-го отдела УУР ГУВД Московской области подполковник милиции Валентин Аркалов. — Вскоре уже не было никаких сомнений, что это двойное убийство совершено дезертировавшим военнослужащим, израсходовавшим часть боекомплекта отнюдь не на стрельбу в воздух. То, что чету пенсионеров убил сбежавший с автоматом караульный, подтвердили вещественные доказательства: маркировка стрелянных гильз, найденных на месте преступления, соответствовала оставшимся у задержанного военнослужащего патронам боекомплекта.

Узнав об однозначном выводе баллистической экспертизы, подозреваемый сознался в том, что натворил. По его словам, вечером 8 июля, около 21 часа, он проник в дом стариков через окно террасы, разбив стекло. Понадеялся, что здесь он раздобудет еду. Преступник рассчитывал, что не застанет в доме хозяев, однако они в этот вечер никуда не отлучились. Когда Аниев влез в чужое жилище, навстречу ему вышел домовладелец. Якобы испугавшись, дезертир расстрелял его из автомата. Затем с террасы вошел в дом и открыл огонь по находившейся там женщине.

Расправившись с семьей пожилых деревенских жителей, ефрейтор... сел ужинать. Скушал кашу, открыл банку маслин, но, правда, их не доел.

Насытившись, убийца закрыл дверь дома на ключ, но ушел по «проторенному маршруту» — через окно террасы. После кровавого ужина военно-служащий-преступник поблуждал еще двое с половиной суток. И хорошо, что вооруженного убийцу обезвредили прежде, чем он не зашел еще куда-нибудь пообедать.

НАРКОМАН – ГОСТЬ НЕДОБРЫЙ

Пожилая женщина, проживавшая с мужем в городе Можайске отдельно от дочери и внучки, не смогла дозвониться до них вечером 17 сентября 2001 года. Почему-то никто в их квартире так и не поднял телефонную трубку, чего раньше никогда не бывало. Еще сильнее забеспокоилась бабушка, когда узнала, что на следующий день, во вторник, внучка-пятиклассница Алена не пришла на занятия в школу.

Всерьез встревоженная женщина подняла на ноги родственников и отправилась с ними в местный Отдел вневедомственной охраны, так как дочкино жилище оберегалось с помощью электронного сторожа. В Можайском ОВО им сказали, что накануне однокомнатная квартира Елены Суропцевой была снята с пульта централизованной охраны, как обычно: без намека на что-либо подозрительное. Тем не менее для того чтобы убедиться, все ли нормально на охраняемом объекте, сотрудники милиции вместе с заявителями подъехали к многоэтажке на улице Мира.

Воспользовавшись имевшимися у них дубликатами ключей от замков входной двери, работники ОВО открыли ее. И обнаружили в квартире труп хозяйки — экскурсовода Можайского краеведческого музея имени С. Герасимова. Поскольку жертва, по-видимому, была задушена, то, чтобы не нарушить обстановку места происшествия, профессионалы вневедомственной охраны сразу же оповестили о произошедшем преступлении дежурную часть Можайского отдела внутренних дел.

Как оказалось, насильственной смертью погибла не только Елена Александровна, но и ее дочка-школьница. Мертвое тело десятилетней девочки нашли в ванной. На трупе, как записали в официальном протоколе, имелись признаки механической асфиксии.

Для раскрытия этого двойного убийства сформировали следственно-оперативную группу. В ее состав вошли сыщики областного УУР и сотрудники Можайского ОВД. В частности, подключились к расследованию этого неординарного уголовного дела заместитель руководителя Управления угрозыска Виктор Хаецкий и уже хорошо знакомый нам ответственный оперативный работник УУР столичной области Игорь Коротков. Разумеется, с самого начала следствия деятельно участвовали в нем и здешние прокурорские специалисты.

Досконально осмотрев место преступления, члены следственно-оперативной группы выдвинули обоснованное предположение, как в однокомнатной квартире на улице Мира разыгралась драма. Скорее всего, сначала была убита Елена Александровна, а затем, когда порог родного жилища переступила вернувшаяся из школы Алена, преступник расправился и с ней, как с нежелательной свидетельницей. В пользу этой версии говорило то, что на ногах малолетней жертвы была не домашняя обувь, а уличная.

Принявшись за поиск свидетелей, работники милиции стали опрашивать коллег экскурсовода Суропцевой и ребят, учившихся вместе с Аленой. И вот — первое сыскное везение: отыскалась важная очевидица — одноклассница погибшей школьницы. Она рассказала, что в понедельник часов в 16, то есть вскоре после окончания школьных занятий, набрала номер домашнего телефона Суропцевых. Обычно трубку поднимала Алена или ее мама, а тут ответил мужчина. Подумав, что она ошиблась, девочка положила свою трубку, но под вечер, приблизительно в половине шестого, подошла к многоэтажке и позвонила в квартиру Суропцевых по домофону. Оттуда отозвался, похоже, тот же самый незнакомый мужчина.

Стоя у подъезда, девочка спросила:

— Алена гулять выйдет?

Из домофонного динамика донеслось:

— Она больше с вами гулять не будет...

Использовав свои оперативные премудрости, сыщики довольно быстро разузнали, что с преступным умыслом наведался в чужое жилище ранее судимый наркоман Руслан Саидов — житель Узбекистана. Временно осев в России, гость из ближнего зарубежья не отличался правопослушанием и даже был привлечен к уголовной ответственности за пагубное пристрастие к дурману. Освободившись из-под стражи, бывший узник принялся за старое. Чтобы раздобыть средства для приобретения очередной дозы наркотиков, молодой узбек не остановился даже перед кровавым злодейством.

Нагрянув к Елене Суропцевой, с которой у Руслана были общие знакомые, он убил хозяйку и ее дочь. Похитив видеокамеру, фотоаппарат и ювелирные украшения, закрыл входную дверь взятыми в квартире ключами и незамеченным выскользнул из многоэтажного дома.

Затем Саидов позвонил в соседний район и сказал собеседнику, что ему нужно зелье, за которое он может расплатиться деньгами и золотишком. И, поймав знакомого можайского таксиста, поехал в сторону местной железнодорожной станции. Однако неподалеку от вокзала увидел милицейский патруль. Испугавшись, что он может остановить такси и поинтересоваться содержимым багажа пассажира, Саидов попросил водителя свернуть к обочине.

Покидая салон легковой автомашины, убийца пояснил таксисту, что у него изменились планы, он совсем забыл про одно безотлагательное дело, а потому свою сумку оставит пока у него, а потом заберет. Таким образом, вверив присвоенную видеокамеру на «ответственное хранение» водителю, предусмотрительный преступник обошел стороной маячивший впереди милицейский патруль...

Проживавший без регистрации на территории Московской области Саидов прятался и лишь ненадолго выбирался из своего убежища, чтобы найти наркотики. Но в это время стражи правопорядка уже перекрыли все места возможного его появления: милицейские засады были выставлены у стоянок такси, на вокзалах и по прочим «адресам». Одна из поисковых групп и задержала разыскиваемого. При обыске у него обнаружили украденные вещи потерпевшей.

Водворенный в изолятор временного содержания Можайского ОВД, угрюмый задержанный предпочел не сознаваться в содеянном. Однако вина его была всесторонне доказана, и в 2002 году Мособлсуд приговорил Руслана Саидова к пожизненному лишению свободы и конфискации принадлежащего преступнику имущества.

АЛИБИ ДЛЯ ДВУЛИЧНОГО СОЖИТЕЛЯ

Второклассник Виталик Корчуганов, проживавший в городе Железнодорожном, исчез в четверг 18 октября 2001 года. Восьмилетний мальчик в дневное время ушел куда-то из дома и не вернулся. В течение нескольких суток поиски пропавшего были безрезультатными, хотя в них участвовало довольно много людей: наряду с работниками милиции розыск ребенка вели местные жители. Но уж так получилось, что печальная весть пришла, как говорится, со стороны.

В понедельник 22 октября, в 11 часов неизвестный мужчина уведомил по телефону дежурную часть Железнодорожного ОВД, являющегося структурным подразделением Балашихинского управления внутренних дел, о страшной находке. В ручье, в 70 метрах от садового товарищества «Юные ленинцы», он заметил труп мальчишки...

Место происшествия скрупулезно изучила следственно-оперативная группа, состоявшая из работников Управления уголовного розыска ГУВД Московской области, Балашихинского УВД и прокуратуры города Железнодорожного. Надо ли и в этом случае специально подчеркивать, насколько тяжело было представителям правоохранительных органов видеть жертву? Убитого ребенка нашли, как записано в официальном документе, «с приспущенными штанами и трусами, гематомой в районе правого глаза, рубленой раной над правой бровью и признаками изнасилования». Личность потерпевшего установили очень быстро — пострадавшим оказался как раз Виталик.

Кровавое злодейство взбудоражило жителей Железнодорожного, и некоторые из особо эмоциональных мужчин готовы были учинить самосуд над неведомым жестоким убийцей-насильником, если бы он только попался им в руки. Приняв во внимание повышенную опасность совершенного в Железнодорожном преступления, руководство подмосковной милиции приняло решение о создании оперативной группы из числа наиболее квалифицированных сотрудников ГУВД столичной области для раскрытия убийства и поимки виновника смерти второклассника Виталика Корчуганова.

До своего исчезновения обиженный судьбой пацаненок не слишком был обласкан. Его мать, родившаяся в 1975 году, имела 31-летнего сожителя Виталия Сенко — уроженца и жителя Днепропетровской области. Когда участники следствия спросили у потерявшей сына женщины, где может находиться Сенко, она ответила неопределенно: «Не знаю, куда-то уехал недели две назад». Женщина, которой мать Виталика сдавала комнату, пояснила, что видела мальчишку-второклашку в четверг, приблизительно в 16 часов 10 минут.

Милицейским оперативникам показалось, что какая-то фальшь прозвучала в словах оставшейся без сына родительницы. Тем более что сыщики уже знали о ее нездоровом образе жизни: женщина питала пристрастие к «зеленому змию». Виталик побаивался попадать под горячую руку подвыпившей маманне, потому что она могла наказать его и «просто так», без всякого повода — как бы для профилактики. Как относился к Виталику его взрослый тезка-приживала, оперативники толком не разузнали, поэтому и хотели как можно скорее с ним встретиться.

Розыскники недолго искали днепропетровского гостя, поскольку он нашелся не где-нибудь, а в городе Железнодорожном и, более того, в том же самом доме на улице Свободы, только почему-то в другой квартире.

Побеседовав с ним, оперативные работники насторожились. Сенко заявил, что, узнав о пропаже сына сожительницы, сам разыскивал мальчишку и в субботу, и в воскресенье, расспрашивая всех, кто мог его видеть. Почему же об этом «запамятовала» мать погибшего Виталика, уверявшая следствие, что Сенко примерно полмесяца назад покинул город Железнодорожный? В общем, «алиби» украинского гражданина начало разваливаться, и к его персоне опергруппой было решено проявить первоочередной интерес.

Старший оперуполномоченный по особо важным делам Олег Лавров и его коллега-оперуполномоченный Дмитрий Голоимов из областного УУР, заместитель начальника отдела уголовного розыска Балашихинского УВД Николай Перцев со своими подчиненными Филиппом Агафоновым и Олегом Шевердиным, руководитель ОУР Железнодорожного ОВД Олег Денисенко и другие участники расследования теперь энергично искали свидетелей, которые могли бы вспомнить, был ли Сенко в доме на улице Свободы в злополучный осенний четверг. Усилия сыщиков увенчались успехом: удалось выяснить, что именно 18 октября днепропетровец не только был у сожительницы, но и вместе с нею пьянствовал в соседской квартире на первом этаже...

Задержав Сенко по подозрению в совершении убийства малолетнего Корчуганова, милицейские оперативные работники стали его допрашивать. Подозреваемый заверил, что он никак не причастен к этой криминальной истории, напротив, проживая с мальчиком в одной квартире, кормил его. Правда, члены опергруппы не услышали от Сенко, чтобы он испытывал к Виталику хоть какое-то подобие отцовских чувств.

В конце концов, занервничав, задержанный Сенко сумбурно повинился начальнику балашихинского районного угрозыска Андрею Страшнову в совершенном им преступлении. Потом к ним подошел руководивший опергруппой заместитель начальника 3-го отдела УУР ГУВД Московской области Игорь Коротков, и двое подполковников милиции задокументировали тягостную исповедь человека, признавшего себя насильником-убийцей.

...Периодически наезжая из украинского отечества в российский столичный регион и останавливаясь на постой без временной регистрации у сожительницы, Сенко всегда был рад составить ей компанию в застолье. Жительница Железнодорожного, будучи разведенной, получала от бывшего мужа алименты на содержание сына, которые тратила на горячительные напитки. В роковой четверг Виталик пришел из школы ближе к полудню и нарвался на очередную мамину несправедливость.

Не найдя 500 рублей и подумав, что пропажа денег — дело рук сына, родительница задала ему хорошую трепку. Перерыв всю квартиру как следует, деньги она нашла, но извиниться перед избитым чадом и не подумала. Ни за что наказанный мальчишка остался дома, а мать с сожителем отправились «погудеть» на первый этаж к соседям.

Пока увлекшаяся мамаша сидела в гостях, Сенко, у которого и прежде возникала мысль изнасиловать беззащитного мальчишку, поднялся к нему на второй этаж и, будто бы сочувствуя, предложил:

— Вставай и собирайся на улицу, а то мама сейчас придет и опять будет ругаться. Лучше пойдем с тобой погуляем.

Лежавший на кровати заплаканный мальчишка поверил коварному непостороннему мужчине и вышел с ним из подъезда. Пройдя к лесопосадке, преступник вытащил нож и, пригрозив им Виталику, снял с него брюки. Мальчик кричал, попытался сопротивляться, однако силы были неравны.

Проявив свой жестокий норов, двуличный мамин сожитель избил Виталика, а затем зажал мальчику рот, надругался над ним. Потом взял под мышку потерявшего сознание ребенка, перешел через железнодорожную линию и бросил еще живого в ручей... Судебно-медицинская экспертиза показала, что непосредственной причиной смерти потерпевшего Корчуганова стала механическая асфиксия, то есть пострадавший захлебнулся.

Но, может, мать и не догадывалась, что с ее восьмилетним сыном расправился сожитель, поэтому и старалась его выгородить? Однако следствие докопалось, что и это не так. Выяснилось, что она подговорила съемщицу комнаты засвидетельствовать, будто видела мальчишку в 16.10, хотя само убийство произошло, как минимум, на час раньше. Впрочем, именно на противоречии показаний матери Корчуганова и ее сожителя убийцу, в общем-то, и подловили.

Участвовавшая в раскрытии преступления инспектор отдела по делам несовершеннолетних капитан милиции Ольга Гусева только и слышала от жильцов дома, что Виталик — хороший, добрый и послушный мальчик. Да вот только его мать подыскала себе сожителя, а сыну — безжалостного насильника-убийцу: внешне невзрачного и ничем не примечательного, но с засевшей у него в голове навязчивой идеей по-садистски удовлетворить свою похоть. То ли в порыве откровенности, то ли в силу какой-то другой причины Сенко сообщил, что и прежде за пределами нашей страны уже насиловал мальчиков, но не убивал.

ПО ОПЕРАТИВНЫМ ДАННЫМ

Проанализировав показатели последних лет, сотрудники Управления уголовного розыска ГУВД столичной области убедились, что в Подмосковье обозначилась тенденция к стабилизации оперативной обстановки по линии работы с преступлениями против личности. Если в 1995 году здесь зарегистрировали 1749 умышленных убийств, а в следующем — 1661, то за 12 месяцев 2000 года официально зафиксировали 1507 таких преступлений. И тем не менее криминальные посягательства на жизнь и здоровье граждан продолжают оставаться одной из самых острых проблем. В какой-то мере показательно, где в последнее время находили тела жертв тяжких преступлений: в 99 случаях трупы были обнаружены в лесу, в 11 — в водоемах, в 173 — на дачах, в 692 — в жилых помещениях, в 57 — в подъездах домов, в 8 — на свалках, в 25 — в подвалах, в 82 — во дворах, в 60 — на обочинах дорог...

Убийств, совершенных на бытовой почве, сыщики насчитали 613, что составило 40,7 процента от общего числа зафиксированных криминальных трагедий. Причем далеко не все из расследованных убийств, которые отнесли к разряду «бытовых», были совершены, выражаясь казенным языком, в условиях очевидности, поэтому по этим уголовным делам потребовалось для раскрытия преступлений проводить комплекс оперативно-розыскных мероприятий.

Так, 6 октября 2000 года в поселке Чурилково Домодедовского района произошло двойное убийство: неизвестный преступник зверски расправился с молодой женщиной и ее малолетней дочкой. Члены опергруппы из числа сотрудников отдела угрозыска Домодедовского УВД и областного УУР получили информацию о причастности к кошмарному злодеянию сожителя другой, старшей, дочери убитой женщины. Скрывшегося с места преступления убийцу разыскали быстро, так как заподозренный в расправе над двумя жертвами 23-летний житель Украины Василий Сёмак даже не успел покинуть пределы Домодедовского района. Очутившись в изоляторе временного содержания УВД, он признался в содеянном, понуро пояснив, что из-за своего пристрастия к спиртному поссорился с родительницей невесты и вот так по-дикому выместил зло. На прошедшем в Московском областном суде процессе вердиктом присяжных заседателей Сёмак был признан виновным в убийстве двух человек и приговорен к пожизненному заключению.

К слову, за 2000 год преступники в состоянии алкогольного опьянения совершили 674 умышленных убийства, а за предыдущие 12 месяцев было отмечено таких преступлений немного меньше — 653. Во время пьяных драк крайне редко погибают сразу несколько человек, выяснение отношений в подобных потасовках обычно заканчивается смертью только одного из конфликтующих.

Не так давно, делая прогнозы на ближайшее будущее, специалисты-криминологи, наряду с аналитиками-практиками, попытались на основе различных серьезных исследований как бы смоделировать, что будет представлять собой преступность в XXI веке. И надо сказать, достаточно убедительно предсказали, что криминальная ситуация в нашем государстве еще будет некоторое время оставаться очень сложной. По крайней мере, уже первые годы нового тысячелетия подтвердили, что и теперь всевозможные противозаконные поползновения уголовного мира несут реальную угрозу для общества.

И, как прежде, особенно больно узнавать о преступлениях, связанных с насильственной смертью детей. В частности, 8 мая 2001 года в городе Коломне у одного из домов по улице Девичье поле был обнаружен труп третьеклассницы, которую, как установило следствие, изнасиловал и задушил местный ранее судимый житель, родившийся в 1981 году. В том же месяце, 24 мая, вблизи автобусной остановки у деревни Авдотьино Ступинского района, в лесном массиве, нашли труп восьмиклассницы, которую объявили в розыск как без вести пропавшую с 22 мая. На теле пострадавшей имелись ссадины и следы побоев. По подозрению в совершении убийства 14-летней школьницы были задержаны приезжие: молодой житель Свердловской области и ранее судимый гражданин Украины, который оказался почти вдвое старше сообщника. Оба — неработающие, в Подмосковье находились без регистрации...

Милицейские оперативники продолжают нарабатывать опыт и по раскрытию одной из наиболее сложных категорий уголовных дел — серийных убийств. К примеру, в мае 2001 года в Серпуховском районе Подмосковья сотрудниками службы криминальной милиции местного УВД были обезврежены уголовники, на счету которых оказалась череда тяжких злодеяний.

Утром 19 февраля из гаража безвестно пропал вместе с автомашиной «ВАЗ-2104» мужчина, который стал первой жертвой преступной группы. Двенадцатого марта у платформы 107-го километра железной дороги Москва — Тула заметили труп пострадавшего, имевшего множественные ножевые ранения в области шеи. От колото-резаных ран груди и шеи скончались домовладелец и его гость, чьи трупы нашли 31 марта в подполе частного жилища в поселке Автопрокладка Серпуховского района.

А в 2 часа ночи 2 мая был обнаружен в своей квартире еще один потерпевший с ножевым ранением в сердце. В те же весенние сутки, в 6 часов 45 минут, был найден во дворе дома по улице Новой города Серпухова очередной пострадавший, погибший от множественных ножевых ранений в области груди и шеи. Спустя неделю, около полуночи 9 мая, во дворе дома по улице Литвинова нашли бездыханное тело криминального неудачника — входившего в состав организованной преступной группы гражданина по кличке Душман, причиной смерти которого стали ножевые ранения в области груди и брюшной полости. И наконец, 17 мая в лесном массиве у базы отдыха «Янтарь» был выкопан труп неизвестной женщины, чью личность установили впоследствии. Задержав подозреваемых по данному неординарному уголовному делу, предварительное следствие предъявило им обвинение в совершении этой кровавой серии поставленных будто на поток умышленных убийств.

«Россия занимает второе место в мире после Южно-Африканской Республики по количеству убийств, совершенных в расчете на 100 тысяч населения. С таким леденящим кровь заявлением выступили представители нашей милиции...» Вот такая информация 5 октября 2001 года была напечатана на страницах газеты «Комсомольская правда». От начальника Главного управления уголовного розыска МВД РФ Владимира Гордиенко журналисты услышали на брифинге, что за восемь месяцев 2001 года количество убийств в России возросло на 10 процентов. Всего же по стране было зарегистрировано свыше 26 тысяч 600 убийств. Большинство этих преступлений были совершены на бытовой почве либо из хулиганских побуждений.

Из 1547 умышленных убийств, происшедших на территории столичной области в 2001 году, было раскрыто 968 преступлений. Это составило 61,9 процента от общего числа зарегистрированных кровавых злодеяний. Надо сказать, названная цифра — далеко не лучший показатель раскрываемости тяжких и особо тяжких преступлений.

Правда, на редкость эффективно сработала подмосковная милиция в первые сутки 2002 года, в течение которых из семи зарегистрированных убийств шесть были раскрыты. В городе Красногорске задержали неработающего жителя из Псковской области, который в 7 часов утра во время совместного распития спиртных напитков поссорился с квартирной хозяйкой и нанес ей смертельное проникающее ножевое ранение в грудь. Также в 7 часов утра в городе Щелково у дома № 4 по 1-му Советскому переулку обнаружили с проникающим ножевым ранением в спину труп местного парня, и в этом убийстве обоснованно заподозрили земляка жертвы, который оказался всего на несколько лет старше погибшего. В 9 часов в городе Электростали нашли труп неработавшего молодого мужчины, получившего в своей квартире гибельную колото-резаную рану груди во время пьяной ссоры со старшим братом. В 11 часов в поселке Пироговский лесопарк Мытищинского района, в доме, был найден с рубленой раной головы мужчина средних лет. По подозрению в его убийстве задержали двух местных неработающих и изъяли для проведения криминалистической экспертизы три топора. В 20 часов 45 минут в городе Егорьевске разозлившаяся молодая женщина зарезала в своей квартире местного пожилого мужчину, ударив его в грудь ножом в пылу ссоры. Уже на исходе первоянварских суток, в 23 часа 30 минут, в одной из деревень Серпуховского района в собственном доме был обнаружен с черепно-мозговой травмой труп пенсионера. Виновником его смерти стал неработающий, родившийся в 1947 году. И наконец, в 19 часов в одном из поселков Пушкинского района нашли в лесном массиве обезглавленный труп неизвестного мужчины, а отчлененную голову пострадавшего отыскали в 75 метрах от тела. По предварительному заключению судмедэксперта, смерть жертвы наступила около 10 часов назад...

В оперативной сводке ГУВД Московской области за 3 января 2002 года было отражено, что и эта седьмая, поселковая, расправа перестала быть тайной для следствия. Были задержаны трое украинских гастарбайтеров, проживавших без регистрации в Подмосковье. Преступление они совершили из-за обуявшей их алчности при разделе денег, полученных за работу по найму на строительстве частных домовладений.

Начало 2002 года ознаменовалось еще одним убийством, совершенным в Подмосковье малолетним преступником. Пятнадцатого января в 11 часов 15 минут в поселке Павловская Слобода Истринского района, между общежитием и детским садом, был найден с множественными колото-резаными ранами головы и тела труп пожилого мужчины-бомжа. Следственно-оперативная группа вышла по горячим следам на подозреваемого —

местного мальчишку-попрошайку, который родился в... 1992 году.

Юный злодей, не посещавший школу, расправился с жертвой и дал стрекача от поселковой бойлерной, где возник этот криминальный «конфликт поколений». На месте преступления изъяли окровавленную одежду, обувь и бутылочные осколки.

...У пролившего чужую кровь преступника-малолетки мать умерла несколько лет назад, а отец, отсидевший за убийство своей родительницы, лишь весной 2001 года освободился из мест лишения свободы, нигде не работал. Мальчишка еще летом того же года ушел из отчего дома, бродяжничал и попрошайничал в родной округе. Повстречавшись в холодные зимние сутки с бездомным мужчиной предпенсионного возраста, бродяжка яростно на него накинулся. От полученных ранений, причиненных жертве «розочкой» от разбитой бутылки, потерпевший скончался. Но его убийца, увы, не сядет на скамью подсудимых, потому что он еще не достиг того возраста, с какого в нашей стране привлекают уличенных в криминальных преступлениях к уголовной ответственности.

Самым же жестоким преступлением последнего времени в Подмосковье стала массовая расправа в деревне Псотино Луховицкого района, где 10 февраля 2002 года в двух домах нашли зарубленными семь человек, в том числе девочку младшего школьного возраста. Среди погибших был и пожилой деревенский житель, которого раньше самого судили за убийство. В марте правоохранительные органы столичной области объявили через средства массовой информации, что в ходе следствия задержали нескольких подозреваемых в совершении этого ужаснейшего злодеяния. Было обнаружено и орудие преступления — лежавший в придорожной канаве топор...

К сожалению, в настоящую пору — эру немилосердия — отечественным стражам правопорядка фактически нереально добиться стопроцентной раскрываемости тяжких и особо тяжких преступлений в течение какого-то достаточно продолжительного отрезка времени. На прошедшей 11 февраля 2002 года с участием Президента Российской Федерации Владимира Путина расширенной коллегии Генеральной прокуратуры РФ прозвучало, что только за 2001 год в стране не раскрыли 7700 умышленных убийств. Даже по этой удручающей цифре можно легко понять, что сейчас по российским просторам, от Москвы до самых до окраин, разгуливают многие тысячи пока еще не разоблаченных и, соответственно, не покаранных душегубов. И все же...

И все же хотелось бы высказать надежду, что когда-нибудь и в России, как ныне в некоторых относительно благополучных по уровню преступности европейских странах, граждане будут чувствовать себя в достаточной безопасности и знать, что наше общество выздоравливает.

* * *

В книге использованы фотоработы Г. Бодрова, И. Воробьева, А. Джуса, В. Жукова, Н. Медведевой, Ю. Никитина, В. Никифорова, А. Поготова, В. Попова, фотокорреспондентов отечественных периодических изданий, а также снимок из архива Московской епархии и фотографии из фондов Центрального музея МВД России, собственных архивов автора и сотрудников и ветеранов органов внутренних дел.

За оказанную помощь при подборе материалов для книги автор выражает искреннюю благодарность Галине Астафьевой, Лидии Безруковой, Галине Озеровой, Раисе Сушковой, Виктору Зайцеву, Сергею Глазунову и Фариту Хасанову.

* * *

СОДЕРЖАНИЕ

Литературно-художественное издание

Серия
«ОБОЖЖЕННЫЕ ЗОНОЙ»

Тарасов Александр Дмитриевич

УБИЙЦЫ В РОССИИ

ООО «Издательство Астрель»
143900, Московская обл., г. Балашиха, пр-т Ленина, д. 81

ООО «Издательство АСТ»
667000, Республика Тыва, г. Кызыл,
ул. Кочетова, д. 28

Наши электронные адреса:
www.ast.ru
E-mail: astpub @ aha.ru

При участии ООО «Харвест».
Лицензия ЛВ № 32 от 27.08.02.
РБ, 220013, Минск, ул. Кульман,
д. 1, корп. 3, эт. 4, к. 42.

Открытое акционерное общество
«Полиграфкомбинат им. Я. Коласа».
220600, Минск, ул. Красная, 23.